本书的撰写和出版获得成都市社会科学院成都研究院资助

成都市社区发展治理研究

张翼 主编

中国社会科学出版社

图书在版编目(CIP)数据

成都市社区发展治理研究 / 张翼主编. -- 北京：中国社会科学出版社, 2024. 7. -- ISBN 978-7-5227-4107-9

Ⅰ. D669.3

中国国家版本馆 CIP 数据核字第 2024F8C327 号

出 版 人	赵剑英	
责任编辑	黄 晗	
责任校对	周 昊	
责任印制	张雪娇	

出　　版	中国社会科学出版社	
社　　址	北京鼓楼西大街甲 158 号	
邮　　编	100720	
网　　址	http://www.csspw.cn	
发 行 部	010-84083685	
门 市 部	010-84029450	
经　　销	新华书店及其他书店	

印　　刷	北京明恒达印务有限公司	
装　　订	廊坊市广阳区广增装订厂	
版　　次	2024 年 7 月第 1 版	
印　　次	2024 年 7 月第 1 次印刷	

开　　本	710×1000　1/16	
印　　张	16	
插　　页	2	
字　　数	246 千字	
定　　价	85.00 元	

凡购买中国社会科学出版社图书，如有质量问题请与本社营销中心联系调换
电话：010-84083683
版权所有　侵权必究

目录 Contents

第一章　导言 …………………………………………………… (1)

第二章　成都市社区治理的城市发展背景 ………………… (11)
 第一节　成都市的人口、产业背景与全局规划 ………… (12)
 第二节　成都市的城市发展阶段 ………………………… (16)
 第三节　成都市社区治理发展的空间特征 ……………… (22)
 第四节　总结 ……………………………………………… (29)

第三章　成都市社区治理的市政制度 ……………………… (31)
 第一节　研究背景与政策背景 …………………………… (33)
 第二节　成都市市政体制改革的实践 …………………… (44)
 第三节　成都市市政体制管理的绩效 …………………… (58)
 第四节　成都市政体制的启发与建议 …………………… (66)
 第五节　结论与讨论 ……………………………………… (72)

第四章　成都市社区治理的组织保障 ……………………… (74)
 第一节　时代背景与研究背景 …………………………… (75)
 第二节　成都市党建引领社区发展治理的历程 ………… (89)
 第三节　成都市党建引领社区发展治理的成效与经验 … (93)
 第四节　成都市党建引领社区发展治理的问题与建议 …(104)

·1·

第五节　总结 …………………………………………………（107）

第五章　成都市社区治理的场景营造 ………………………（109）
　　第一节　背景与文献 …………………………………………（109）
　　第二节　成都市场景营造的社区尺度 ………………………（116）
　　第三节　成都市社区场景营造的方式 ………………………（121）
　　第四节　结语与建议 …………………………………………（129）

第六章　成都市社区治理的福利制度 ………………………（132）
　　第一节　研究背景 ……………………………………………（133）
　　第二节　成都市社区福利治理的基本内容 …………………（141）
　　第三节　成都市社区福利治理的资金来源 …………………（146）
　　第四节　成都市社区福利治理的主要经验 …………………（148）
　　第五节　成都市社区福利治理的问题与成因 ………………（151）
　　第六节　启发与政策建议 ……………………………………（157）

第七章　成都市儿童友好社区的建设 ………………………（161）
　　第一节　研究背景与意义 ……………………………………（161）
　　第二节　儿童友好社区建设的理论来源与实践发展 ………（163）
　　第三节　成都市儿童友好社区建设的实践 …………………（168）
　　第四节　成都市儿童友好社区建设存在的不足 ……………（180）
　　第五节　启示和政策建议 ……………………………………（183）
　　第六节　总结 …………………………………………………（185）

第八章　成都市社区治理的文化建设 ………………………（187）
　　第一节　基于文化建设推进基层社区治理 …………………（187）
　　第二节　充分利用成都社区的本土文化 ……………………（190）
　　第三节　成都基层治理中的熟人文化 ………………………（194）
　　第四节　成都历史文化资源与拼接文化 ……………………（200）

第五节　成都社区的志愿文化建设 …………………………… (202)
　第六节　成都社区文化建设的展望与建议 …………………… (205)

第九章　党建引领小区物业管理机制创新 ……………………… (211)
　第一节　问题缘起 ………………………………………………… (211)
　第二节　物业管理模式 …………………………………………… (215)
　第三节　成都市物业管理改革实践探索 ………………………… (219)
　第四节　成都市物业管理的成效与不足 ………………………… (229)
　第五节　结论与建议 ……………………………………………… (232)

参考文献 ………………………………………………………………… (238)

第一章 导言

张 翼[*]

习近平总书记强调,"基层强则国家强,基层安则天下安,必须抓好基层治理现代化这项基础性工作"[①]。要坚持为民服务宗旨,把城乡社区组织和便民服务中心建设好,强化社区为民、便民、安民功能,做到居民有需求、社区有服务,让社区成为居民最放心、最安全的港湾。为认真贯彻落实习近平总书记关于城市发展、城市治理和社区治理等重要讲话精神,成都市将社区发展治理作为推进城市发展与城市治理能力现代化的重要抓手,以社区治理带动城市治理、社会治理,成为城市发展与治理的典型样本。社区是折射一个社群社会发展阶段与国家制度框架的最佳"观景位",是"微缩的社会"。社区研究的侧重点和研究范式都与中国当前的社会转型和社会发展紧密相连。因此,成都市社区发展治理的模式和方法,不仅对特大城市和超大城市具有借鉴意义,也对城乡融合发展背景下的大城市和中小城市等,具有极其重要的示范意义。

为讲好中国故事,提炼成都市社区发展治理的典型经验,全书从行政区划、市政体制、组织保障、场景建设、福利制度、文化建设、儿童友好、物业管理八个重要视角出发,系统分析了21世纪以来成都市城市社区发展、社区治理与社区建设的具体做法,希冀引起更为广泛的关注。这些

---

[*] 中国社会科学院学部委员,中国式现代化研究院院长、党委副书记,研究员,博士生导师。
主要研究方向为中国式现代化、国家治理和社会治理、人口结构转变与人口战略、社会流动和社会分层、中等收入群体的扩大和消费升级等。

[①] 《十三届全国人大五次会议〈政府工作报告〉辅导读本》,人民出版社、中国言实出版社2022年版。

经验是：

第一，顺应社会结构转型过程优化顶层设计，通过城市规划，形成人民城市人民建的系统格局。通过常住人口的规模变化，我们可以看到，伴随成都市向特大城市和超大城市的转型，其已从2000年的1110.85万人增加到2020年的2094.7万人。大致可以将常住人口的增长过程划分为三个阶段：2000年到2009年是第一阶段，2010年到2014年是第二阶段，2014年到2020年是第三阶段。这三个阶段恰与成都市产业结构的变动过程相契合。人口变化、产业变化与规划变化最终反映到城市空间上，体现为区划的空间外扩与功能调整。为适应人口变化的需要，成都市的城市空间规划发生了重大变化。从2000年起，成都市在招商引资与土地扩容方面积极开拓，完成了城市基础设施建设的更新换代，使高速公路、地铁等交通设施的质量大幅提升，便利了成都市市民的日常出行，重新形塑了成都市的空间结构。2010年后，成都市以城市更新为主要方向，平抑房价，提升服务，改善福利，创造就业机会，成为中国西南地区经济社会发展的重要增长点，为成都市在新时代的跨越式发展奠定了坚实基础。

第二，强化市政体制改革，在城乡融合发展中进一步理顺了市场、政府与社会之间的关系。城市管理体制是城市政权的组织形式，即城市政府的组织结构、职能结构、管理方式和运行机制的总和。我国的城市管理体制属于广域型体制，其中包含着城乡关系、人居关系、政府市场与社会等关系。这些机构的权责配置关系是规制地方秩序，引导资源（包括空间资源）配置的国家之手，是市场主体参与治理的市场之手，也是社会主体参与治理的社会之手，这些因素统合在一起，构成国家治理体系和治理能力的重要组成部分。2000年以来，我国迎来公共财政支出增加与公共服务下沉的"黄金时期"，但在地域、服务类型和服务的可及性等方面仍然存在发展的不平衡和不充分问题。成都市在横向的城乡关系、纵向的政府治理权责关系以及建筑环境与人的日常社会生活关系的调整等方面，进行了极其重要的制度创新与实践创新，缓解了改革进程中难以避免的基本公共服务供给不平衡不充分的问题。首先，以城镇化进程统领城乡关系，实现包容性发展。将郊区县乡的公共交通、福利供给、就业创业融入城市发展蓝图。其次，构建了统一规划，区级领导，多主体实施的治理格局。在城市规划过程中，以区为单位主导社区更新的进度和定位，有利于将社区形态、居民诉求与整体规划协调起来。最后，理顺了政府、市场与社会之间的权责关系，明确了管理边界和服务边界。

第三，坚持以党建引领社区发展。利用党的组织体系和动员能力将社会有力组织起来，推进社区发展和社区建设。党的二十大报告明确指出，"坚持大抓基层的鲜明导向，抓党建促乡村振兴，加强城市社区党建工作，推进以党建引领基层治理，持续整顿软弱涣散基层党组织，把基层党组织建设成为有效实现党的领导的坚强战斗堡垒"[1]。中国共产党的领导是中国特色社会主义最本质的特征。"社区治理得好不好，关键在基层党组织、在广大党员，要把基层党组织这个战斗堡垒建得更强，发挥社区党员、干部先锋模范作用，健全基层党组织领导的基层群众自治机制，把社区工作做到位做到家，在办好一件件老百姓操心事、烦心事中提升群众获得感、幸福感、安全感。"[2] 在习近平新时代中国特色社会主义思想的指引下，成都市首次在城市党委组织体系中成立了社区发展治理委员会（社治委），承担统揽统筹基层治理工作，强化了党对基层治理和民生工作的统一领导。成都市抓住了"党组织有效发挥作用"这一关键环节，创新构建了"一核三治、共建共治共享"的基层治理体制机制，提升了基层党组织的凝聚力、战斗力、向心力。成都市围绕城市居民高品质生活诉求，以"行政化推动"和"市场化运作"方式激发了党建引领的体系优势，有效实现了资源的整合与治理力量的聚合作用。成都市通过精准、精细的治理回应民生诉求，将城市发展成果转化为居民可感知、能受益的幸福体验，提升了社会认同。成都市的改革实践，丰富了党建引领基层治理的内涵和外延，拓展了特大城市将发展与治理密切结合的实践路径。

第四，以场景建设为抓手实现了空间结构的动态化治理。21世纪以来，尤其是中国特色社会主义进入新时代以来，我国进一步加快了城镇化

---

[1] 《中国共产党第二十次全国代表大会文件汇编》，人民出版社2022年版。
[2] 《习近平关于城市工作论述摘编》，中央文献出版社2023年版。

进程，不同地区的城镇化显示出了不同的推进特征。成都市作为特大城市，不可避免地存在着城市社区、城中村社区、村居混合社区、棚户区社区、工业厂房社区、少数民族聚居社区等多种类型的社区。这些社区居民的生计模式、文化习俗、年龄结构差异极大。近些年，有些老破旧社区的楼宇、电梯、道路等基础设施有所老化，房屋层层转租也加剧了维新改造难度，给城市的生态空间治理带来了极大挑战。如何让城市同时达到适儿、适老、适青，产城融合、公园城市建设等多重目标，是一个极其复杂的难题。在推进治理体系和治理能力的现代化过程中，成都市摸索出了一条可以借鉴的治理道路，即在统一规划管理的同时，以区为主导，排查出重点点位——包括6类公园场景，8个示范性消费场景，10个特色消费新场景，逐步构建起"六态、生产、生活、新经济、新消费"五大场景。通过场景建设与点位管理，逐步优化了基础设施与环境生态，改变了城市大拆大建的传统模式，动员社会资本参与治理的积极性，有效减轻了治理的财政负担。

第五，建立与完善了城市福利体制，提高了人民的幸福感。社区福利治理主要包含救助福利治理、保险福利治理、养老福利治理、医疗福利治理、儿童福利治理、残障福利治理七个方面，覆盖所有市民。近年来，在城乡社区发展治理委员会的牵头指导下，成都市逐步构建起"1+6+N"的政策体系。"1"指2017年出台的《关于深入推进城乡社区发展治理建设高品质和谐宜居生活社区的意见》；"6"指六个配套文件，涉及社区优化调整、转变街道职能、社区发展规划等；"N"指一系列指导具体工作的配套文件。在实施方面，2016年成都市有100个项目获得市民政局总计820万元的资金资助，2018年市级层面更是投入1120万元，2019年进一步增至5500万元。在福利体系建立过程中，成都市积极引入和对接外部资源，利用智慧社区建设减轻了行政负担。这些有力举措极大提高了成都市市民的满意度，被老百姓点赞为最"巴适"的城市。

第六，儿童是祖国的未来，也是都市的未来。建好保障儿童权利、促进儿童发展的城市环境是城市活力与竞争力的来源。2021年国家发展和改革委员会颁发的《关于推进儿童友好城市建设的指导意见》中提出了一个理念——以"一米的高度"看城市，即通过赋权给儿童来激发其自主参与到儿童友好城市建设的全过程。比如，太平社区就在2021年成立了儿童议事会，社区通过在小区张贴海报、通过网格员的宣传、通过物业管理企业的宣传等方式招募儿童议事会成员，该年共招募了27位成员。这些儿童成员自主设计了太平社区儿童议事会的标志，制作了文化衫、帽子以及背包，令人印象深刻。不少社区都通过暑期夏令营、社区志愿等活动将儿童的积极性、参与性调动起来，借此带动大人、老人参与社区治理。可以说，成都市找到了动员群众参与治理的实践渠道，值得学习。

第七，尊重历史，弘扬文化，在中华文明的历史深处寻找社区团结与社区参与的内生动力。成都市在文化建设方面兼容并蓄，以文化拼接的方式推动地区文化建设，打造社区居民参与的内生动力。无论是社区层面用于构筑公共空间的"坝坝会"和"坝坝电影"，还是蕴含在家文化中的强大社会力量，如祖辈和父辈流传下来的优秀价值观念等，都被激发为"活的"社区文化。在这些文化的交互融合中，成都市始终以"家文化"的打造为向心力，形成了成都特色的"家文化"与"加文化"。这些文化元素不仅推动了城市公共空间的建设，激活了公共参与，还成为成都市场景建设的"王牌"，为城市旅游业、服务业带来了实实在在的就业和旅游收入。

第八，以党建统领居委会、物业管理服务公司、业委会等组织，有效化解物业矛盾，构建了家门口的"和谐稳定"。居民与物业管理企业或物业服务公司之间的矛盾一直是城市治理的痼疾。成都市在物业管理方面积极探索，直面矛盾，创造性地探索发展了"信托制物业管理"等办法，掀起了物业管理改革的全国性讨论。成都市的做法有以下三点：一是建强小区党组织。在街道党工委和社区党组织的指导下，建立小区功能性党支部，设立楼幢党小组，发挥党组织在小区治理中的核心引领作用。形成"小区党支部—楼栋（院落、单元）党小组—党员中心户"的组织架构，通过领导和引导小区业委会、业主监督委员会及老龄协会等群众组织，推动小区共建共治共享。二是建立健全物管行业党的建设。采取单建、联建、区域建等多种方式，优化物业管理和物业服务企业的党的建设，明确物业服务企业党组织的责任清单、任务清单，将其纳入属地街道和社区网格的党建范畴。三是构建包括居委会、物业服务公司、业委会、业主等多元治理主体共同参与的、分工明确的、良性互动的小区多元治理体系，推动物业小区与社区社会秩序的良好运行。

上述八个重要经验都是成都市在21世纪的改革中摸索出来的，从不同侧面展示了地方创新的前沿性与独特性。但成都市的实践并非孤立的，而是包含着中国式现代化理论的一般性自主知识，为中国特色的知识体系贡献了不少深具启发意义的理论点。

第一，顺应社会结构的转型而发展治理理论。社会结构转型影响着经济发展趋势和资源配置方向，社会学家称其为"另一只看不见的手"，包括人口结构、城乡结构、家庭结构、区域结构、阶层结构、文化结构、就业结构等多种形态。但是，就大城市治理而言，人口结构是底层结构，城市的活力与竞争力要看城市人口的年龄结构、就业结构。城市基础设施建设的速度和质量也要匹配城市的年龄结构、产业结构。城市规划和城市建设是否行之有效取决于这些规划是否与地方人口结构、产业结构、区域结构协调一致。成都市在时间上顺应人口流动和城市建设的周期，在空间上与城乡关系变迁、区域一体化进程步调一致，极大地释放了治理效能。

第二，以治理结构的改革促发社会活力。党的全面领导是我国政治制度的根本制度，也是国家的组织基础。改革开放以来，中国社会发生了天翻地覆的变化。社会发展促进了社会分化，社会分化需要建立新的社会整合机制。超大型城市，有关流动人口治理、村居合并社区管理、老旧社区改造、智慧社区建设、"一老一小"服务等新老问题的叠加，使城市基层治理压力陡增，负担沉重。依靠党组织的全面领导，城市治理能有效打破科层制的部门分化与基层社区的政社分离，将群众动员起来、组织起来，纳入基层治理中来。也就是说，政治统合是缓解权力碎片化，实现整合治理的有效手段。成都市社治委主导的党组织在部门联动，财政资源整合下达，社区群众动员等方面能够起到重要协调作用。正是党组织在国家治理中的调节，塑造了中国治理合理有度、因地制宜的独特性。城市发展中出现的行政区划改革、市政体制改革一直贯穿在改革开放的历史进程之中。

历次行政体制改革都为提高行政效率,释放治理效能提供了可靠动力。成都市区划与市政管理体制的改革也是如此。20 世纪 90 年代初期,成都市引入企业等市场主体的力量,极大提高了基础设施建设的效率和质量,成都市的市政基础建设、市容市貌上了新的台阶。2000 年以来成都市大力探索成渝一体化建设,城乡一体化建设,区划外扩,社区合并适应了这一趋势,提高了城市的整合能力。新时代以来,成都市进一步释放基层活力,下放管理权限,减轻基层治理负荷,"五社联动",引入社会资金盘活社区资源,增强了社区活力,推动城市治理向民生质量提升方向转型。每一次城市建设方向的转型都离不开适宜的行政管理体制改革所释放的治理效能。

第三,将家庭治理与社区治理密切结合。社会学家普遍认为,中国是家庭本位的社会,"家"始终在中国式现代化进程中发挥着基础作用。这不仅表现在社区治理、社会治理和国家治理的主要议题中,而且也体现在理解中西方社会结构深层差异的维度。中国人的精神结构倾向于由家庭伦理出发来理解社会。中国人安放自己的方式是在社会中扮演一种家庭角色。因此,无论是在社区建设、工业化进程与城市发展过程中,家庭结构、家庭规模、家庭代际关系始终是推动中国现代化进程的动力来源。成都市在社区建设中的弘扬家风文化、建设家风银行、以代价关系为抓手等诸多做法,都反映出他们在社区工作中尊重中国传统文化的治理风格。

中国社会的文化、历史、制度基础具有自身的特点,学者们曾对此展开大量的研究,得出了一些初步的结论。但是,细观中国社会的实践,学者们又会发现,中国的治理实践中始终存在大量未能完全理论化的鲜活实践,其制度演进本身既是稳定的,又具有极强的灵活性。这种稳定性与灵活性、目的性与包容性并存的制度演进推进了以中国式现代化道路为统领的社区发展与社区治理特征,值得学界深入探讨。

成都市从行政区划、市政体制、组织保障、场景建设、福利制度、文化建设、儿童友好、物业管理这八个方面推进城乡发展治理,在探索中国特色超大城市发展与治理上已走在了全国前列。成都市在八个方面的治理工作展示出"宜居、韧性、智慧"三大明显的城市特征,并为未来迈向

"宜居、韧性、智慧"的城市治理累积了大量宝贵经验。

党的二十大报告提出要"坚持人民城市人民建、人民城市为人民,提高城市规划、建设、治理水平,加快转变超大特大城市发展方式,实施城市更新行动,加强城市基础设施建设,打造宜居、韧性、智慧城市"[①]。

城市宜居性意味着"城市发展要把握好生产空间、生活空间、生态空间的内在联系,实现生产空间集约高效、生活空间宜居适度、生态空间山清水秀。"[②] 成都市在社区发展治理中,正是通过统筹生产、生活、生态三大布局,走内涵式、集约型、绿色化的高质量发展之路,来不断增强其"城市宜居性"[③] 的——既有"引导调控城市规模,优化城市空间布局"[④]的区划建设(见第二章)与场景建设(见第五章);又有"加强市政基础设施建设,保护历史文化遗产"[⑤] 的市政制度(见第三章)与文化建设(见第八章)。在生态宜居方面,成都市在高质量发展中践行新发展理念的公园城市示范区,全方位构建"人城境业"高度和谐统一的大美城市形态,以公园城市场景建设为实践路径逐年优化人居环境,建设"宜居宜业和美乡村"、凸显"城市美学"。在生产生活宜居方面,成都市推进完善福利制度(见第六章)、探索建设儿童友好社区(见第七章)、深入实施物管体制创新(见第九章),在让城市充满生活味的同时,也增强了市民的"巴适"感。"创造宜业、宜居、宜乐、宜游的良好环境,让人民有更多获得感"[⑥],成都市连续多年被评为中国最具幸福感的城市、中国最宜居的城市,甚至被评为中国最适合养老的城市。

"韧性"原是国际社会在防灾减灾领域使用频率很高的一个概念,韧性城市意味着城市能承受灾害风险冲击,及时做出有效应对与快速恢复常

[①] 《中国共产党第二十次全国代表大会文件汇编》,人民出版社2022年版,第27页。
[②] 《习近平著作选读》(第一卷),人民出版社2023年版,第419页。
[③] 习近平:《论把握新发展阶段、贯彻新发展理念、构建新发展格局》,中央文献出版社2021年版,第57页。
[④] 习近平:《论把握新发展阶段、贯彻新发展理念、构建新发展格局》,中央文献出版社2021年版,第57页。
[⑤] 习近平:《论把握新发展阶段、贯彻新发展理念、构建新发展格局》,中央文献出版社2021年版,第57页。
[⑥] 《习近平生态文明思想学习纲要》,学习出版社、人民出版社2022年版,第41页。

态，由此保持城市功能的正常运行。2020年，成都市首次把"韧性城市"写入政府工作报告，明确提出要"补短板、强弱项，加快建设韧性城市"。近年来，成都市变"两山夹一城"的城市格局为"一山连两翼"、形成东部新区等区划战略（见第二章），以更广阔的发展空间确保了城市经济安全。党建引领（见第四章）在公共卫生、抗灾救援等重大风险应急领域，为维护人民生命安全打下了坚实的组织保障。成都市也是中国西部地区重要的文化中心城市，多民族交融的包容性城市文化建设（见第八章），为民族团结、社会稳定奠定了文化韧性。作为"新一线"城市，成都市的常住人口居全国第四，是我国西部人口净流入规模最大的城市，这进一步提升了防范化解重大风险之韧性能力建设的必要性。因此，成都实施的"智慧韧性安全城市建设工程"，将进一步强化韧性能力建设工作。

智慧城市建设在于发挥"互联网在国家管理和社会治理中的作用"[1]、"运用人工智能提高公共服务和社会治理水平"[2]。成都市作为国家重要的高新技术产业基地，近年来加快建设智慧城市，以信息化、智能化手段感知城市风险、畅通信息渠道、辅助科学决策、提升服务精度，并进一步以智慧城市建设为抓手推进治理能力现代化。成都还将打造全国"数字政府、智慧社会"典范城市，形成市级"城市大脑"、区（市）县"城市大脑""街镇中脑""社区小脑""小区微脑"的现代市政体制（见第三章），全面部署智能感知设施，推动市政基础设施升级和管理；推动建设政务服务"一网通办"、城市运行"一网统管"、公共服务"一网通享"、风险防控"一体联动"、社会诉求"一键回应"等智慧城市应用场景（见第五章）。此外，除了现代科技智慧，习近平总书记还多次强调传统智慧在现代城市治理中的重要性，尤其"文化是城市的灵魂，城市历史文化遗存是前人智慧的积淀，是城市内涵、品质、特色的重要标志"[3]。成都市社区治理的文化建设（见第八章）使传统文化与数字科技一道，让城市发展治理继往开来。

---

[1] 《习近平关于网络强国论述摘编》，中央文献出版社2021年版，第21页。
[2] 《习近平关于网络强国论述摘编》，中央文献出版社2021年版，第141页。
[3] 《习近平经济思想学习纲要》，学习出版社、人民出版社2022年版，第102页。

"打造宜居城市、韧性城市、智能城市，建立高质量的城市生态系统和安全系统"[①] 是一个综合性的城市建设工程，需要根据宜居、韧性、智慧之间相互交织的内在关系，统筹城市发展与治理。2022年成都市开创性地开始建设首批25个未来公园社区，未来公园社区与传统社区相比，更加具备绿色低碳、活力创新、安全韧性、智慧高效等系统性特点。可见，成都市已朝着宜居、韧性、智慧城市的宏伟蓝图迅速迈进。

---

① 《习近平生态文明思想学习纲要》，学习出版社、人民出版社2022年版，第42页。

第二章 成都市社区治理的城市发展背景

顾旭光[*]

社区治理是深度嵌入到城市空间中的治理环节，城市空间的发展与产业、人口结构，尤其是政府的政策规划，都为社区治理构建了一个不能忽视的前提，社区治理的资源禀赋、人口密度以及政策导向等基础性因素，均受到整个城市空间、产业、人口和政策的影响。著名芝加哥学派社会学家帕克提出，在城市研究中"完全可以把城市——包括它的地域、人口，也包括那些相应的机构和管理部门——看作一种有机体，看作一种心理物理过程（psychophysical mechanism）[①]"，帕克将城市作为一个整体作为研究对象的观点为我们观察社区提供一种独特的视角。

成都市是近年来经济和人口快速增长的新一线城市。改革开放以来，西部大开发战略促进了成都市产业更迭和城市化的大幅扩张，青年人口回流为成都市提供了劳动力红利，产业与人口的相互促进，带动成都市实现了高达一千万的人口增长，常住人口城镇化率从2000年的53.7%增加到2022年的79.9%。要全面地理解成都市社区治理背景，必须从时间上和空间上梳理出成都市的发展阶段，了解人口、产业和政策等城市发展的基本要素变迁情况，具体分析框架如图2-1所示。

基于统计数据，本章梳理了成都市区划调整的历史变迁。成都市的城市化模式是在中央的指导下，地方结合自身城市定位和资源禀赋，反复选

---

[*] 顾旭光，宁夏固原人，中国社会科学院大学社会与民族学院社会发展系博士生，主要研究方向为社会结构与社会发展、社会流动以及青年研究。

[①] [美] R.E. 帕克、E.N. 伯吉斯、R.D. 麦肯齐：《城市社会学——芝加哥学派城市研究》，宋俊岭、郑也夫译，商务印书馆2012年版。

代形成的。区别于欧美以工业资本推动城市化进程的模式，"政府主导"与"区县统筹"构成了推动城市化进程的外部压力与内生动力，这使得成都市的城市化进程具有鲜明的"中国模式"和"中国故事"的特征。

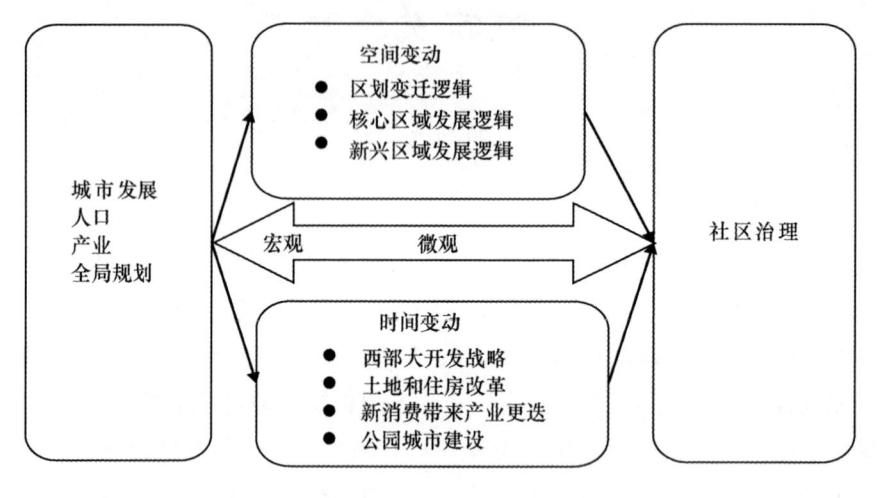

图 2-1 本章分析框架

第一节 成都市的人口、产业背景与全局规划

纵观成都市 21 世纪以来的城市发展史，其发展规律具有非常鲜明的地域特征。成都市在 21 世纪初的城市化过程中，根据西部大开发政策设定的目标进行全城规划，推动城市发展，在 21 世纪头十年主要推动土地的市场化，加速实现现代化的产业体系更新迭代。在 21 世纪的第二个十年通过平抑房价、发展第三产业等手段吸纳青年人口，基本确立了成都市城市化的基本形态。2017 年之后，成都的城市空间扩张已经逐渐趋于稳定，成都市城市规划开始更加侧重人文性、公正性和普惠性，朝着功能齐全、生态宜居及生活和美的城市建设方向发展。

回顾 2000 年以来的人口变迁，成都市的人口一直处于稳定增长中（见图 2-2），尤其在 2010 年之后，增长率提升非常明显，而且 2010 年之后的增长率要高于 2000 年至 2010 年的增长率。产业构成方面，从 2000 年到 2020 年，成都第一产业生产总值从 133.08 亿元增长至 655.17 亿元。第二产业生产总值从473.02亿元增长到5418.5亿元,第三产业生产总值从632.08亿元增长到11643.00亿元,增长率分别为392%、1045%、1742%,其中2010年是2000年以来三产结构的拐点。从2000年到2010年,成都市第二产业的占比一直在持续增加,从38.2%增长到了46.3%,但是2010年到2020年,第二产业的比例从46.3%下降到30.6%,而第三产业的比例开始从48.4%上升到65.7%(见图2-3)。

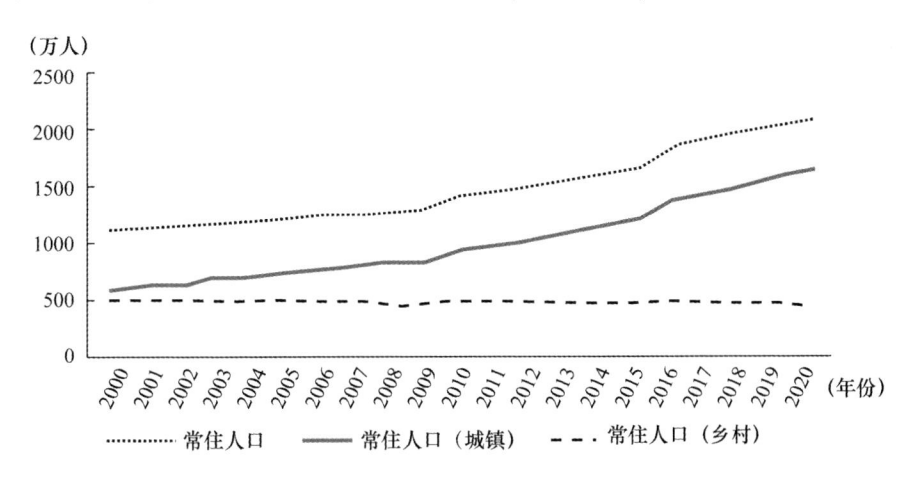

图2-2 成都市常住人口变动情况

资料来源:《成都市统计年鉴2021》。

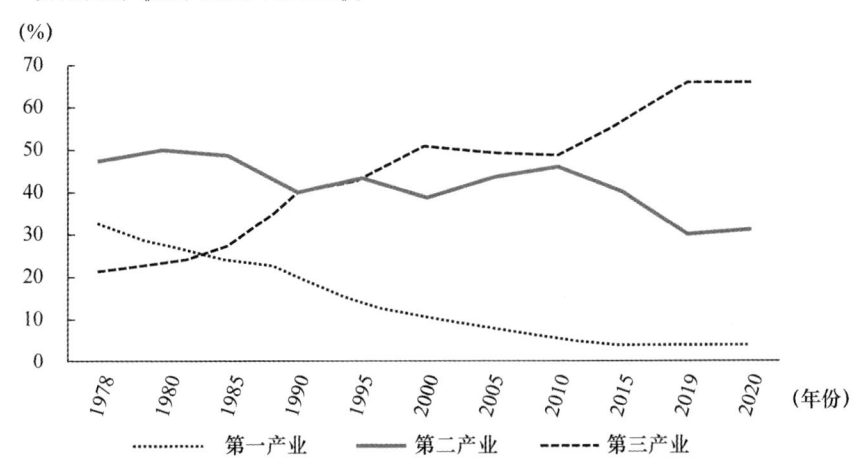

图2-3 成都市历年第一、第二、第三产业结构变动情况

资料来源:《成都市统计年鉴2021》。

中华人民共和国成立以来，成都市进行了数次涉及城市建设的规划，在1958年、1979年、1996年、2006年、2011年、2017年和2021年都制定过城市（土地）规划。1958年，国家计委工作组和四川省计划委员会，就成都市及温江地区范围初步编制了成都市的区域规划方案，重点在于配合经济建设。该方案作过城镇体系方面的规划，但是规划文件终未正式形成。1979年的规划已经开始注意到成都中心城区与非中心城区的关系，并且规划了周边卫星城的发展，涉及青白江区大弯镇，龙泉驿区龙泉镇，金堂县赵镇、淮口、五凤溪，双流县等区域。[1]

1996年成都市编制的总体规划提出要将成都市建设为我国西南地区的区域中心城市，落实1993年国务院对成都"三中心两枢纽"定位，即我国西南地区的金融中心、商贸中心、科学文化中心，交通和通信枢纽；将成都市连同其周围的8个卫星城镇构成成都的大都市圈。这一次的规划对成都作为西部发展中心地位和枢纽地位进行了明确，是对成都市发展重要理念的迭代。[2]

2011年的城市总体规划中，成都市明确提出要将自身打造为国家历史文化名城，国家重要的高新技术产业基地、商贸物流中心和综合交通枢纽，西部地区重要的中心城市。人口方面，规划成都市到2020年中心城区城市人口620万人，为适应人口流动和人口发展的不确定性，城市基础设施按800万人配置。城区用地方面，到2020年成都市中心城区城市建设用地控制在436平方千米以内，人均城市建设用地约70平方米。虽然在后来的城市发展中，成都人口增幅远超当初的规划，但是从规划时来看，除了产业和城市形态的规划，成都市的城市建设已体现出较强的人文关怀。[3]

2017年，成都市第十三次党代会提出"东进、南拓、西控、北改、中优"城市空间发展战略。2017年《成都市实施"东进"战略总体规划》（以下简称"东进规划"）提出，"实施'东进'战略是成都市在发展新时

---

[1] 成都市地方志编纂委员会编纂：《成都市志·城市规划志》，四川辞书出版社1998年版。
[2] 刘邦英：《面向新世纪的成都城市总体规划》，《四川建筑》1996年第1期。
[3] 《成都市城市总体规划（2011—2020年）》，http://mpnr.chengdu.gov.cn/ghhzrzyj/ztgh/2019-07/14/content_ 39be6057b8194c4d89afde1e26625a69.shtml/，访问日期：2023年9月15日。

期，为实现国家中心城市、美丽宜居公园城市、国际门户枢纽城市、世界文化名城战略定位所制定的战略"。"东进规划"中制定了天府国际空港新城、简州新城、淮州新城、简阳城区与龙泉山城市森林公园'四城一园'的分区规划。这一规划强调中心城区的疏解，构建以中心城区和卫星城区结合的城市形态①。

2022年，《成都市"十四五"城市建设规划》中提出，成都市的新型城镇化发展质量要不断提高。成都市要加快构建新型城镇体系，形成"一心两翼三轴多中心"组团式、网络化市域空间结构。城镇化水平持续提高、质量稳步提升，人口总体规模和空间分布得到有效调控，人口结构进一步优化，城乡融合发展成效显著，新型工业化与新型城镇化良性互动，城镇化发展体制机制更加完善。到2025年年末，常住人口城镇化率达到80%②。

总而言之，成都市城市空间的营造能够从政府政策导向、产业更迭等方面寻找出阶段性的变迁节点。在政策方面，政府以西部大开发战略为导向，从2000年以来进行了基础层面的产业建设。从2007年开始，成都市的城市化进程整体加快，主要手段是通过土地商业化完成城中村和旧城区的拆迁和改造，并且这一过程至今仍然在持续；2017年后，成都市以打造公园城市为主导，政府的城市建设导向注重生态文明多元和谐的城市空间营造，在社区建设方面更加注重服务性功能。在产业方面，主要是从2010年开始，推进以新消费为主导的产业升级，同时在此阶段更加关注对"城市病"的治理。

以上的每一个阶段并不完全独立，相互之间或有交叉并行，但是进入21世纪以来大致以2010年作为分界线，前后十年有不同的发展导向，前十年强调产业更新，注重现代化的城市形态建设，后十年更加注重城市空间的人文特性。

---

① 《成都实施"东进"战略 实现"千年之变"》，https://www.sc.gov.cn/10462/10464/10465/10595/2018/4/28/10449977.shtml，成都市人民政府网站，2018年4月28日，访问日期：2023年9月15日。

② 《成都市"十四五"城市建设规划》，http://cdzj.chengdu.gov.cn/cdzj/c150805/2022-07/01/content_3183709c44bb4064b2958affe7ba3bae.shtml，成都市人民政府网站，2022年7月1日，访问日期：2023年9月15日。

第二节　成都市的城市发展阶段

一　"西部大开发"战略推动发展阶段

1996年国家计委经济研究所课题组发表了《中国区域经济发展战略研究》的研究成果[①]，研究提出，基于我国的工业化水平和城市发展现状，可以参考日本模式对现存的区域经济结构进行重组，将常住人口在10万以上的大城市人口在城市人口中所占比重保持在25%—30%，并且在2010年建立九大都市圈的构想，其中成都和重庆是西南都市圈的核心城市。1999年中央作出实施西部大开发的重大战略决策。国家制定的西部大开发战略分为三个阶段，奠定基础阶段从2001年到2010年，重点是调整结构，搞好基础设施、生态环境、科技教育等基础建设。西部大开发主要解决的是西部地区与东部地区存在较大的发展差异问题，以及补齐西部投资环境差、企业效益不足、科技创新能力差等基础问题。西南都市圈的发展规划与国家西部大开发的战略规划，构成了20世纪初成都城市化建设的两个大的政策背景。

厉以宁的研究认为成都市在西部大开发的背景下从2000年到2010年的发展道路可以概括为"三轴三阶梯"模式，即以"复合城市化、要素市场化、城乡一体化"为路径，从"全城谋划"到"全域统筹"再到"全球定位"的发展模式。[②]这一阶段成都进行了大量行政方面的改革，使政府的行政能力适应要素市场化和城乡一体化下新的业务需求。2003年成都市政府公布了《成都市信息化建设管理暂行规定》和《成都市重点项目管理办法》，对信息化建设和重点项目管理细节做出了要求。对信息化建设和重点项目从行政规范的角度，明确了操作主体、责任划分、分支业务的管理责任等细节性内容，说明政府对相关领域的管理已经被纳入日常工作中。

2007年6月成渝被国务院批准为全国城乡统筹综合配套改革试验区。

[①] 国家计委经济研究所课题组、王建：《中国区域经济发展战略研究》，《管理世界》1996年第4期。

[②] 国家信息中心课题组、厉以宁、蒙代尔等：《西部大开发中的城市化道路——成都城市化模式案例研究》，《经济研究参考》2010年第15期。

该政策的背景是党的十六届三中全会提出的"统筹城乡发展、统筹区域发展、统筹经济社会发展、统筹人与自然和谐发展、统筹国内发展和对外开放"的新要求,在政策的具体实践中,"五个统筹"的具体操作落地是通过以大城市为核心带动乡村发展,在城市化的快速推进中统筹二元发展[1]。在此阶段,成都"三中心、两枢纽"的发展定位可以精确概括成都市在西部大开发和建设中心城市圈两个政策路径上的发展形态规划,"三中心"是指成都市被国务院定位于中国西南地区的科技、商贸、金融中心。"两枢纽"是指中国西南地区的"交通枢纽和通信枢纽"。2008年成都市发布了《成都市人民政府关于停止、取消部分收费项目和降低收费标准的决定》,在政府服务上降低市民办事的成本,深化了市场机制改革的配套措施。行政力量是市场经济改革的基础构成部分,这一政府令针对收费项目和收费标准进行优化和调整,是对交易成本和制度环境进行的系统性优化,是对市场经济改革的延续和深化。

2020年《中共中央 国务院关于新时代推进西部大开发形成新格局的指导意见》提出构建内陆多层次开放平台,成都和重庆等内陆城市要加快建设国际门户枢纽城市。与之同步进行的有"一带一路"、长江经济带等经济发展战略。[2] 2021年10月国务院印发《成渝地区双城经济圈建设规划纲要》,对成都市的功能辐射和发展进行了全局规划,把都市圈的打造与"一带一路"和长江经济带相整合。在西部城市中,成都市在交通枢纽、国外机构驻蓉机构数量、投资环境营造等方面都形成了优势,西部综合交通主枢纽地位已基本确立。

二 要素驱动的城市快速发展阶段

1998年7月,国务院发布《关于进一步深化住房制度改革加快住房建设的通知》,宣布全国城镇从1998年下半年开始停止住房实物分配,全面实行

---

[1] 国家信息中心:《西部大开发中的城市化道路——成都城市化模式案例研究》,商务印书馆2010年版,第10页。
[2] 《中共中央 国务院关于新时代推进西部大开发形成新格局的指导意见》,《兵团日报》2020年5月18日第二版。

住房分配货币化，同时建立和完善以经济适用住房为主的多层次住房供应体系，发展住房金融，培养和规范住房交易市场。从1999年西部大开发战略启动到2003年，成都主要的改革思路是放宽民营经济准入限制，改革行政审批制度，将土地、资本和劳动力等要素作为城市建设的基本要素，这一改革思路与当时全国进一步完善市场经济要素改革路径相一致。土地作为生产要素的改革则是其中的关键环节，关系到城市空间的扩张和形态的更新。

2000年成都市出台了成都市人民政府令第78号《成都市征地补偿安置办法》，政府令涉及锦江、青羊、金牛、武侯、成华五城区（含高新技术产业开发区）行政区域内征用农民集体所有土地的补偿、人员安置、住房安置等内容。从政府令的具体内容来看，此阶段的征地补偿安置，以成都市老城区和高新区为主。2007年成都市被国家列为全国统筹城乡综合配套改革试验区，成都市的城中村改造于2007年开始大规模进行，到2014年已完成拆迁632万平方米，整理土地12660亩。随着成都市城市化程度的加深，对于城区拆迁和改造成本也在不断上涨，2007年的改造成本约为240万元/亩，而到了2015年则达到400万—500万元/亩，到2015年各项目出现了资金缺口。① 针对这个情况成都市政府采取了"四改六治理"十大专项行动，计划在2017年年底完成改造任务。具体的举措有三项，规划政策方面调整了出让土地容积率，提升土地出让收益，填补因拆迁成本上升的资金缺口；土地利用政策方面借鉴了上海等地经验，实行了拆迁征收过程中裁执分离工作机制；金融政策方面，免去了土地出让和城中村改造征收安置的配套费，以项目补助形式安排给实施主体作为配套建设经费，作为专项资金用于基础设施和配套设施建设。

2015年12月24日，成都市六环路（成都市第二绕城高速公路）正式全线贯通，连接成都市主城区周边的青白江区、龙泉驿区、双流县、新津县、崇州市、温江区、郫都区、新都区、彭州市、广汉市、简阳市等12个区（市）县，成都市的实际辐射区域进一步扩展。成都市对于城市土地的

---

① 《关于〈成都市人民政府办公厅关于进一步加快推进五城区城中村改造的实施意见〉的解读文本》，成都市人民政府网站，2015年5月22日，http://gk.chengdu.gov.cn/govInfoPub/detail.action? id=1041742&tn=2，访问日期：2023年2月18日。

改造过程一直持续到2022年，在这个过程中成都市的城建面积从210平方千米扩张到14335平方千米。从年度房地产开发投资情况来看，年度完成额和住宅投资额都显示，2014年到2015年是成都市住房投资的高峰期，在此阶段之后，由于国家对房地产过热的管控措施，投资额度略有下降，但是在2017年又开始上升，与房地产开发投资情况相对应的是成都市人口快速增长（见图2-4）。

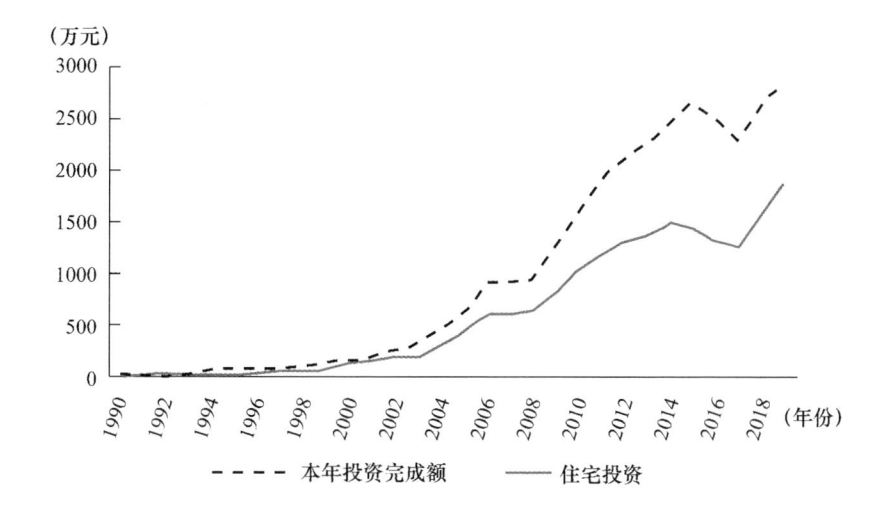

图2-4 成都市年度房地产开发投资情况

资料来源：《成都市统计年鉴2021》。

三 新消费主导的产业发展阶段

从地区生产总值来看，从2011年开始，成都市的第三产业生产总值正式超过了第二产业（见图2-5）。在该阶段，以新消费为导向的产业模式迅速发展，所谓新消费是指由数字技术驱动的市场下沉消费形态。2015年11月，国务院印发《国务院关于积极发挥新消费引领作用加快培育形成新供给新动力的指导意见》，首次提出"新消费"[1]这一概念，在形式方面，直播

---

[1] 《国务院关于积极发挥新消费引领作用加快培育形成新供给新动力的指导意见》，https://www.gov.cn/gongbao/content/2015/content_2975882.htm，访问日期：2023年9月15日。

带货、社交型的电商形态，无接触消费等是新消费的典型业态。另外新消费的消费群体以青年人为主，由于青年群体消费欲望强，频次高，追求新潮和个性，故产品通过互联网营销的模式可以实现较高的溢价。2019年我国"三新"经济（新产业、新业态、新商业）增加值达16.19万亿元，约占GDP比重的16.3%。[①] 按照西方城市化的发展规律，城市通过工业化的聚集实现了初步的城市化之后一般会进入后工业化阶段，产业类型从工业转向服务业，随着全球化下城市网络的形成，金融、软件、互联网等与新消费相关性较高的产业，在中心性以及次中心级城市会有聚集性发展。

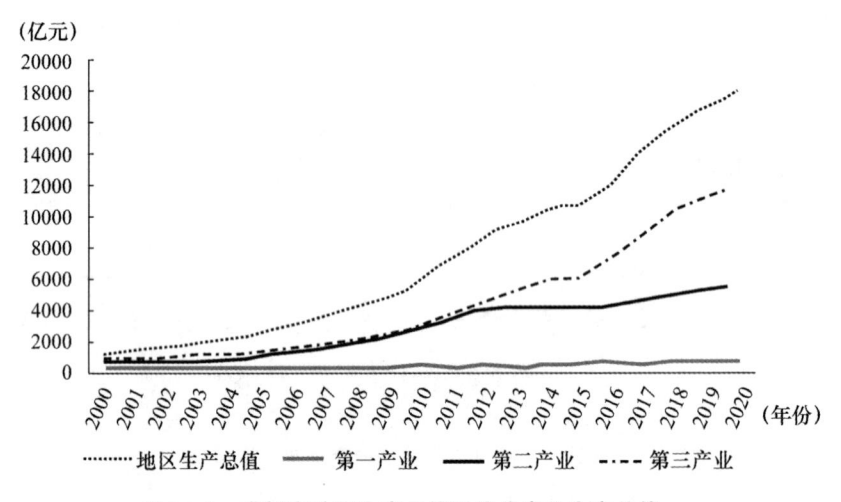

图2-5 成都市地区生产总值以及分产业生产总值

资料来源：《成都市统计年鉴2021》。

2020年成都市人民政府办公厅印发《成都市以新消费为引领提振内需行动方案（2020—2022年）》（以下简称《行动方案》）。成都市在促进新消费发展方面主要在推动线上消费、电商直播，网红消费点位等方向布局。具体来说，依托成都市进境特殊商品指定口岸功能作用，推进商品集散，引导企业通过大数据、云计算等信息技术解析消费群体特征，进行在线的产品和品

[①] 毛中根、谢迟、叶胥：《新时代中国新消费：理论内涵、发展特点与政策取向》，《经济学家》2020年第9期。

牌推广，发展时尚精品定制、个性餐饮定制、网红旅游等新消费项目，提升个性化、细分化的服务①。《行动方案》提出，为了应对经济下行压力，成都市每年引进各类品牌首店200家以上，发展特色小店300个以上，打造夜间经济示范点位100个；线上消费快速发展，实物商品网上零售额占社会消费品零售总额的比重高于全国平均水平3个百分点；每年新签约亿元以上消费场景项目40个以上。2023年，成都市印发《成都市加快农村寄递物流体系建设实施方案》，提出力争到2025年全面完成涉农区（市）县农村寄递物流体系建设，保障消费品进得去、农产品运得出，农村寄递物流供给能力和服务质量显著提高，便民惠民寄递服务全面覆盖到村。②

四　强调生态文明的公园城市建设阶段

2018年2月，习近平总书记在成都市视察期间提出建设公园城市的理念。2021年党中央、国务院在《成渝地区双城经济圈建设规划纲要》中要求成都市"以建成践行新发展理念的公园城市示范区为统领"③。2022年3月，成都市发布了《成都建设践行新发展理念的公园城市示范区总体方案》（以下简称《方案》），《方案》提出的"两新""三区""四着力"要求确定逻辑框架和重点任务。首先突出增强重大城市核心功能。围绕做优做强城市空间功能，落实《方案》提出的"有序疏解中心城区非核心功能""培育郊区新城"等要求，明确提出做优做强中心城区、城市新区、郊区新城（卫星城）等具体行动④。此外，《方案》将打造城市治理现代

---

① 《成都印发以新消费为引领提振内需行动方案》，http://cddrc.chengdu.gov.cn/cdfgw/ztlm031003/2020-06/04/content_5ebe73f2dc1142e4b5072caf56951b2c.shtml，《成都日报》2020年6月4日，访问日期：2023年9月15日。

② 《成都印发〈实施方案〉加快农村寄递物流体系建设》，http://sc.spb.gov.cn/scsyzglj/c100057/c100061/202301/7ad547d911694f688ba8ae51f6947696.shtml，访问日期：2023年9月15日。

③ 《中共中央　国务院印发〈成渝地区双城经济圈建设规划纲要〉》，https://www.gov.cn/zhengce/2021-10/21/content_5643875.htm，中华人民共和国中央人民政府网站，2021年10月21日，访问日期：2023年9月15日。

④ 《成都建设践行新发展理念的公园城市示范区总体方案》，https://www.gov.cn/zhengce/zhengceku/2022-03/17/5679468/files/07812ad7bbcc4cf2b52d681b57310419.pdf，访问日期：2023年9月15日。

化的示范区作为三大发展定位之一，并围绕"健全现代治理体系、增强公园城市治理效能"，提出"建设人人有责、人人尽责、人人享有的社会治理共同体"，将社会治理的主体进一步明确，标志着从政府主导的城市建设模式到人民参与共享共治的共同体治理模式，意味着国家主导的城市治理模式正在逐渐演变成多元主体治理的模式。

2022年12月成都市制定发布了《成都市"无废城市"建设实施方案》[①]，计划了三步完成"无废城市"的规划，2025年建立系统的固体废物管理政策法规体系，推行生活垃圾分类，农业废物利用，固体废物减量化。2030年建立涵盖农业、工业、民用各生活领域的固体废物指挥管理平台。2035年建成完备的固体废物地方政策法规，最终目的是实现"无废城市"，增强居民的获得感和幸福感。

第三节 成都市社区治理发展的空间特征

一 "城乡一体"与功能嵌合：成都市区划的基本逻辑

成都市在城市化过程中，从中华人民共和国成立初期的5个区，扩张至现有12个区、3个县，代管5个县级市，本节以成都市的12个区为主要分析对象，关注成都现辖12个区的人口和区域特征定位。如表2-1所示，成都市下属12个区，从辖区面积、人口数量和区县定位可以看到，成都市所辖12个区大体可以分为两类，第一类区域是以成都老五区为代表的成都市中心城区，这类城区的特点产业富集、人口密集、历史悠久，是成都市政治经济和文化的中心区域，区域功能上更加综合。第二类区域是除中心五城区之外的区域，其占地面积远大于成都市老五区，人口密度也低于传统的老城区，区域功能方面相对更加单一、集中于某些具有区域特性的产业。这两类城区分别对应成都市的传统核心区域和新兴区域。

从成都市各区基层单位数量可以看出，村委会数量最多的是郫都区、

[①] 《建设"无废城市" 成都这样做》，http://www.chengdu.gov.cn/chengdu/c131034/2022-12/23/content_ 3b802d5c825645fe96 ce4050a4c91564. shtml，访问日期：2023年2月18日。

新都区、双流区、新津区、龙泉驿区和青白江区（见图2-6），这6个区下辖大量农村，均是在成都扩张过程中新成立的。比较有代表性的是郫都区，2016年12月，国务院批复同意撤销郫县，设立成都市郫都区，2017年正式挂牌。"城乡一体"是成都市区划建设中的典型模式，成都市政府不仅关注中心区域，对城市周边地区也进行了成体系的规划，即成都市的城市区划建设是"城乡一体"的。而在每个分区的功能和定位上，根据每个区的特征和资源禀赋，分别进行了规划，使成都市下辖12个区在功能上相互组合（见表2-1），构成了成都市西部中心城市的总体定位，体现了成都市的区划设计遵循"城乡一体"和"功能嵌合"的基本逻辑。

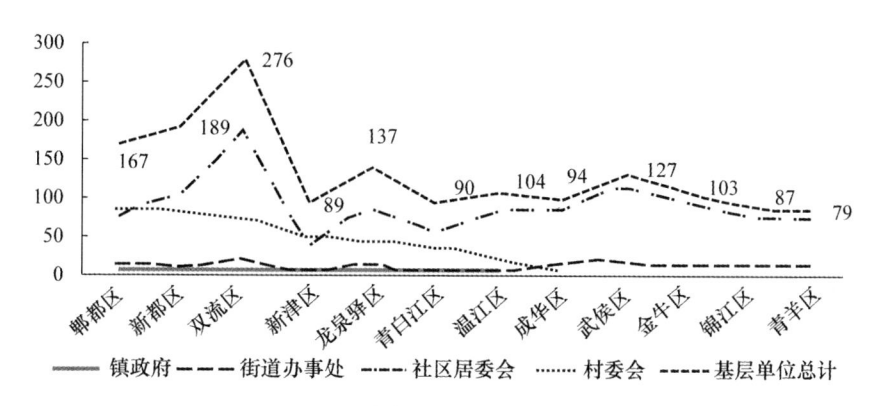

图2-6 成都市各区基层单位数量

资料来源：《成都统计年鉴2021：成都市行政区划》。

表2-1　　　　　　　　　　**成都市下辖主要区域基本信息**

区域	面积	主要定位	人口数量
郫都区	395.0平方千米	2019年12月19日，郫都区入选国家城乡融合发展试验区	167.2万人
新都区	496.0平方千米	成都市中心城区，做强现代轨道交通航空装备研发制造中心、国际商贸物流中心、天府文化音乐文创中心、国际智能家居研发制造中心，筑牢成北生态屏障	155.8万人
双流区	1065平方千米，实际管辖面积466平方千米	双流区从城市规划设计、新城建设到产业布局，围绕"中国航空经济之都"进行了系统设计	265.9万人

续表

区域	面积	主要定位	人口数量
新津区	331平方千米	"城南门户，水城新津"的城市定位，正加快推进"一生之城""亚特兰蒂斯·黄金时代"等项目建设，以亲水文化为主要形态的山水休闲生态城市已具雏形	36.4万人
龙泉驿区	557平方千米	成都市经济技术开发区、天府新区·龙泉高端制造产业功能区	134.6万人
青白江区	378.9平方千米	2017年正式纳入中心城区	49.0万人
温江区	277平方千米	2019年四川省政府印发《关于印发中国（四川）自由贸易试验区德阳等7个协同改革先行区建设总体方案的通知》（川府发〔2019〕21号），温江等7市（区）获批建立中国（四川）自由贸易试验区协同改革先行区（以下简称协同改革先行区）；温江区在产业定位方面，提出建设"三医两养一高地"	96.8万人
成华区	109.3平方千米	前成都市老工业基地，全面做优做强高端要素运筹、国际交流交往、现代产业支撑、文化传承创新、时尚消费引领等核心功能	138.2万人
武侯区	75.4平方千米	武侯区是国务院定位的"高科技文化区"，先后获评"国家体育产业示范基地""天府旅游名县""中国最具书香百佳县市""中国夜经济繁荣百佳县市"	185.5万人
锦江区	62平方千米	全面做优做强高端要素运筹、国际交流交往、现代产业支撑、文化传承创新、时尚消费引领等核心功能	90.3万人
青羊区	66平方千米	一是做优做强高端要素运筹功能，依托国家航空高端装备技术创新中心推进重大科技成果创新，推动金融机构发展科创、绿色、供应链等特色金融；二是做优做强国际交流交往功能；三是做优做强现代产业支撑功能，立足航空高端装备研制产业优势；四是做优做强文化传承创新功能；五是做优做强时尚消费引领功能	95.6万人
金牛区	108平方千米	成都市北城新中心	126.5万人

资料来源：整理自《中国人口普查年鉴2020》。

二 发挥优势与精简区划：成都市核心区域的区划变动

在中华人民共和国成立初期，成都市包含五个市辖区，即东城区、西城区、望江区、龙潭区和万年区。以上五个市辖区是成都市商业、行政、生活的核心区域，也是所谓的成都市"老五区"。成都市老五区经历了20世纪90年代的区划调整，撤销东城区与西城区，将东城区、西城区、金牛区重新设置为锦江区、青羊区、金牛区、武侯区、成华区五个中心城区,后称"五城区"。

  历史上成都市商业的发展已非常兴盛,唐宋时期成都市的商业已突破了历史上传统的坊市制的束缚,兴起了临街设店和前店后坊(手工作坊)的商业形式,进而发展为城内有东市、南市、新南市、西市和北市,城外有草市的格局,且各种专业性市场不断。[1] 现在中共四川省委的所在地青羊区"商业街",成都市委原所在地青羊区"羊市街",都隶属于成都市历史上的商业区域。又如成都的核心区域武侯区,知名商业区锦里就位于此区,早在唐代,诗人韦庄就写道"锦里蚕市,满街珠翠,千万红妆[2]",可见在成都的城市空间中,武侯区带有很强的商业属性。又由于武侯区具有大量的历史遗迹和文化遗迹,所以武侯区也将文化交流和新消费作为自身的优势产业之一。成都市东郊就是原成华区,保留了较多20世纪五六十年代我国三线建设时期留下的大量的工业遗迹,这一区域的改造过程,对原有工业遗迹进行了大量的二次利用和文旅创造,充分体现了文旅城市的建设需求。在这些有大量历史沉淀的区域,成都市选择的策略是深度发挥这些区域的原有优势,因地制宜,不断更新区域在不同发展阶段所承载的新功能。

  2019年成都市进行了乡镇基层行政区划改革,对新津县、青羊区、简阳市、大邑县、龙泉驿区、新都区镇(街道)行政区划进行了调整和精简。同时针对温江区、郫都区、蒲江县、武侯区、金堂县镇(街道)行政区划进行了调整,将部分乡镇的行政区划进行了撤销,设立了街道办事处,并合并了较多的街道办事处。[3] 这一次的行政区划调整提升了部分街道办事处的管理范围,并且撤销了部分在城市化中逐渐丧失原有行政独立性的乡镇,转而采用更加精简并且符合城市治理规则的街道建制。在对新区域的调整和精简中,成都市选择采用更有效率的治理策略,使用"撤裁并"的方式推动"乡转城"的过程,加强了治理层级的科学化、合理化。

---

[1] 《2300年不改名 成都唐朝时来了就不想走》,https://www.sc.gov.cn/10462/10464/10756/2012/1/6/10195239.shtml,访问日期:2023年9月15日。

[2] 《全唐诗》(全二册),上海古籍出版社1986年版,第2170页。

[3] 《四川省人民政府关于同意成都市调整龙泉驿区等15个县(市、区)部分乡镇行政区划的批复》(川府民政〔2019〕24号),https://mzt.sc.gov.cn/scmzt/gsgg/2019/12/24/eb82360d9cd24d6daea6e7339c60fd07.shtml,访问日期:2023年9月15日。

三　产业更新与生态宜居：成都市新兴区域的区划变动

成都高新区筹建于1988年，1991年获批全国首批国家级高新区，2006年被科技部确定为全国创建"世界一流高科技园区"试点园区。2010年5月，双流县的中和街道全城和华阳街道部分区域划入成都市高新区托管。[1]

2011年10月，四川省人民政府提出《四川省成都天府新区总体规划》，规划提出要围绕再造一个"产业成都"的核心目标，大力发展战略性新兴产业、现代制造业、高端服务业和现代都市农业，把天府新区建设成以现代制造业为主、高端服务业集聚，宜业、宜商、宜居的国际化现代新城区，形成现代产业、现代生活、现代都市三位一体协调发展的示范区。[2] 2012年5月，新加坡与四川省合作的新川创新科技园在成都市高新区南部园区（天府新区高新片区）开工建设。[3] 2011年11月，四川省政府办公厅发布《四川省人民政府关于四川省成都天府新区总体规划的批复》，批复同意《四川省成都天府新区总体规划（2010—2030）》。[4]

2012年2月，《西部大开发"十二五"规划》进一步提出加快把天府新区建设成为西部地区重点城市新区。[5] 2013年7月，四川省成都市天府新区成都片区管理委员会正式成立[6]；2013年12月2日，成都市天府新区政务服务中心开始正式运行[7]；2014年10月2日，国务院发布国函

---

[1]《总体概况》，https://www.cdht.gov.cn/cdht/c139647/2022-02/15/content_12ccb650d78844abadfafedb62cd8d42.shtml，成都市高新区管理委员会网站，访问日期：2023年9月15日。

[2]《四川省人民政府关于四川省成都天府新区总体规划的批复》，四川省人民政府网站，https://www.sc.gov.cn/10462/10883/11066/2011/11/18/1018999 2.shtml，访问日期：2023年9月15日。

[3] 参见成都市高新区管理委员会网站，https://www.cdht.gov.cn/cdht/c139597/2022-06/24/content_a4f80b99715a4ee88c38a86f0e151ebc.shtml。

[4]《四川省人民政府关于四川省成都天府新区总体规划的批复》，四川省人民政府网站，https://www.sc.gov.cn/10462/10883/11066/2011/11/18/10189992.shtml，访问日期：2023年9月15日。

[5]《西部大开发"十二五"规划》，https://zfxxgk.ndrc.gov.cn/web/iteminfo.jsp?id=276，访问日期：2023年9月15日。

[6]《天府新区成都片区管委会设立》，https://www.sc.gov.cn/10462/107 78/10876/2013/7/24/10270327.shtml，访问日期：2023年9月15日。

[7]《成都市天府新区政务服务中心投用》，https://www.sc.gov.cn/10462/10464/10797/2013/12/3/10287197.shtml，访问日期：2023年9月15日。

〔2014〕133号《国务院关于同意设立四川天府新区的批复》（川府〔2013〕94号），正式同意设立四川天府新区。①

2014年9月，《国务院关于依托黄金水道推动长江经济带发展的指导意见》明确要求推动天府新区创新发展②；2014年11月15日，《四川天府新区总体方案》经国务院同意并正式印发。天府新区将在金融投资、产业、土地三个方面享受政策支持，构建"一带两翼、一城六区"的空间格局。③ 2015年，原双流县撤县设区④；2016年12月，经国务院批准，撤销郫县，设立成都市郫都区⑤，形成11区4市（县级市）4县的格局，即，锦江区、青羊区、金牛区、武侯区、成华区、龙泉驿区、青白江区、新都区、温江区、双流区、郫都区，都江堰市、彭州市、邛崃市、崇州市，金堂县、郫都县、大邑县、蒲江县、新津县。2017年4月，《四川省推动农业转移人口和其他常住人口在城镇落户方案》印发。提出将合理引导人口向四川天府新区成都市片区等重点区域转移。⑥

2019年6月，《中共四川省委四川省人民政府关于加快天府新区高质量发展的意见》正式印发，明确了加快天府新区高质量发展的指导思想、总体目标，以及发展高端高新产业、数字经济等重点任务。⑦ 2021年12月，国家标

---

① 《国务院关于同意设立四川天府新区的批复》（国函〔2014〕133号），https://www.gov.cn/zhengce/content/2014-10/14/content_9142.htm，访问日期：2023年9月15日。
② 《国务院关于依托黄金水道推动长江经济带发展的指导意见》（国发〔2014〕39号），https://www.gov.cn/zhengce/content/2014-09/25/content_9092.htm，访问日期：2023年9月15日。
③ 《四川天府新区总体方案获批："一带两翼一城六区"》，《华西都市报》2014年11月25日，https://www.sc.gov.cn/10462/10778/10876/2014/11/25/10319482.shtml，访问日期：2023年9月15日。
④ 《四川省人民政府关于同意撤销双流县设立成都市双流区的批复》（川府函〔2015〕257号），https://www.sc.gov.cn/10462/c103045/2015/12/15/c00480d792104423a06d8ed760ea9ffa.shtml，访问日期：2023年9月15日。
⑤ 《四川省人民政府关于同意撤销郫县设立成都市郫都区的批复》，https://www.sc.gov.cn/10462/c103045/2016/12/7/5c6bfdec1db94b2183dc7fde9e7e407c.shtml2，访问日期：2023年9月15日。
⑥ 《四川省人民政府办公厅关于印发四川省推动农业转移人口和其他常住人口在城镇落户方案的通知》（川办发〔2017〕27号），https://www.sc.gov.cn/10462/c103046/2017/4/8/de3e29f3895e47dab65bcd57f06eaf84.shtml，访问日期：2023年9月15日。
⑦ 《中共四川省委四川省人民政府关于加快天府新区高质量发展的意见》，http://cdtf.gov.cn/cdtfxq/c130560/2020-09/24/5c652750419a4924ba4ad6619adda291/files/a018a4b1aa7048d69b7a31259cf8af1b.pdf，访问日期：2023年9月15日。

准化管理委员会印发《关于支持四川天府新区开展公园城市标准化综合试点的复函》，正式批准四川天府新区开展公园城市标准化综合试点（2022—2025年）。根据复函要求，要形成公园城市标准化建设可复制可推广的经验。[1] 2022年2月12日，四川天府新区公园城市标准化综合试点正式启动[2]。

成都市新区的出现对传统区实现了功能疏解，比如青羊区隶属于成都市传统的核心区，各等级文物保护单位数量均位居中心城区第一，文保单位数量占五城区及高新区总量的45%，占全中心城区的26%。在产业方面，青羊区具有高新科技、金融、文旅等优势产业，但是随着天府新区和高新区的崛起，原属于青羊区的骡马市金融聚集区由于区域产业聚集性有限和配套不足，金融中心的属性也逐渐丧失。这种新兴区域对传统区域替代的过程，能够有效地纾解传统区域的人口过于密集带来的"城市病"，是构建"宜居城市"和"公园城市"重要举措（见表2-2）。

表2-2　　　　　　　　天府新区和高新区基本情况

区域	面积	主要定位	人口数量
天府新区	1578平方千米	内陆开放经济高地、宜业宜商宜居城市、现代高端产业集聚区、统筹城乡一体化发展示范区[3]	2015年版《四川天府新区总体规划（2010—2030年）》中规划四川天府新区2020年总人口350万人
高新区	130平方千米	国际创新型大学和创新型企业汇集区，重点发展电子信息、高端制造、航空航天、科技服务业、未来产业，高质量打造国际一流应用性科学中心、中国西部制造示范区和成渝国际科教城	125.8万人

资料来源：整理自互联网。

---

[1] 《四川天府新区公园城市标准化综合试点启动》，https://www.sc.gov.cn/10462/10464/10797/2022/2/14/7a5f72f2e0204efba5da43eee5479794.shtml，访问日期：2023年9月15日。

[2] 《四川天府新区公园城市标准化综合试点启动》，https://www.sc.gov.cn/10462/10464/10797/2022/2/14/7a5f72f2e0204efba5da43eee5479794.shtml，访问日期：2023年9月15日。

[3] 《专家解读〈四川天府新区总体方案〉》，https://www.sc.gov.cn/10462/10778/10876/2014/11/25/10319364.shtml，访问日期：2023年2月18日。

新设立的区域在发展进程方面，第三产业的增长显著高于第二产业，产业不断更新，这是新区产业形态的一个显著特征。以高新区为例，从2016年到2020年，高新区第二产业总值从579.1亿元增长至798.9亿元，增长率为38%，第三产业从2016年到2020年，从953.6亿元增长至1603亿元，增长率为68%。以天府新区为例，从2016年到2020年，地区生产总值从270.4亿元增加到518.8亿元，第三产业的增幅为104%，而第二产业增幅为75%。

第四节 总结

总结进入21世纪以来的发展经验，成都市的城市化过程在国家和地方政府的引导下，进行了一系列的制度创新，利用"土地+劳动+资本"三种核心生产要素组合，形成了城市空间更新过程中"产业更新+人才与劳动力"聚集的马太效应。在21世纪头两个十年的发展历程中，头十年成都市进行了制度创新，集中在土地商品化交易，统筹城乡发展等，完成了城市空间扩张的基础建设。从2010年到2020年的十年间，成都市拆旧建新的城市更新还在继续，房价控制较好以及新消费产业的兴起对青年人口形成了吸引力，青年劳动力和人才的大量聚集，为城市发展提供了内驱力。以2020年为界，成都市已经完成了现代化城市的基本产业基础和城市空间形态建设。在城市集群方面，"成都、重庆都市圈"已经出现；在产业方面，高科技创新型企业的发展进一步提升；在城市序位方面，成都市确立了国际枢纽的定位；在城市空间方面，强化空间正义性，完善基层治理能力，提升城市生态文明的宜居属性。

从长远来看，成都市长期的发展非常精准地体现了中央提出的城市发展的战略构想，在产业、环境、城市建设、基层治理等方面探索了"成都模式"，成为21世纪我国省会城市发展的典范之一。未来，成都市需要进一步剥离传统老旧产业，将具有全球影响力的科技、文创作为发展的重点。建议成都市从产业、服务和国际化三个方面继续提升城市品质构建中国特色的大型城市示范效应，首先进一步吸收国外城市发展的经验，积极拓展改革路径，为高科技产业升级提升资本、人才和制度的吸引力。其次在服务型城市所需要的制度精简、政策法规方面继续投入，构建出具有服务能力的基层治理体系。最后在构建国际城市网络枢纽城市方面，抢占更多话语高地，拓展国际影响力，抓住"一带一路"和新西部大开发的政策契机，加强与国外新兴经济体的经济、文化交流。

第三章 成都市社区治理的市政制度

刘 学[*]

习近平总书记在党的二十大报告中强调,坚持人民城市人民建、人民城市为人民,提高城市规划、建设、治理水平,加快转变超大特大城市发展方式。[①] 这是党中央在全面建设社会主义现代化国家开局起步的关键时期做出的重大战略部署,是今后一个时期推进超大特大城市发展的根本遵旨和行动指南。在这一思想的引领下,成都市开展"人城境业高度和谐统一的现代化城市"的美丽宜居公园行动,扎实推进城市建设,在强化中心城市功能、优化城市空间格局、创造高品质生活,打造宜居、韧性、智慧城市等方面,作出了突出贡献。近年来,成都市在全国的知名度不断提高,带动成渝双城经济圈不断发展,连续11年位居"中国最幸福感城市"榜首,在投资、就业、活力等城市排行榜上,稳居第三,2020年流入人口排名全国第三位。在新冠疫情期间,成都市以其灵活韧性的社区发展体制,最大限度地保障了居民生命安全,维持居民生活工作秩序,为打赢这场史无前例的疫情阻击战贡献了地方智慧。与此同时,成都市还在智慧社区、数据反哺、数据协同等方面为数字政府建设勇敢探索,积极推动智慧城市的建设。

改革开放40年来,我国综合国力不断提高,城市化快速推进,城市群

---

[*] 刘学,山东济南人,中国社会科学院中国式现代化研究院副研究员,中国社会科学院青年学习标兵、青年拔尖人才。主要研究方向为基层治理、数字治理、发展研究等。

[①] 《中国共产党第二十次全国代表大会文件汇编》,人民出版社2022年版,第27页。

粗具规模，正从"乡土中国"走向"城乡中国"。① 第七次人口普查数据显示，7 个超大城市、14 个特大城市的人口占全国的 20.7%，国内生产总值占全国三成以上，是我国现代化建设的"排头兵"。城市如何转变发展方式，优化空间与人，生活与生产，流通与服务，统筹安全与发展之间的关系在党和国家工作全局中有举足轻重的位置。

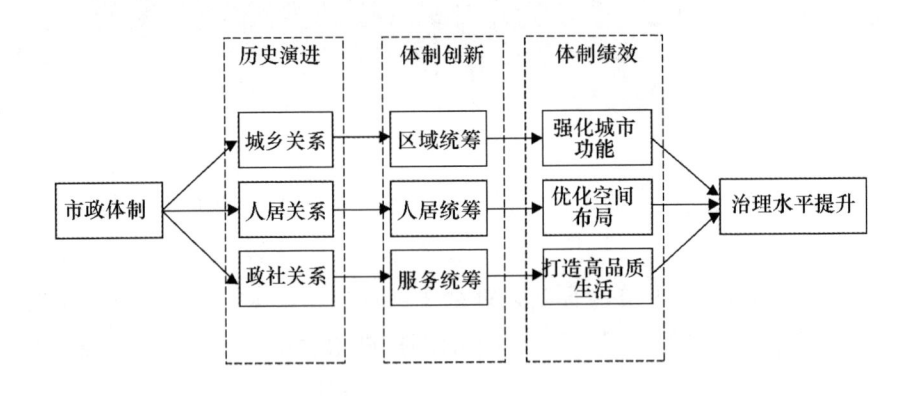

图 3-1 本章的分析框架

城市管理体制（以下简称市政体制）是加快转变超大特大城市发展方式的动力源。城市管理体制是城市政权的组织形式，即城市政府的组织结构、职能结构、管理方式和运行机制的总和。由于国情、民情的差异，我国的市政体制与西方的聚落型行政体制不同。我国的城市管理体制属于广域型体制，其中包含着城乡关系、人居关系、政社关系三个维度。更为重要的是，我国的城市行政管理体制脱胎于计划经济体制，受市场经济体制改革影响，其行政体制的历史变迁具有鲜明的中国特色。本章拟聚焦城市管理体制的历史变迁、实践特征、成效经验与存在问题，分别阐述市政体制的结构与功能。本质上，市政体制是不同国家机构部门之间权责关系的结构化定型。包括地位权力关系、结构关系、协作关系与指导关系等多种

---

① 焦长权：《从乡土中国到城乡中国：上半程与下半程》，《中国农业大学学报》（社会科学版）2022 年第 2 期；刘守英、王一鸽：《从乡土中国到城乡中国——中国转型的乡村变迁视角》，《管理世界》2018 年第 10 期。

关系形态。这些机构的权责配置关系是形塑地方秩序，引导社会资源（包括空间资源）配置的国家之手，是国家治理能力与治理体系现代化的重要组成部分。

第一节 研究背景与政策背景

一 市政体制的定义与类型

（一）西方的市政体制

西方国家城市管理体制多样，不过均为聚落型政区体制。[1] 在西方城市管理中，市长以及相应的行政机关的组织形式及其权责关系是区分不同市政体制的主要条件。普遍的有这样几种类型。一是市议会制。由市议会兼行决策权和行政权，市长的权威小，难以对市政管理实行统一指挥领导，行政效率较低。与这种体制类似的还有市委员会制，即由委员会兼行市政管理的决议权和执行权。但市委员会的成员可以由上级任命产生。二是市长议会制。它依靠市长及其领导下的不同专业化工作部门开展工作，行政首长统一指挥，行政与决议机构分设是这一体制的核心特征。三是市经理制。市领导机构下设市经理，由市经理及其工作部门负责日常管理经营工作。这种体制将城市管理的政治决策权与市场运营权分开，侧重于提高城市管理的效率。这种体制的问题是，市议会无法有效监督管理下属经理部门的具体运行。

一些西方的超大特大城市还在市政府下设区政府，或者市政府与市镇联合，建立协调议事机构。如由于城市化进程的加快，一些大都市出于发展需要吸纳了周围郊区或市县，形成了新的政治决策和城市管理机构。还有一些大都市按照城市政治、经济、生产功能分类，以多功能行政区的模式分区分类管理。也有的地方并不采用这种集中统一领导的城市管理体制，而改采市政府与市镇签订合作协议、职能外包、建立下属或外设联合会的松散联合的方式分区管理。

---

[1] 聚落型政区，指的是根据单位面积人口集聚规模划分的聚落型点状区域。

(二) 中国的市政体制

中国市政体制更为复杂，是根据地理空间而非社会人群聚集的广域型市制。广域型市制又被称为地域型市制，指的是城市以其行政管理机构的名义，统筹管理其辖区范围内的城镇地区和广大乡村地区的城乡合一的管理体制。这一管理体制在一个地理区域内既管城镇区域，又管农村区域的城乡合一体制。城市管理体制中设有党组织、市人大及其常委会、市政府、市法院检察院等权力机构，还包括人民团体、居民委员会、民主党派组织还有参与到城市管理与运营中的营利性企业、非营利性组织以及居民自治团体等。在这些组织中，依托行政等级的分层体制与政企、政社协作的混合制同时发挥作用。这种混合制在城乡统筹过程中尤其明显。在我国，直辖市、副省级市、地级市、县级市不仅在行政等级上体现出差别，在人口管理规模，区域带动能力，以及内设体制方面均存在显著差异。随着城乡一体化进程的推进，不少市向外扩的过程中，都会将周边区县合并进来。这就在事实上形成了一个市包括两种体制的情况。有的市下设区，区下设街道办。而规模级别较小的市则直接下辖街道办和乡镇。

纵向上，市政体制是一个市、区、街道三级管理结构，职能分工与事权分配不同。在职能分工方面，市级主要负责宏观决策与综合协调。区级主要负责分解指令与条块协调。街道的主要功能是政策执行。即"市级决策权，区级管理权和街道执行权"。在具体的城市管理中，市、区和街道都同时忙于管理和执行，分工明确。尤其是对街道而言，所有的条块任务都下达到他们那里，管理的权力和资源都不在他们手上，因此，纵向上的权责分配导致政策常常执行不力或过度执行。横向上，城市管理中涉及的治理对象和内容纷繁复杂。城市管理是指城市在公用事业、绿化、供水、节水、污水处理、城市客运、市政设施、园林、环卫、建设等方面的管理，包括三个大的方面：对城市设施及其附属物的管理，城市事件的管理（包括环境、城市空间、人的行为秩序、生态等），以及城市公共安全管理（地震、洪灾、旱灾、火灾、台风、工矿企业事故、交通事故、生物安全、信息安全、恐怖事件、食品安全等）。因此，在具体的城市管理工作中，它会涉及市三级管理体制中的多个条线部门，如城管、公安、环保、安监、食药监、工商、消防等不同部门。横向上的职责不清、职能交叉、管理交叉易导致城市管理中部门协调性差的问题。

在市政管理体制的具体运行中，还存在着区域，甚至点位差异①。比如流动摊贩的问题。在一些地段，如市政府，城市中心区，摆摊是肯定不被允许的。但是在另外一些区域，比如城乡接合部，摆摊可为来往的居民提供一些便民服务，既便利了当地居民，也能解决一部分人的生计问题，城管通常不会过分严格地限制流动摊贩。除了执法的空间差异，城管执法的严格程度也会随时间而变化，如重大节日，重要时间节点，城管执法的力度就会更加严格一些。总而言之，市政体制的运作是一个颇为复杂的过程。

近年来，人口流动的加快，互联网技术的普遍应用，为我国的市政体制带来新的风险和挑战。未来5年是加快转变超大特大城市发展方式的关键时期，深入贯彻《国家新型城镇化规划（2021—2035年）》，聚焦推动高质量发展、创造高品质生活、实现高效能治理，需要依赖创新、协同、灵敏、与当前城市发展相适应的市政体制。

二 我国市政体制的历史变迁

（一）纵向权责调整

纵向上，市政体制里包含三组重要关系：一是表征城乡关系的"市县关系"；二是表征行政等级关系的"市辖区政府、街道办事处、社区组织"管理关系；三是表征空间建筑与人口的"人房关系"。中华人民共和国成立初期，在计划经济背景下，城市管理体制采取的是"市县分治"的制度。即市与县是城乡对立基础上的分治逻辑。20世纪80年代，为了适应市场经济体制的建设，我国采取了"市管县"体制。2000年以后，人口流动较大的东部沿海城市开始探索城市综合执法、大部制、省直管县等新型城市管理体制。总体上，仍然是以广域市制为主体，在城市发展不同阶段，调整管理部门与行政方式。

---

① 点位差异指的是同一城市不同街道，甚至同一街道不同居民小区因为历史原因，居民职业收入的不同，对城市管理需求不同。例如同一街道的老旧小区和新兴商业区常常对流动摊贩有着不同的态度。

1. 市县分治（1949—1980）阶段

中华人民共和国成立初期，全国多数地区都实行"市县分治"，即由省分别直接管理城市和农村地区。农村实行"省（地区）—县"的行政管理模式。根据当时的相关法律规定，必要的时候，可以在省和县之间设立一级排除机构，在省、自治区和县之间发挥协调、督导作用。然而，在具体实践中，不少机构实际变成了县级以上的领导机构。不过，不同城市也在行政体制上做过调整。《中华人民共和国县级以上行政区划沿革：一九四九年——一九八三年》记载①，杭州市于1949年至1951年间曾经管辖杭县，兰州市1949年至1950年管辖皋兰县，重庆市于1951年至1952年间管理巴县，贵阳市在1952年至1955管辖贵筑县，昆明市曾于1951年至1953年间管辖昆明县，1949年无锡市管辖无锡县；徐州市也曾下管铜山县。这些体制的建立都跟当时协调经济生活的目标有关。由于城市经济不发达，一些城市的粮食、蔬菜农副产品供给短缺。为了"以农促工""农村反哺城市"，保障大城市供应，几个城市实行了"市领导县"的行政管理体制。

2. 市管县（1980—1990）阶段

"市管县"体制是指由市管辖周边县市。这一体制的初衷是"以城带乡，以工促农"，发挥中心城市对周边经济的辐射带动作用，以实现城乡经济共同增长。1982年，辽宁省最先施行该制度。随后，广东省、山东省、四川省的中心城市也开始试行这种制度。1983年，《中共中央、国务院关于地市州党政机关机构改革若干问题的通知》，要求积极试行地、市合并。②根据通知要求，全国撤销了35个地区行署，将368个县划归地级市领导，另有22个县与市合并，40个县改为县级市或地级市。1999年，中共中央、国务院《关于地方政府机构改革的意见》进一步指出要调整地区建制，避免重复设置；与地级市并存一级的地区，实行地市合并；与县级市并存一地的地区、所在市（县）达到设立地级市标准的，撤销地区建制，设立地级市，实行"市管县"体制；其余地区建制也要逐步撤销，原地区所辖县改由附近地级

---

① 《中华人民共和国县级以上行政区划沿革：一九四九——一九八三年》，测绘出版社1986年版。
② 孙学玉：《垂直权力分合：省直管县体制研究》，人民出版社2013年版，第45页。

市管理或由省直辖,县级市由省级政府委托地级市代管。2001年年底,全国70%以上地区实现了"市管县"体制。"省—县(市)—乡(镇)"三级体制调整为"省—市—县—乡(镇)"四级体制。这一过程中,不少地方为了扩大编制,提高自身的行政地位,争相撤县、并县,纷纷变身为"地级市"。因此,衍生出一些问题。周一星的调查表明,1991年,被调查的县级单位中,只有19%的县认为"市管县"对县的增长有益,25%的县认为"市管县"对县域经济发展有害无利,另有56%的县认为"市管县"对县域经济的发展是"利弊参半"[①]。本来应该是为了反哺县乡的"市管县"制度,异化成"市压县""市吃县"的局面。

3. 省直管县(1990—2012)阶段

县域是连城带乡的重要场域,也是经济活力的来源。县域经济的发展状况直接关系到一、二、三产业的协调发展。从党的十六大首次提出"壮大县域经济",党的十七大再一次强调"壮大县域经济",到《中华人民共和国国民经济和社会发展第十二个五年(2011—2015年)规划纲要》提出"加快县域经济发展",这些政策文件表明,党中央高度重视县域经济。在这种背景下,中央推动了行政体制改革,试图通过这一改革破除县域经济发展的体制约束。

2010年,中编办在东中西部共选取了8个省(区)的30个县(市)作为行政"省直管县"体制改革试点。8个试点包括安徽、河南、黑龙江、江苏、湖北、河北、云南、宁夏。同时其他地方也结合自己的情况推进"省直管县"体制改革。河南省推动"省直管县"体制改革的主要是为了解决"小马拉大车"问题。另外一个原因是,河南是农业大省,县域经济占全省比重较高。2011年,河南省《关于县域经济发展情况的专项工作报告》指出,"2010年,河南省县域生产总值占全省比重达到69.8%,对全省经济增长贡献达到70.9%,36个县(市)入围中部百强县(市)"。河南省支持相关县的扩权行为很有典型性。2004年,河南省政府于2002年5月19日下发

[①] 周一星、胡大鹏:《市带县体制对辖县经济影响的问卷调查分析》,《经济地理》1992年第1期。

《关于扩大部分县（市）管理权限的意见》。该意见指出："综合考虑各县（市）在区域生产力布局中的地位、财政实力、经济总量、城镇化水平、工业基础、发展潜力和经济特色，以及省本级财政的承受能力，着眼于充分发挥经济强县（市）在促进全省县域经济发展中的带动示范作用，在对各县（市）主要经济社会发展指标认真分析的基础上，决定扩大巩义市等35个县（市）的管理权限。"权限下放的内容包括"建设项目管理、土地审批、证照发放、税权扩大等方面的经济管理权限"。省级政府还下放了部分社会管理权限，包括"体制补助、税收返还、转移支付、财政结算、专项补助、资金调度等方面直接核定到省直管县地区"。干部任命也做出相应调整。在河南，2011年的18个试点县与省直辖市同等对待。

这些改革的目的只有一个，修正与保障纵向府间"权责划分"与"财权事权划分"。改革的要求是地级市不得以将以任何应属于县级收入范围内的收入划归市级；不得以任何方式集中县级财政与事权对等的要求，省级财政在对县（市）也不能随意开减收增支的政策口子或要求县级配套资金。虽然试点地区县市的关联模式不同，经济发展差异也较大。但是，这些地区改革的目标是一致的。那就是加强县的自主性，强化更高层次——省一级的区域统筹能力，以适应经济发展的要求。

（二）横向职权整合

横向"条条"关系也是城市管理体制的重要组成部分。例如跨界公共服务（交通、供水等）的供给、区域环境整治、经济社会发展中的各种利益关系的协调，以及政府管理效率的提高等问题。因此，研究和建立符合中国国情的都市区行政组织和管理新模式十分重要和迫切。国际上有三种流行方式：一是通过合并或兼并的方式，建立一元化的、高度集权的都市区政府；二是采取协商联合的方式，建立松散的城市协调组织机构（非政府机构）；三是建立跨界职能的城市联合政府，行使某些跨界职能（如交通、供水、环境保护等）。但是，我国国情不同，城市在探索职能整合的过程中，具体做法不同。

1. 职能集中阶段（1949—1992）

中华人民共和国成立初期，新中国逐步建立了适应当时生产力发展水平的行政体制框架。为适应计划经济体制，当时的职能划分参考苏联体制，以几大生产部门划分依据，体现出"集中统一"的特征。1954年，第一届全国人民代表大会通过了第一部《中华人民共和国宪法》，选举了国家主席，成立了国务院，形成了新中国基本的行政体制框架。从1954年年底开始，用了一年多的时间，对中央和地方各级机关进行了一次较大规模的精简。改革一直持续到1960年。从党的十一届三中全会召开到党的十四大之前，主要是冲破高度集中的计划经济体制和行政管理模式，对完善中国特色社会主义行政体制进行积极探索。1982年和1988年实施了两次集中的行政体制改革。1982年进行的国务院机构改革，重点是适应工作重点转移，提高政府工作效率，精简调整机构。国务院部门机构改革完成后，进行了地方机构改革，重点是精简庞大臃肿的机构，克服官僚主义，提高工作效能。1988年实施了新一轮行政体制改革，进一步转变职能，理顺关系，精简机构和人员，提高行政效率。总体上看，通过这一阶段的改革，中国初步摆脱了与高度集中的计划经济体制相适应的行政管理模式的羁绊，激发了经济社会活力，促进了社会生产力的解放和发展。

2. 职能转变阶段（1993—2012）

改革开放初期，为了释放市场主体活力，让市场发挥资源配置的主导作用，政府体制连续进行了多轮精简改革，推进政府职能转变。政府职能转变的目标是更好发挥政府的作用，适应市场经济发展。总体方向是，下放权限，整合职能，推动政企分开、政社分开。城市管理也遵循同样的改革路径。1981年开始，经国务院批准，沙市、常州、重庆先后进行了经济体制综合改革试点；1984年4月16日至25日，国家经济体制改革委员会在江苏省常州市召开了"城市经济体制改革试点工作座谈会"，以后，又增加一批大中城市作为试点，至1987年2月底，各级、各类试点城市达148个，促进了城市经济体制改革。城市体制改革侧重于经济转型，也伴随着社会管理体制的改革。

1982年，我国启动了改革开放之后的第一次政府机构改革。这次改革是在全面开创现代化建设新局面的历史条件下提出的。第二次政府机构改革1988年4月开始。这次改革在转变政府职能的推动下，政府部门和企事业单位之间的关系更加明晰，组建综合性的行业管理部门，探索机构改革、转变职能的途径。1992年10月，党的十四大作出了"下决心进行行政管理体制和机构改革，切实做到转变职能、理顺关系、精兵简政、提高效率"的决策，进一步明确"确立社会主义市场经济体制的改革目标"，将社会主义市场经济确定为我国经济体制的主要形式，并提出三年内完成机构改革、精兵简政的任务。为此，第三次机构改革正式开始。这次机构改革以政企分开为内容。1998年2月，党的十五届二中全会审议通过了《国务院机构改革方案》，第四次机构改革正式开始，改革目标主要围绕制度建设和干部队伍建设进行。2007年党的十七大明确提出"建设服务型政府"的要求，机构改革势在必行。2008年3月，十一届全国人大一次会议审议通过了《国务院机构改革方案》，政府机构改革正式启动。这次改革通过加快行政管理体制改革来推进服务型政府建设，行政管理体制改革以转变政府职能、理顺部门关系为主要任务，以形成"决策、执行、监管"三位一体的行政管理体制为目标，同时探索大部门体制改革。从2008年开始，政府机构改革进入"大部制改革"时代。这次机构改革以整合大部门体制为核心，合理配置部门职能。

大部制体制下，城市管理综合执法体制应运而生，在推进我国新型城镇化的过程中发挥了重要角色。2015年12月，在全国第三次城市工作会议后，中共中央、国务院印发《关于深入推进城市执法体制改革 改进城市管理工作的指导意见》（以下简称《指导意见》），提出"住房和城乡建设部委全国城管机关的主管部门，负责对全国城市管理工作的指导，研究拟定政策，制定规范，做好顶层设计"。2018年，大部制改革下的大部门职权，包括了行政许可权、审批权、监督权、服务职权等执法权。行政处罚职能和执法资源的配置，是将多支执法队伍整合为一支执法队伍，实行综合设置。整合的5支综合执法队伍，分别是：（1）由国家市场监督管理总局指导，组建市场监管综合执法队伍，整合工商、食品药品等执法职责；（2）由生态环境保护指导，组建生态环境保护综合执法队伍，整合环保、水利等部门相关生态保护职责；（3）由文化和旅游部指导，组建文化市场综合执法队伍，将旅游市场执法职责划入综合执法，统一行使文化、旅游等执法职责；（4）由交通运输部门指导，组织交通运输综合执法队伍，整合交通运输系统内路政、运政等执法职责；（5）由农业农村部牵头指导，整合组建农业综合执法队伍。这支综合执法队伍成为实际上负责就市区范围内环境、市场、食安、药安等具体问题的管理机构。

3. 职能整合阶段（2012—2021）

党的十八大以后，中国进入全面建成小康社会决胜阶段，党的十八届三中全会提出了全面深化改革的总目标：发展和完善社会主义制度，着力推进国家治理体系和治理能力现代化。行政体制改革围绕这一总目标，加快建立中国特色社会主义行政体制。党的十八届三中全会提出："必须切实转变政府职能，深化行政体制改革，创新行政管理方式，增强政府公信力和执行力，建设法治政府和服务型政府。"主线是深入推进政企分开、政资分开、政事分开、政社分开，持续推进简政放权、放管结合、优化服务等改革，建设职能科学、结构优化、廉洁高效、人民满意的服务型政府。

2013年，国务院启动了改革开放后的第七次政府机构改革。这次政府机构改革以党的十八届二中全会通过的《国务院机构改革和职能转变方案》为起点，延续了大部制改革的方向，全会指出：要"贯彻党的十八大关于建立中国特色社会主义行政体制目标的要求，以职能转变为核心，继续简政放权、推进机构改革、完善制度机制、提高行政效能、稳步推进大部门制改革"。这次机构改革强调要处理好政府和市场、政府和社会、中央和地方的关系，深化行政审批制度改革。这次改革把政府职能转变摆在更加突出的位置。职能转变成为贯穿整个改革过程的主线，把简政放权与强化宏观管理和事后监管有机结合起来。第八次机构改革是全面推进国家治理体系和治理能力现代化的迫切需要，这次政府机构改革以推进党和国家机构职能优化协同高效为着力点，着眼于转变政府职能，推进重点领域和关键环节的机构职能优化和调整。改革要求优化政府机构设置和职能配置；统筹党政军群机构改革；合理设置地方机构；推进机构编制法定化；深化党和国家机构改革的领导。

在城市管理中，提升条线部门之间的协作程度是衡量城市治理能力，加快转变超大特大城市发展方式的必然要求。根据国际通行标准，20%以下的人口城镇化率属于低度城市化阶段，或前城市化阶段。20%—50%的城镇化率则进入快速城镇化阶段。而50%以上的城镇化率则可视为后城市化阶段，即进入城乡统筹协调阶段。党的十八大以来，我国新型城镇化取得历史性成就，常住人口城镇化率从2012年的53.1%提高到2021年的64.7%。这还不包括，大量流动在城乡之间的候鸟人群。根据这一数据，中国城市发展阶段已经进入新的历史时期。相应的管理服务内容和城市治理压力也指数级增加。部门协同管理、同步行动的频率和跨度空前。为推进区域协调快速发展，一些县市出现几十个"专班"同时运行的情况。有的县长、市长身兼几十个领导小组、专班组长。领导干部的注意力分配问题随之成为热门研究议题。这说明，随着城市规模的增长，城市治理的工作内容繁多、协调难度加大。在这一背景下，积极探索适合新形势下大城市发展的市政管理体制显得尤为迫切。

三 我国市政体制的绩效与挑战

（一）我国市政体制的绩效

1.部分实现了"以城带乡，以工促农"的政策目标

利于推动区域经济发展。改革开放初期，借助公社体制后期"厂社共建"等体制，一些社队企业承接了国有企业、外资企业的一部分生产任务，得到了这些企业职业技术工人的技术扶持，获得了繁荣发展。20世纪80年代，乡镇企业遍地开花，成为拉动经济增长的主要力量。1990年，乡镇企业的总产值已经占到全国总产值的60%。农民们平时在工厂上班，农忙时节请假务农的模式支撑了乡镇企业的发展。"离土不离乡，进厂不进城"成为典型模式。[1]

2."经营城市"得以可能，加快了城镇化过程

土地财政解决了公共资金投入约束的问题，而且形成了土地金融的资金撬动模式，大大加速了城镇化建设的速度。周飞舟等认为，中国城镇化的早期是土地城镇化的过程，政府通过对城市建设用地的垄断供给，获取

---

[1] 周飞舟、王绍琛：《农民上楼与资本下乡：城镇化的社会学研究》，《中国社会科学》2015年第1期。

了"级差地租"的主要部分,而且进一步将其作为资本金,以撬动金融资金参与城市的公共投资和基础设施建设。这个"三位一体"模式顺利实现了土地和资金的相互转换,解决了城市建设中基础设施投入的难题。① 广域型市制依托我国两种土地所有制的制度,推动土地要素从乡村、小城镇、小城市、中等城市向大城市、特大城市、超大城市单向转移,推动了城市化的步伐。有研究指出,城市外扩对人口集聚、流动和增长具有积极作用。②

(二) 我国市政体制的挑战

1. 发展不平衡问题

广域型市制以及相应的城市管理体制,因为其行政体制的稳定性不足,为"市吃县""市压县""市民压外来公务人员"等问题埋下了隐患。我国把城市分为五个等级,包括直辖市、副省级市、地级市、县级市、镇级市,这些等级市其职权是不一样的,其等级越高城市配置要素的能力和争取中央政策的能力就越强。从发展结果看,行政等级越高的城市,产业和人口就更集中;而行政等级越低的城市,产业和人口集中能力就相对较差。所以,我国当前广域型市制更有利于超大、特大、大城市发展,而对中小城市及小城镇发展相对不利,其中对广大乡村发展尤为不利。这也是我国大中小城市、小城镇发展不协调不平衡和城乡发展不协调不平衡的重要原因。

2. 制约新型城镇化建设

2012年,党的十八大肯定了"新型城镇化"的概念,十八届三中全会又进一步提出"走中国特色、科学发展的新型城镇化"道路。新型城镇化意味着要将流动人口"落地""市民化"。即借助公共服务均等化的供给、城乡统筹发展的空间流动体制,将流动人口落地化。然而,现行的广域型市制及为应对城市化进程中的新问题衍生出了城管制度很难应对这一新问

---

① 周飞舟、吴柳财、左雯敏等:《从工业城镇化、土地城镇化到人口城镇化:中国特色城镇化道路的社会学考察》,《社会发展研究》2018年第1期。

② 唐为、王媛:《行政区划调整与人口城市化:来自撤县设区的经验证据》,《经济研究》2015年第9期。

题。构建均等化、稳定化的市民服务体制成为新时期城市化建设的重点任务。关于我国20世纪90年代左右实行的撤县并区现象，有些研究者也指出，市的外扩以及撤县并区行动可能引发虚假的城市化，导致对农民问题的忽视，进一步增强中心城市的实力，减少新增城区的经济发展、民生福利机会。

3. 城市管理体制结构化

在市场经济体制下，市辖区政府、街道办事处、社区组织虽然作为城市政府的一部分存在，但是其组织主体性和组织目标正在分化。为了强化城市管理体制的统一性，上级政府在不同级别和部门之间建立了考核问责、督查监察、市民热线、网络问政等不同形式的监督平台。这在某种程度上推动城市管理体制的各部门之间形成了一个基于等级、联合问责的"行政共同体"。它的典型特征是部门联合，远离市民。这一体制背离了建设服务型政府，服务型城市体制的目标，不利于新型城镇化的推进。

第二节 成都市市政体制改革的实践

整个城市发展建设规划涉及多重关系的调整。其中，三组关系尤为重要。一是调整城乡关系，统筹城乡发展的区县关系。二是调整人居关系的住房、交通等基础设施的供给体系。三是调整政社关系的社区治理体制。应该说三者共同构成了一个城市发展的整体格局。也是强化中心城市功能、优化城市空间布局和打造高品质生活的实现方式。下文具体从这三个方面展开论述。

一 调整城乡关系的行政区划

城乡市政体制改革的目的是统筹城乡发展，缩小城乡差距、促进城乡协调发展，实现城乡"双赢"。成都市是四川省省会，也是全国15个副省级城市之一。成都市的行政辖区在中华人民共和国成立后几经调整逐步扩大：1976年将温江地区的双流县、金堂县划入成都市管辖；1983年，实行市领导县的体制，撤销温江地区，将其10个县并入成都市；1990年，调整成都市区划，将原来的5个区划分为7个区；2002年，经国务院批准，将原新都县、温江县撤县设区；2015年12月，经国务院批准，原双流县撤县设区；2016年5月，经国务院批准，资阳市代管的县级市简阳市改由成都市代管；2016年11月，经国务院批准，原郫县撤县设区；2020年6月，经国务院批准，原新津县撤县设区。截至2020年，成都市辖锦江、青羊、金牛、武侯、成华、龙泉驿、青白江、新都、温江、双流、郫都、新津12个区，简阳、都江堰、彭州、邛崃、崇州5个县级市，金堂、大邑、蒲江3个县。另外，成都市有国家级自主创新示范区——成都高新技术产业开发区、国家级经济技术开发区——成都经济技术开发区、国家级新区——四川天府新区成都直管区（2014年10月2日被国务院认定为国家级新区）；2020年4月28日，四川省人民政府同意设立成都东部新区。

（一）城郊分治（1949—1975）

1949年12月27日，中国人民解放军进驻成都，撤销四川省，成都正式成为中华人民共和国川西行署区驻地。中华人民共和国成立初期，成都市有14个区，基层还在沿用"里保"的保这一区划模式。1950年，14个区调整为8个区，一、二区合并为第一区；三、四区合并为第二区；九区和十区的12个保合并为第五区；十一区、十区的6个保及华阳县部分地区合并为第六区。东城区则是第一、二、五、六区。1952年9月1日，撤销川东、川西、川南、川北行署，恢复四川省建制后，在成都设立四川省人民政府。

1953年，成都市按照城区、郊区分别管理的原则，将所辖六个区改为五个区。第一区、第二区更名为东城区、西城区；撤销第三区、第四区，合并设立成都市龙潭区；撤销第五区、第六区，分别设立成都市望江区、万年区。同时在街道建立区人民政府的派出机构。1954年，成都被列为全国重点建设城市，国家决定在成都修建一批大、中型工业企业。为贯彻落实国家第一个五年计划要求，特别是工业发展安排，成都拟定了总体规划。规划的定位是成都市是四川省省会，精密仪器、机械制造及轻工业的城市。围绕这一规划，成都市以两江环绕的"旧城"为基础，1955年2月，撤销龙潭、万年二区，合并设立成都市郊区。同年12月，郊区人民政府改为郊区人民委员会，郊区设立至1957年5月，共辖30个乡，6个场镇。1956年5月，郊区将原30个乡、6个场镇和由温江县划入的青苏乡、苏坡乡、苏坡镇、文家乡的6个村，以及郫县的12个乡并入。1958年3月，灌县太平乡划归成都市郊区管辖，为成都市旅游区。

到了1955年，成都将城市调整为三区：东城区、西城区、市郊区。市郊分治的模式基本形成。1958年，公社体制兴起后，成都市郊区所辖的13个乡，包括8个国营农场、71个农业合作社改建成为金牛、苏坡、龙潭、天回、永丰5个人民公社。随着公社运动的推进，1959年，原来的5个人民公社调整为7个，还增加了和平公社，以及华阳县所属三圣、胜利、桂溪、石羊，温江县簇侨乡公社。至此，成都市的郊区共成立了13个乡公社。1960年，成都市进一步扩大了行政区划的面积，从13个公社增长到18个公社、28万人划入成都市管辖。成都市的管辖面积和人口大规模扩张。

（二）城乡结合，区区带乡（1976—2002）

1976年，改革开放前夕，成都市的市辖区面积不断扩大。金堂、双流两县和简阳县的洛带区划归成都市。1983年5月，原温江地区的灌县、彭县、崇庆、邛崃、温江、新都、郫县、新津、大邑、蒲江10个县划入成都市；再往后，灌县、彭县、崇庆、邛崃4个县改建为都江堰、彭州、崇州、邛崃4个县级市，划为成都市辖区。

1989年，经国务院批准，成都市的经济和社会发展计划在国家计划中实行单列，享有省一级经济管理权限，成为全国14个计划单列城市之一。1990年，成都行政区划调整，将东城、西城和金牛三个区调整为锦江、青羊、金牛、武侯、成华五个中心城区（简称五城区）。从此，成都市开启了城乡结合，区区带乡体制。1990年9月，将成都市东城区、西城区和金牛区调整为锦江区、青羊区、金牛区、武侯区和成华区。

随着改革开放的深入推进，高新技术开发区成为各地的鼓励经济技术发展的主要举措，在此背景下，各地设立了不少经济开发区，以管委会的模式推动引进资金、技术和人力的重组。成都市于1988年建成都高新技术产业开发区，1991年经国务院批准为全国首批国家级高新区，2006年获批成为全国首批"创建世界一流高科技园区"试点。

（三）城乡融合的田园城市建设（2003—2022）

成都市以田园城市建设为纲领重塑城乡关系，2003—2020年的城市发展规划中，明确提出将会产生1个特大城市，4个中等城市，4个小城市，30个重点小城镇。2004年7月，成都市推进城乡一体化，开展"撤乡建街道，撤村建社区"的工作。成都市2003年就开始对城乡关系进行思考，并进行了初步探索，如"工业向园区集中，农民向城镇集中，土地向业主适度集中"的"三个集中"原则。2004年，成都市依托《关于统筹城乡经济社会发展推进城乡一体化的意见》正式出台。此后，成都市陆续出台50个配套文件，涉及城乡规划、户籍制度、乡镇机构改革、产业布局、公共财政、就业社保、教育培训、医疗救助等多个方面。这些探索取得了成效，2006年，成都城乡居民收入差距从2002年的2.66∶1缩小到2006年的2.61∶1，城乡收入差距扩大的趋势得到遏制。

2007年，国家将成都、重庆设立为全国统筹城乡综合配套改革试验区。成都在探索城乡统筹方面已经积累了自己的模式。2014年，四川天府新区正式获批国家级新区，面积可观的天府新区成都直管区成为成都的一部分。在城市发展中，成都提出"东进、南拓、西控、北改、中优"的城市空间发展战略。

具体方案上，成都进行了行政体制改革，以编制调整为抓手，对编制、人员和职能进行了再调整：一是编制的"减上补下"，街镇编制较改革前增加60%。二是用人权限下放街镇，将各类驻派阶层的编内编外人员下放给街道。街镇可根据产业功能区、特色镇、城市街道的职能重新定编定岗。在横向条线上，以"大林业""大交通"思维进行职能调整。纵向权限划分中，则将管理与服务职能分开。宏观决策、经济调节职能上移，社会管理、公共服务职能下移是成都市城市管理体制改革的主要方向。

第一，推进城乡农业管理体制改革。将市委农村工作办公室、市农牧局、市农机局进行整合，组建了市农业委员会。将原市委办公厅承担的有关农村工作的职能，原农牧局行使的对全市农业、畜牧业与农村经济工作的职能，原市建委行使的对全市农村能源建设与管理、城乡沼气净化工程行业管理的职能和原市水利局行使的综合协调、指导全市农田建设工作等职能交市农委承担。同时，对区（市）县涉农行政机构进行归并，统一设置农村发展局，作为政府工作部门，对乡镇农业服务机构实行统一垂直管理。

第二，实施城乡规划管理体制改革。一是调整精简市规划机构和职能，在中心城区设置市规划局的派出机构。二是设置市规划执法监督机构，作为市规划局直属的行政执法机构，加强对全市城乡规划的监督。三是设置市、县两级城乡规划督查专员机构，主要负责各区（市）县、乡镇规划督察工作。四是加强各区（市）、县规划管理机构的设置、编制配备、队伍建设和业务指导和督查。通过改革，促进了城乡规划统一，打破了城乡分割的体制和政策。加强城乡之间的基础设施和社会事业建设，促进了城乡间生产要素流动。

第三，交通管理体制改革。将原市交通局承担的全部职能，原市政公用局承担的城市公共交通、客运出租汽车行业管理；负责制定城市公共汽车营运路线、客运出租汽车等特许经营权资源的市场化配置职能；市公安局承担的交通道路技术规划、安全设施的规划、管理及经营性停车设施的行政管理的职能以及市经委承担的铁路、公路、邮政、通信、航空等综合运输协调工作、铁路专用线管理以及物流业的行业管理等职能进行整合，组建市交通委员会。在市级和县级分别组建了全新的、城乡交通一体化行政管理机构。

第四，实施水务体制改革。将原市政公用局承担的供水、排水、节约用水、污水处理、再生水利用管理，供水、排水、再生水利用设施的维护、改造、管理以及自备水源处理费的征收管理工作，对水企业进行行业管理和指导职能；原市市容环境管理局承担的城区河道管理与防汛工作的职能以及市府南河管理办公室承担的对府南河综合管理和监督检查等职能进行整合，组建市水务局。在市级和县级分别组建全新的水务机构，解决了以前多个部门管水的现象，实现了水务管理一体化，并在管理上消除了城区和乡村在水务管理上的界限，实现了城乡防洪一体化。

第五，乡镇撤并改革。成都市撤并乡镇114个，并将这些撤并乡镇改造为特色街区和特色产业功能区。2020—2021年，成都市针对城乡发展的新情况，重新设计村（社区）管理幅度，鼓励"村改居""村居合并"；将全市110多个经济开发区（园区）整合调整为66个产业功能区；将全市所有乡优化调整为镇或街道，优化重组产业功能区内的乡镇（街道），全市减少乡镇（街道）114个、减幅达30.4%，功能区内乡镇（街道）减少84个、占全市调减总数73.7%。为进一步推进人、城、产融合。成都市积极推动功能区与行政区、街镇以及专业部门"区区合一""镇区合一""局区合一"等产城融合发展的管理机制。

第六，街镇组织架构调整。将街镇十多个机构精简为"6+X"模式，统一设置党群、社区发展、社区治理、民生服务等6个机构。同时结合街镇工作特点，采取单设、挂牌等方式规范设置应急管理、生态环境、自然资源、城市更新等特色机构。在街镇统一设置综合便民服务中心，将原来多个窗口类、平台类、活动类事业单位及片区站所整合为1—2个街镇服务中心。在村（社区）设立综合便民服务站，集中承接行政审批和公共服务事项。将部门派驻基层的城市管理、市场监管等站所下放街道实行属地管理，街镇统一设置综合执法协调机构，统一指挥调度基层执法监管力量和资源，以街镇名义组织开展行政执法工作。

二 调整人居关系的市政建设

（一）政府主导的基础设施建设（1979—1990）

改革开放初期，以"解放思想、实事求是"为思想路线，全国的工作重心转移到"以社会主义现代化建设为中心"，城市住房进入福利分房的时代。但是，该分配方式的主要问题就是，土地使用权和房屋所有权关系复杂。1978年，国务院批准《关于加快城市住宅建设的报告》，中国的住房改革开始试行。城市建设的资金从财政拨款转为银行贷款，单位投资比例增大。

这一时期，成都依靠企事业单位对公房进行分配。主要有三种方式：单位建造职工宿舍并进行分配、单位将公房作为福利房出售给职工、单位组织集资建房并出售给员工。城市市政建设则由市政府领导的成都市干道建设指挥部成立，负责城市的市政建设，建设了蜀都大道、西干线、火车北站、九眼桥、自来水厂等。同时，为了配套新型居住区，指挥部也陆续建立了配套商业服务设施，除春熙路外，兴建了牛王庙、商业场等专业性质不同的商业区。

（二）商业配套供给的市场体制（1991—2000）

20世纪90年代，"城市经营"理念在全国各地城市兴起。成都市也开始启动了新城运动。1991年，《成都市住房制度改革规划和实施方案》正式公布，成都完成了棕北小区居住区规划的编制。该居住区是全国第二批住宅规划试点小区。同年，《成都市住房制度改革规划和实施方案》正式公布，成都房地产市场在经历了自由市场的探索期后迅速崛起。2000年年末，成都的各类房地产开发经营企业多达1000余家。但是，这一时期也积累了一些问题，比如配套设施不足、居住小区与农家院落混居等。

1992年，成都市干道建设指挥部改制，形成了以二级房地产开发为主导、从事多产业综合经营的经济实体，并主导了包括成都顺城街、人民南路、"天府广场"、羊市街西延线和东城根街等干道在内的改造工程。其中，成都市政府首次主导了顺城街改造的旧城改造项目，内容主要是道路扩建及建成全长1300米，总面积4公顷的地下商业街。这是成都市旧城改造项目的标志性工程。

（三）城市更新的区级领导体制（2001—2009）

2001—2009年，中国的福利分房制度逐渐消失，城市的房地产业循序发展。全国各地的城市政府通过信贷、财政、土地等政策和法律手段宏观调节和控制城市各类用地建设，包括城市住房的再分配。2006年5月，国务院发布《关于调整住房供应结构稳定住房价格意见的通知》，调整住房供应、稳定住房价格。2007年，国务院颁布实施《经济适用住房管理办法》《廉租住房管理办法》。2008年，国际金融危机全面爆发，公共资源配置向民生领域倾斜。

2002年，成都市出台《成都市土地市场管理办法》，由于土地政策变化，成都的旧城改造遵从市场化运作，按照"统一规划、整体改造、多轮驱动、利益共享"的原则，开始了由政府主导的大规模危旧房改造工程。2002年5月，成都危旧房改造工程共拆除400多万平方米的老旧建筑，清理了大量1980年以前建成的危旧房屋。2003年开始对宽窄巷子及其周边街区进行改造，这一城市更新工作考虑了历史街区在城市中心区中的发展问题。成都市旧城改造项目基本遵循了"修旧如旧"的原则，因此较好地保留了历史街区的空间格局与文化风貌。2009年，成都继续在中心城区拆改，拆迁面积达到900多万平方米。在这次大规模拆迁中，居民安置以货币安置为主。市区建设了公共服务设施及市政设施，同时进行商业开发，建设居住、商业设施等营利性项目。

2006年，成都市下放改造许可权、审批权等权限，进入区级政府主导旧城改造的阶段。这一年，成都市先后出台并实施了《成都市城市公共住房制度实施方案（试行）》和《成都市人民政府关于进一步加强和完善中低收入家庭住房保障工作的意见》，对原有廉价住房和经济适用房的保障标准进行提高，进一步扩大申请人群的范围，系统性构建起成都多层次、多形式的住房保障体系。

（四）城市改造的三社联动机制（2010年至今）

2010年，国家将城市建设的重点放在存量住房的提质增效上。2013年，国务院办公厅发布《关于加快棚户区改造工作的意见》，指出棚户区改造既是重大民生工程，也是重大发展工程。2020年7月，国务院办公厅发布《关于全面推进城镇老旧小区改造工作的指导意见》，要求2025年基本完成2000年以前建成的城镇老旧小区改造任务。党的十六大以后，成都市成为"城乡统筹示范区"。成都市委、市政府贯彻党的十六大精神，统筹城乡经济社会发展，建设现代化农业，发展农村经济，增加农民收入。此后，全市开始推进行政体制改革，以适应"统筹城乡经济社会发展，推进城乡一体化"的任务。

2014年，成都市全面开展"四改六治理"十项行动，旨在改善居民生活环境，进一步推动中心城区的居住环境改造提升，重点就在于老旧院落的改造。一年内，成都就完成了主城区219个"老旧院落示范点"的改造。成都继而提出"老旧院落改造"的成都模式——"162"模式与"三社联动"模式。即"1个自治区、6大硬件改造、2项长效机制"与"社区、社会组织、社会工作专业人才联动"。截至2020年6月，成都市共改造了3455个院落，超过23万户、75万居民受惠。成都市棚户区改造的示范小区即是曹家巷小区。被称为"第一改"的曹家巷改造项目启动于2012年，曹家巷原属于单位职工宿舍，房屋基础设施老化、配套落后、安全隐患问题突出。在这一改造项目中，成都市规划办联动社区自组织力量参与动员、改造和后期服务引入，将曾经的"工人村"变成了现代居住小区和城市大型综合体。现在，曹家巷小区已经成为集商业、旅游、文化产业等多种业态于一体的区域新地标。在城市改造中，居民充分参与是三社联动的核心特质。有的街区改造还大量引入专业设计院校的力量，细化居民空间设计、社区公共生活与建筑规划设计的融合处理。

值得一提的是，成都市的规划建设以"小街区"为主。2015年，《成都市"小街区规制"规划管理技术规定》编制出台，划定了9个"小街区制"示范区。传统的旧城区存量建设涉及各方利益、产权平衡等问题，而"小街区"则绕开了这些利益问题，以"以人为本、自下而上、微更新"的城市规划为目标。2017年，在"小街区"实践的基础上，成都中心城区划分出100个"旧城老街片区"，配合以老旧院落改造，实施小街区街巷的综合整治，并按照"海绵城市"建设符合标准的生态、环保绿色老街片区。计划提出到2019年，打造200条精品开放街区和整治提升3257条背街小巷；开放国有企事业单位的非公共或半公共通道为市政通道；按照小街区规划实施1200千米街巷路网建设。此外，截至2020年年末，中心城区路网密度提高到8.4千米/平方千米。

2020年至今，成都的城市建设进入城市品质提升阶段。从"北改""中优""小街区建设"到现在"公园城市建设"等，城市建设转向社区微更新及城市的民生改善和品质提升。成都的城市改造有鲜明的特色，"分片改造""公众参与""小街区微更新"是关键词。政府制定规范、土地产权顶层设计、市场主体主导空间优化资源以及社区积极参与介入是小街区规划建设的主要特色。整体规划设计思路按照"东进、南拓、西控、北改、中优"的十字方针。2020年8月"中优"资产清单中包括土地出让、重大产业项目、城市有机更新、低效用地开发、投资合作、老旧楼宇再利用等502个投资项目，采取"政府+社会"的投资方式面向全球招商。

三 调整政社关系的社区治理体制

(一) 单位制与街居制并行 (1949—1980)

中华人民共和国成立之初,街居制对城市社会秩序与空间秩序的构建发挥了重要作用。1954 年,国家颁布了《城市街道办事处组织条例》和《城市居民委员会组织条例》,成都市开始施行城市地区治理体系——"街居制"。街居制与单位制并行,将城市中的社会成员置于组织管理服务之下。这种组织形式具有二元性特征,既有街道办运行的自上而下的政府的科层制权力,同时又具有自下而上的群众参与和社会动员的特征。

单位制不仅作为一种城市管理制度存在,还产生了一种住房分配制度。在单位体制下,一些国有、集体企业可以从国家无偿获得土地,这些土地一部分用于生产建设,一部分用于满足单位职工住房需求。多数单位的住房是为了解决职工通勤问题,因此,单位职工的居住空间通常与生产空间距离很近,甚至交叠在一起。

在单位制下,城市空间由不同性质、不同规模的单位制社区组成。在成都市,单位制社区主要集中在北部地区。成都市有几个典型的单位社区,人口规模大,房屋老化等问题突出。例如金牛区抚琴街道铁路新村社区,该社区成立于 2001 年,业主多数是铁路系统的职工及其家属。社区辖区面积 0.36 平方千米,有 16 个院落,常住人口 11327 人。该社区房屋建筑年龄超过 40 年,多数为 6—7 层,建筑材料为砖、木结构。随着经济社会的发展,原有的单位职工迁出,这些空出的住所由流动人口通过租赁获得。流动人口与原有社区的融入程度不高,"押一付三"的租房模式也让租户本身流动性较强。在这些因素的叠加推动下,这些老旧院落社区成为贫困聚焦之处,公共卫生、福利供给与社会治安等基层服务的压力显著增加。

单位制社区还面临"三不管"的境地。老旧小区改造的典型——曹家巷就曾面临这样的境遇。曹家巷位于成都市金牛区,1953 年,为支援成都工业建设,西南第一工程公司整体从重庆搬到成都,被称为"万人大搬迁"。为安置职工,成都市建筑工会为西南建筑一公司等单位的建筑工人修建了 26 栋二层楼房,随后,曹家巷逐步扩建为建筑行业职工宿舍集中区，是成都最早的职工宿舍区。曹家巷居民居住的是破旧的"筒子楼"，脏乱差的情况比较普遍。曹家巷居民曾经找单位要求拆迁改造，单位因资金短缺，无法实施改造。当地政府又因他们是国企职工，不便出资改善居民的居住环境。曹家巷2011年拆迁改造的片区，土地产权复杂。多数房屋都已经属于D级危房。有鉴于此曹家巷成立"房屋自治搬迁改造住户代表大会，成立居民自治改造委员会（自改委）"负责推动拆迁工作的整体推进，形成了自治组织推动、整合多方力量的拆改方式。

（二）社区服务职能凸显（1981—2001）

20世纪80年代，民政部提出"社会福利社会办"，开启全国层面的社会建设工作。1984年，中共中央颁布《关于经济体制改革的决定》，城市经济体制改革全面展开，传统社会主义时期的社会管理和社会福利功能系统性转移到社会之中，地域性的政权组织部门成为福利供给单位。1986年，全国城市社区服务工作座谈会在武汉召开，民政部提倡城市开展以民政对象为服务主体的社区服务。1989年通过的《中华人民共和国城市居民委员会组织法》中，首次提出"居民委员会应当开展便民利民的社区服务活动"。

成都市在20世纪90年代初期开始强化社区工作。1991年，成都市制定了《关于在我市城镇开展社区服务工作的意见》和《成都市社区服务三年发展规划》的文件，1992年，市民政局代市委、市政府起草《关于加强街道工作的决定》和《关于加强城市居民委员会建设的决定》。1997年，成都市颁布《关于建立城市最低生活保障制度的通知》，社区服务步入规范化的轨道。同年，市政府《关于加强城市管理工作的决定》，实行市、区两级政府分工负责和市、区、街道三级管理的城市管理体制。

（三）社区建设与完善阶段（2002—2010）

成都市在20世纪90年代初期开始强化社区工作。2002年起，成都市进入快速发展阶段。成都市首先完成社区居委会、社区服务站、社区警务室等基础设施的配备工作。2004年成都市社区建设，建立健全社区领导机构，每个社区建立党支部、社区居民代表大会、社区居委会、社区协商议事委员会。社区基层党支部实行"公推直选"与社区居委会主任"一肩挑"，实现党组织在城市基层的全面覆盖。2005年2月，成都市出台《中共成都市委成都人民政府关于统筹城乡经济社会发展推进城乡一体化的意见》，加强对城镇社区建设工作的扶持、指导；2006年成都市民政局先后在锦江区和成华区召集各级相关领导及人员，召开社区管理体制改革研讨会，指导锦江区、成华区、青羊区结合本地实际，开展社区管理体制改革试点工作。2006年成都市民政局按照"居民自治、管理有序、服务完善、治安良好、环境优美、文明祥和"的要求出台《和谐社区和谐村标准（试行）》，以社区管理体制改革为突破口，指导有条件的社区实施居委会直选，完善社区居民代表大会、社区协商议事委员会，强化区事务的民主管理和民主监督，并构建市、区、街（镇）三级服务平台和社区服务终端，建立社区信息化服务体系，运用信息技术手段，整合政府公共服务资源、社区内服务资源和社会服务资源。这些措施使社区建设的目标更加明确，结构体系更加完善，组织更加科学。2007年，成都市出台《关于统筹推进中心城区郊区新型社区建设的实施意见》，2008年，成都市规划局编制完成社区用房布局专项规划，为社区服务提供空间保障。

（四）社区发展治理体制形成阶段（2011—2022）

2010年，成都市委、市政府下发《关于印发完善城市居民自治机制试点方案的通知》，在五城区及高新区进行完善城市社区居民自治机制的试点工作，理顺区级部门、街道和社区的职责关系，强化社区党组织领导核心地位，提高社区居民自治能力，形成政府管理和社区居民自治良性互动的社区管理机制。

2011年，成都市中心成都全面建立城市居民自治机制。成都市民政局下发《社区社会组织备案管理暂行办法》，鼓励城乡社区社会组织直接服务基层群众、直接参与社会管理。成都市委下发《关于加快培育发展社会组织的实施方案》，以社会组织生存发展为着眼点，改革社会组织的扶持方式，推出具有实际操作性的培育扶持新路径。市政府出台《关于建立政府购买社会组织服务制度的意见》《政府向社会组织购买服务实施办法（试行）》《政府向社会组织购买服务项目指南》，建立政府向社会组织购买服务的制度和机制。2012年4月，成都市民政局与市财政局联合颁布《成都市城市社区公共服务和社会管理专项资金管理办法》，首创城市社区公共服务和社会管理专项资金管理制度，每个社区按照每百户不低于3000元的资金标准，给予社区居民自治的项目实施资金保障，增强居民民主参与意识。同年5月，市民政局出台《关于加强社区居民院落自治的指导意见》，在全国首创院落居民自治制度，将社区居民自治组织在社区和院落两个层面进行构建，把城市社区居民自治落实到居民有共同生活、共同利益联结、共同关注点的区域，进一步提高居民参与社区自治的热情。同年10月，市民政局与市委组织部联合印发《成都市城市社区居民议事会组织规则（试行）》，规范社区党组织、居委会、议事会的组建和职责，进一步完善成都市城乡社区治理机制。

2013年，成都市推行"三社互动机制"，以社区为平台、社会组织为载体、社会工作专业人才为支撑，促进社会协同和公众参与，凝聚社会建设合力，加快社会组织培育发展、承接政府公共服务职能，发挥社会工作柔性化管理、人性化服务、社会化运作的专业优势，增强基层社会管理综合效应，并在社区和院落两个层面建立自治组织体系。

2015年，成都市按照"先自治，后治理"的原则，出台《成都市民政局关于加强老旧院落自治组织建设工作的通知》《成都市民政局关于进一步提高院落居民自治水平的通知》，以"还权、赋能、归位"为核心推进城市社区居民自治机制建设，规范院落居民自治，加强院落民主协商。同年，成都市正式发布《成都市社区用房建设规范》，该标准是全国首个适用于城市办公服务活动及辅助用房建设的地方标准。

2016年，成都市民政局实施"城乡社区可持续营造总体行动"，印发《成都市民政局关于开展城乡社区可持续总体营造行动的通知》《2016年城乡社区可持续总体营造行动工作方案的通知》《成都市城乡社区可持续总体营造行动管理办法》《成都市城乡社区可持续总体营造行动资金使用管理细则》等系列文件和管理办法。从社区营造角度重点探索在公共服务领域推广政府和社会资本合作（PPP）以提升社区服务能力的问题，积极探索"社区＋慈善"有效机制，搭建和推广社区慈善凭条，引导社区设立社区基金会。同年，市民政局会同成都市财政局出台《关于政府购买社会工作服务的实施意见》《关于推进社工介入社会救助的实施意见》《成都市

第三章 成都市社区治理的市政制度

国家	《关于加强和完善城乡社区治理的意见》中发【2017】13号
省级	《关于进一步加强和完善城乡社区治理的实施意见》川委发【2018】11号

市级
- 总体目标：《关于深入推进城乡社区发展治理建设高品质和谐宜居生活社区的意见》成委发【2017】27号
- 关于转变街道（乡镇）职能促进城乡社区发展治理的实施意见
- 关于进一步深入开展城乡社区可持续总体营造行动的实施意见
- 成都市社区发展治理"五大行动"三年计划
- 关于培育社会企业促进社区发展治理的意见
- 构建以党组织为核心的新型城乡社区发展治理体系三年行动计划
- 成都市政府向社会组织购买服务实施意见
- 成都市深化志愿服务的实施方案
- 关于全面提升物业服务管理水平建设高品质和谐宜居生活社区的实施意见
- 成都市社区专职工作者管理办法
- 关于建立全市社区专职工作者职业化岗位薪酬体系的指导意见
- 评价指标：成都市高品质和谐宜居生活社区基本评价标准

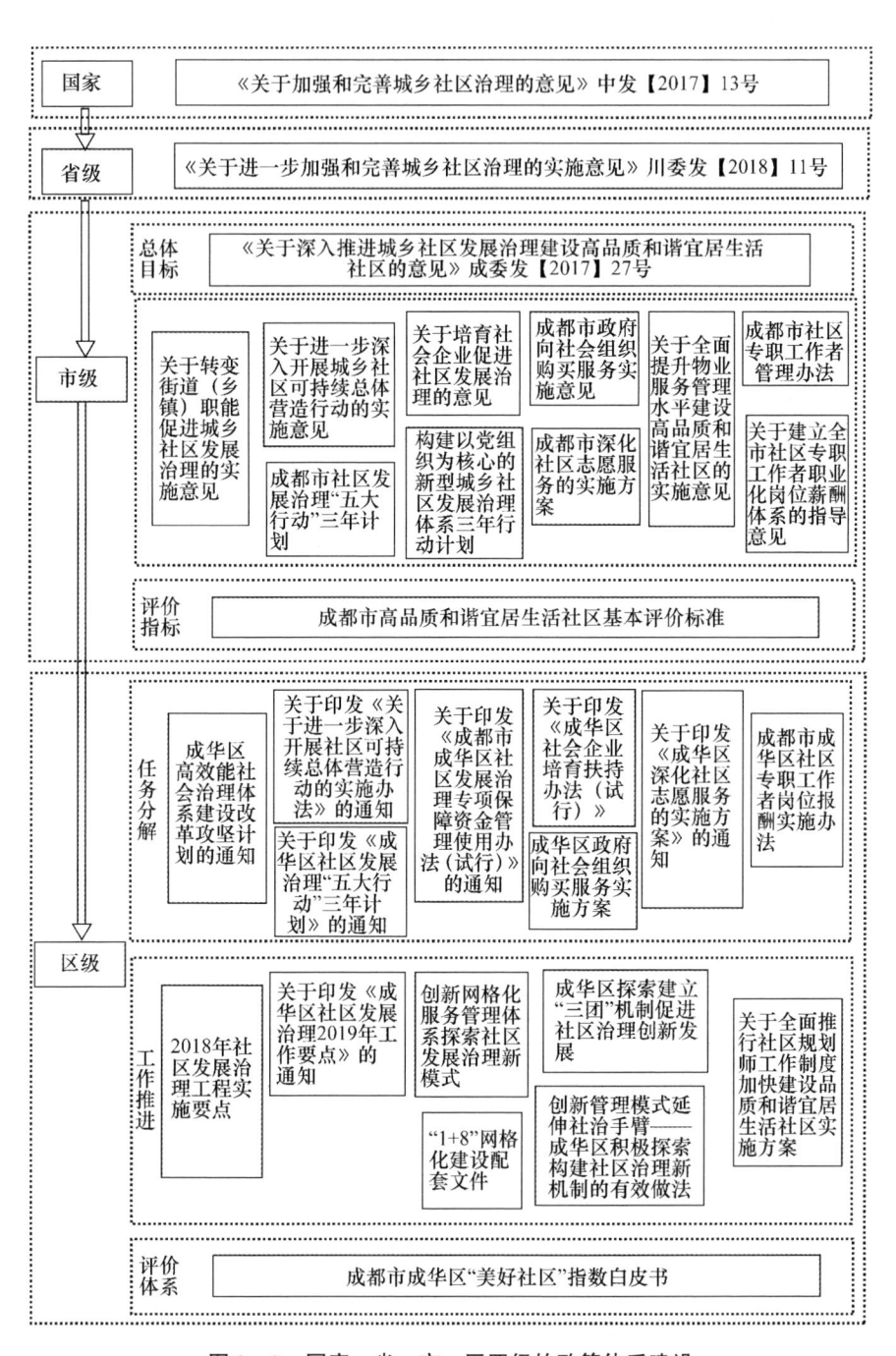

区级
- 任务分解：
  - 成华区高效能社会治理体系建设改革攻坚计划的通知
  - 关于印发《关于进一步深入开展社区可持续总体营造行动的实施办法》的通知
  - 关于印发《成都市成华区社区发展治理专项保障资金管理使用办法（试行）》的通知
  - 关于印发《成华区社会企业培育扶持办法（试行）》的通知
  - 成华区政府向社会组织购买服务实施方案
  - 关于印发《成华区深化社区志愿服务的实施方案》的通知
  - 成都市成华区社区专职工作者岗位报酬实施办法
  - 关于印发《成华区社区发展治理"五大行动"三年计划》的通知
- 工作推进：
  - 2018年社区发展治理工程实施要点
  - 关于印发《成华区社区发展治理2019年工作要点》的通知
  - 创新网格化服务管理体系探索社区发展治理新模式
  - "1+8"网格化建设配套文件
  - 成华区探索建立"三团"机制促进社区治理创新发展
  - 创新管理模式延伸社区治理手臂——成华区积极探索构建社区治理新机制的有效做法
  - 关于全面推行社区规划师工作制度加快建设品质和谐宜居生活社区实施方案
- 评价体系：成都市成华区"美好社区"指数白皮书

图3-2 国家、省、市、区四级的政策体系建设

社会工作服务项目资金管理使用办法》，完善社工项目执行手册，建立健全相关制度，印发《成都市城市社区公共服务和社会管理一般性转移支付资金管理办法》及其配套文件，使社区治理从资金、技术、平台、空中等各方，得到充分支撑，基层社会蓬勃发展。

2017年，成都市颁布《关于深入推进城乡社区发展治理 建设高品质和谐宜居生活社区的意见》（即"城乡社区发展治理30条"）。该文件从社区品质提升、社区活力建设、社区环境优化、社区文化建设、和谐社区建设、社区发展治理能力提升等8个方面提出了更为详细的实施意见。强调四川省明确的"政府主导，以居民需求为导向，创新发展"的工作原则。同年，《成都市社区发展治理"五大行动"三年计划》在上述文件的引导下，除了关注不同类型空间的优化，还包括组织架构体系的建立和政策保障体系的建立。至此，成都市发展出具有成都特色的社区发展与治理模式。

在市级社治委之下，各区委也建立了区级社治委，这样社会治理体系与工作机制，强化了组织保障，确保中央、省市重大部署在各个区落地生根。自上而下的社区治理模式与工作机制在成都市基层社区公众参与机制尚不成熟的前提下，有效推动城市基层社会结构的体系化发展，使成都市社区的服务性与参与性得到前所未有的发展。

第三节　成都市市政体制管理的绩效

一　区域统筹，强化中心城市功能

成都市是成渝地区协同发展的重要一级，除了统筹城乡发展，还需要统筹地域发展。"两个统筹"是一个多维度的概念，既包括基础设施统筹、经济发展统筹，也包括社会统筹，涉及要素流动的方方面面。多次行政区划、职能调整后的市政体制，在推动地区一体化、城市化进行方面起到了积极作用。

（一）成渝区域化统筹

区域一体化的前提和基础是交通体系的打造。2020年7月，川渝交通运输部门共同出台了《成渝地区双城经济圈交通一体化发展三年行动方案(2020—2022年)》。方案提出，两地将聚焦基础设施补短板，加快构建内畅外联、快捷高效的区域交通运输部门运输体系，共同建设成都—重庆国际性综合交通枢纽，构建多层次"1小时"交通圈，支撑打造1小时经济圈。

成都是我国西南地区的重要城市，在多个国家战略中都具有牵引能力。在西部大开发、"一带一路"、长江经济带等重要战略中，成都、重庆都是交汇点。西部大开发战略中，成渝地区是西部投资和产业的集中承载地。"一带一路"中，由于中欧班列、陆海新通道的建设，成都地区成为西部内陆对外开放的高地；长江经济带战略则加强了成渝地区与东部发展地区的产业合作的深度和力度。近年来，成渝地区加快打造现代产业生产体系、产业体系较完备的地区，全国40个工业大类中，成渝地区有39个。这为成渝地区在未来产业竞争越来越激烈的情况下提供了重要的基础和发展支撑。四川在《中共四川省委关于深入贯彻习近平同志重要讲话精神、加快推动成渝地区双城经济圈建设的决定》中提出，将聚焦电子信息、汽车制造、先进材料、医疗健康等重点领域，高质量承接东部地区和境外产业转移；同时，协同重庆整合提升汽车、智能制造、电子信息等优势产业，打造电子信息、重大装备制造等世界级产业集群，并前瞻性布局战略性新兴产业和未来产业，打造全球重要的电子信息、装备制造等产业集群。

川渝两地距离较短，区域协调发展的本质是促进人员流动，实现公共服务体系的一体化。近几年，成渝两地在探索公共服务体系一体化方面成效显著。2021年1月，两地共同出台《成渝地区双城经济圈便捷生活行动方案》，推动实施交通通信、户口迁移、就业社保、教育文化、医疗卫生、住房保障六大方面16项重点任务。在扩大当地居民的就业空间、就业选择方面，迈出了重要一步。

(二) 城乡全域化统筹

2003年，成都市以"全域成都"为改革理念推进统筹城乡发展。"全域成都"强调统筹城乡配套改革中，打破区域分割、城乡分割和行政体制障碍，按照经济发展规律和城市功能要求，实现要素资源和资源的市场化自由流动和优化配置。中心城区着重考虑更好地发展高端产业，如高新技术产业、现代服务业，周边区县则更好承担制造业和居住功能、生态功能。成都市于2007年被批准为国家统筹城乡配套改革试验区，为其改革"深水区"进一步"试水"创造了更加宽松的政策环境。2008年1月1日，成都市委出台"一号文件"——《关于加强耕地保护，进一步改革完善农村土地和房屋产权制度的意见（试行）》，随后又对集体林权、社会保障、农业保险、工商登记、农村金融、村级组织管理体制进行了一系列改革。从改变城乡外在形态的"三个集中"，到创新城乡关系内在机制的"六个一体化"，再到农村土地流转等"四大基础工程"等，在经济发展、社会发展以及公共服务等方面，推进公共服务均等化。①"三个集中"主要表现在三个方面：以园区建设为抓手，工业向集中发展去集中，走集约、集群发展道路；以拆迁安置为契机，推动农民向城镇和新型社区集中，促进农村富余劳动力向二三产业转移；以土地流转为手段，推动土地向适度规模经营集中，转变农业生产方式。

在工业集中方面，禁止村镇与企业擅自签订招商引资协议；实施项目会审制度、"六不"调控（即规划不审批、立项不审批、报建不审批、土地不提供、电力不保证、资金不支持），并出台招商引资"全分一奖"，将招商引资到位资金、税收、工业增加值全部计入引荐镇，并对达到投资强度的项目按占地实行5000元/亩奖励，鼓励镇（街道）向工业集中发展区引荐项目，强力推动工业向集中发展区集中。而对工业集中发展区之外的老工业企业，按照"承认现状、控制规模、限制发展、逐步调整"的思路，限定出台规划区外工业企业搬迁办法，通过规划调整、政策激励，使企业向工业区集中。在这一思想的指导下，双流县引导县域工业企业向6个工业园区聚集，进而将这些园区整合到西航港工业集中发展区和蛟龙工业湾。同时，双流区还配套出台了针对乡镇工业发展的规定。不准在开发区外新建工业项目，禁止镇村擅自与企业签订投资

---

① 《成都市城乡统筹的经验和办法——参加山西省城乡规划成都培训会的交流情况摘录》，https://max.book118.com/html/2020/1204/7060105114003025.shtm，访问日期：2023年2月18日。

协议，县里每周举行一次项目会审，未通过会审的，不批准环境影响评价、不立项、不出具红线图、不提供用地、不办理营业执照、基础设施不予配套。

在推进农民向城镇集中方面，实行统规统建集中居住。"统规统建"指的是，政府规划集中安置点，引导农民在集中安置点自建房屋，资金筹集方式主要通过将农民集中居住所节约的建设用地进行流转，补助自建住房不足的缺口。节省出来的建设用地指标，按城乡建设用地增减挂钩的政策，以市场化的运作方式筹集住房建设资金，实现住房重建。成都双流区探索出"拆院并院"的集中安置办法，将分散居住的农民集中在本场镇或中心村统一居住，集中安置小区同时配套相应的基础设施。

"六个一体化"具体包括城乡规划、城乡产业发展、城乡市场体制、城乡基础设施、城乡公共服务、城乡管理体制一体化。成都市以"全域成都"理念为指导，城乡范围内统筹规划。在管理体制上，成都市对规划、市政公用、农业、交通、财政、水利、教育、卫生、社保、民政等30多个部门实行撤并和职能调整，推行城乡统筹"大部制"。取消农业户口和非农业户口划分，统一登记为居民户口，建立"一房一户，按产权登记"的户籍制度。户籍制度的改变推动了农民与城镇居民在就业、社保、住房、低保、生育、教育等方面的八项福利待遇的平等享受。同时，成都市探索建立了户口在居地登记，随居民流动的统一户籍管理制度。城乡公共服务一体化建设方面，成都市有效推进中小学、乡镇卫生院、村卫生站标准化建设，推动城乡教师、医生互动交流，将优质教育、卫生资源向农村倾斜。教师管理与流动从"同县统筹"向"同城统筹"过渡。在医院建设方面，成都市基本建立了县镇医院一体化管理和镇村医疗卫生联动服务模式，完善了政府购买、项目外包、群众评议的村级公共卫生服务模式。在推进公共卫生服务一体化方面，成都市做出了重要探索。

"四大基础工程"包括农村产权制度改革、农村新型基层治理机制建设、村级公共服务和社会管理改革、农村土地综合整治。成都市近年来实施的"四大基础工程"，是解决"三农"问题中打基础、管长远的重大举措。成都率先探索建立集体土地所有权、集体建设用地（宅基地）使用权、土地承包经营权、林权和房屋所有权的确权登记颁证，逐步建立了"归属清晰、权责明确、保护严格、流转顺畅"的农村产权制度。同时，成都市启动了农村产权制度改革为核心的农村市场化改革，为农民承包地、宅基地、房屋开展确权、登记和颁证，建立了市、县两级农村产权交易机构，引入农业担保、投资和保险机制，使农民成为市场主体，初步形成了中国特色的现代农村产权制度。2008年，全国首家农村产权交易综合性平台成都农村产权交易所在成都挂牌运行。为统筹兼顾土地流转与耕地安全，成都市创造性地设立了耕地保护基金，以市县两级的土地增值收益为主要来源，市县两级财政每年投入26亿元，为有效保护耕地的农户每年分别按基本农田400元/亩、一般耕地300元/亩的标准发放耕保金，用于补贴农民购买养老保险，确保耕地总量和粮食生产。

对于新加入城市的农村社区，成都推行"2+2"基层治理结构试点，推动村级组织在公共管理职能与经济发展职能的分离，执行职能与监督职能分离。改革的具体方案是在原有村（居）党组织、村（居）居民委员会的基础上，新成立议事监督委员会、村（社区）经济合作组织（公司）。改革后，成都市形成了以党组织为领导核心，村民自治为基础，民主议事监督为保障，经济合作组织（公司）为利益纽带的基层治理结构。村议事监督委员会实行对村民代表会议负责，对社区重大事项进行民主议事，提出初步方案交村民大会或村民代表大会讨论。村议事监督委员会对两委会干部履职情况、集体资产经营管理情况进行评议监督。鼓励干部到经合组织工作，但村（社区）干部必须辞去原职务，县级部门、乡镇干部5年内身份待遇不变，5年后可回原单位工作或继续留任于经合组织。

二 人居统筹，优化城市空间布局

成都市以建设公园城市为目标，在公共空间、社区空间中多层次推进空间规划改造的成都模式。成都市将公园城市高质量发展、高效能治理、高品质生活的任务落脚在城乡社区基本单元，实现资源整合力量聚合效果倍增，推动城市总体战略在末端见效。

第一，统筹规划。2003年成都市将所有乡村纳入各项规划的编制中，重新修订了土地利用总体规划。"全域成都"的核心是统一规划建设1.24万平方千米市域，形成"一区两带三圈层四基地"布局格局，在整体上重新对市域空间进行功能划分。"一区"指1个特大都市区，由中心城和华阳、新都、龙泉驿、双流、温江、郫县等6个新城构成；"两带"指龙门山和龙泉山两个旅游发展带；"三圈层"指成都城市的三个圈层；"四基地"指高新技术产业基地、现代制造业基地、现代服务业基地和现代农业基地。重新调整后的城市功能分区更加重视中心城区与周边区县的协调发展，强调不同区域功能之间的空间协调。例如，处于城乡接合部的锦江区，依托近邻城市的区域优势，探索出都市观光农业发展之路，开发了"花乡农居、幸福梅林、江家菜地、东篱菊园、荷塘月色"这"五朵金花"，开展多主体协调发展。

第二，权力下放。成都市在实行"幸福美好生活十大工程"中，运用党建引领、共建共治共享的理念方法，建立需求收集、机会发布、多元投入、各方参与的民生项目建设机制，一年多时间吸引国有企业、市场资本、社会组织滚动实施重大项目715个、累计投入资金3024亿元。在城市规划与改造过程中，成都市下放权限，创设以区级政府组织为主导的社区更新，各区得以根据自身历史背景、街道类型、空间布局开展针对性的规划设计。[①] 社区主导的城市空间改造，将政策体系与空间类型结合起来，根据不同的社区类型，制定相应的治理策略（见图3-3）。

第三，配套改革，推动职能改变。为了适应新型城镇化的建设，成都市撤并30%左右的乡镇、47%左右的村，精简乡镇机构人员。以"三个强化、三个弱化"的原则调整职权。具体包括：强化社会经济的规划、协调、服务职能，弱化直接参与生产经营的职能；强化城镇建设管理职能，弱化传统农村管理职能；加强公益事业发展职能，弱化事务性和技术性职

---

① 赵炜、李春玲、吴潇：《成都城市社区更新理论与实践》，中国城市出版社2020年版。

能，最终推动基层乡镇政府职能由行政管理型向公共服务转变、由传统二元结构型向城乡发展统筹型转变、由计划经济指令型向市场经济指导型转变。

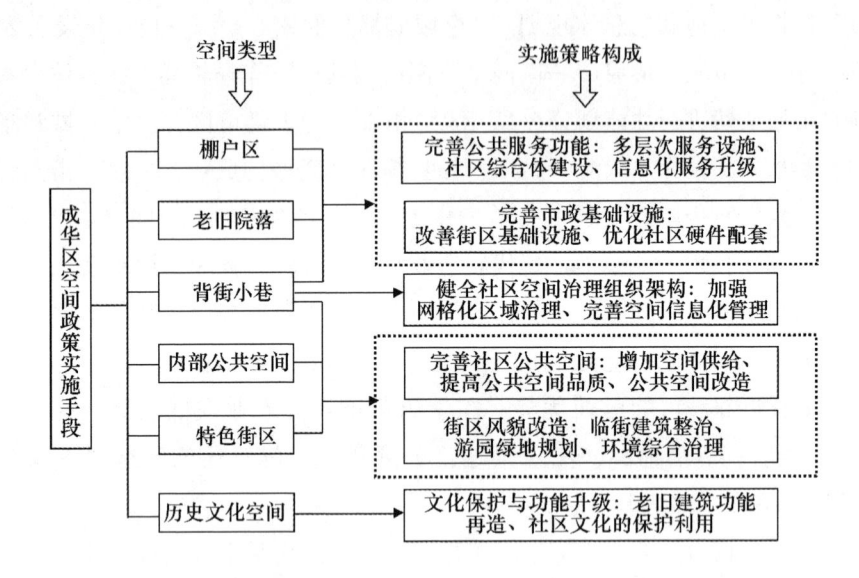

图3-3 成华区城市社区更新政策引导下的实施策略框架

三 服务统筹，打造高品质生活

经过行政区划、管理体制、财政人事的多次调整，成都市已经形成一套以建设"宜居、韧性、智慧"城市为核心目标的城市管理体制。其中包括安全、健康、生活方便、出行便利与居住舒适等五个维度，构成了宜居城市的评价指标体系。成都市以贯彻习近平总书记对四川及成都工作系列重要指示精神为指导，对照《成都建设践行新发展理念的公园城市示范区总体方案》，以"公园城市"为主要目标，编制了全国首个社区发展治理总体规划。配套公园社区、国际化社区、社区商业、智慧小区等十余个专项导则，分类施策，从居住人群的总体特征入手，理顺人居环境之间的关系。在此基础上，成都市科学布局服务网店，合理规划服务半径，让服务精准触达需求人群。

成都市以生活为导向，着力构建人本逻辑驱动的社区发展体系表现在三个方面。第一，以生活导向提升宜居品质。实施社区发展治理"五大行动"，按照片区整治集成打造理念，统筹实施老旧城区改造项目859个、社区微更新项目690个，整治背街小巷3257条，打造特色街区132个，不断擦亮幸福城市底色。第二，以场景建设植补城市功能。成都城市建设特别突出场景建设，整合利用城市低效用地和社区闲置空间，有机置入兼具美学感受和实用价值的功能设施，打造社区美空间、社区运动角、社区科创空间等特色场景5000个，有效创构城市空间增量。第三，以社区商业丰富生活体验。成都市在社区内培育全龄全时全新的社区商业服务和体验消费，依托社区综合体、特色街区、社区绿道植入社区多元消费新场景，实施4大类184个社区商业示范项目建设，充分释放社区消费潜力，提升市民消费体验和生活品质。

基础设施配套改善之后，成都市进一步构建高效精准的服务供给体系。第一，科学布局服务阵地。根据人口结构、出行规律合理确定服务半径，截至2022年，成都市共规划建设217个社区综合体、3044个社区党群服务中心、2354个小区楼宇党群服务站，在全国率先实施党群服务中心"亲民化改造"，初步形成便捷可达的社区综合服务圈。第二，精准配置服务功能。分类初步制定三级社区服务载体功能设置导则，集成提供社区养老、社区医疗等100余项民生服务，差异配置托幼养老、日常维修等高频生活性服务，初步形成涵盖公共服务、生活服务、商业服务的社区服务供给链。第三，创新数字服务载体。开发上线"天府市民云"APP，集成市县两级民生保障、交通出行、便民缴费、就业创业、信息查询等725项便民服务，注册用户达1064万人，累计服务市民超4亿次。

优化服务的前提是构建好坚强有力的人才资金保障体系。第一，成都市强化基层资金保障。建立保障与激励双轨并行的社区专项经费制度，每年为村（社区）拨付17.7亿元资金，帮助社会力量组织建立社区基金会8家、成立社区微基金700余支，募集社会资本超过1.06亿元，让社区有资源有能力服务居民。第二，成都市强化人才队伍建设，推动社区工作者职业化发展，创建社区专职工作者统筹管理、职业岗位薪酬和职业资格补贴等制度，全市2.6万名社区工作者进入职业化体系，薪酬较职业化前增长100%。第三，巧用智慧手段增强基层服务群众的能力。目前，成都市将社区治理的多项服务内容嵌入智慧蓉城整体架构，创新打造智慧社区治理生态，建设智慧社区主体数据库和综合信息平台，归纳集中人口数据2473万条，开发具备信息处理和实时调度功能的"数据驾驶舱"，构建社区治理、社区服务、社区安全、社区发展、社区党建五大板块N类智慧应用场景，初步实现基层治理线上线下联动、服务管理同步。第四，构建了群防群治的基层应急体系。新冠疫情期间，成都市组建了6465支社区疫情防控应急队伍，推动机关干部下沉一线，发动网格员、志愿者、物业人员等基层治理力量全面参与，在社区党组织统一调度下重点做好风险人员排查、服务隔离人员等工作。

第四节　成都市政体制的启发与建议

习近平总书记在主持召开经济社会领域专家座谈会时，立足国情、着眼长远、把握大势，提出"十四五"时期要"以共建共治共享拓展社会发展新局面"[①]。社区是社会治理体系的根基，也是人民幸福感、获得感的依托。2020年，新冠疫情的"大考"更突出了社区治理的重要性。在这场大考中，成都市借助提早布局、多年耕耘的社区发展治理体制，成为全国复工复产最快、秩序活力恢复最好的城市之一。成都市现有3043个社区，在社区治理方面取得了显著成绩，但同时也存在一定问题，值得全面总结。

一　打造宜居、韧性、智慧城市的成都路径与成效

第一，社区韧性强，动员能力强，新冠疫情后生产生活秩序恢复快。成都市充分发挥党建引领城乡社区发展治理积累的动员能力，形成了疫情防控的人民战争模式，筑牢了疫情联防联控第一道防线。成都社区在疫情防控期间组织49万社会力量参与；7000多个非公企业党组织和社会组织

---

① 《习近平著作选读》（第二卷），人民出版社2023年版，第331页。

党组织投身防控，13.8万名参战党员第一时间放弃假期返岗请战，组成8700支党员突击队、先锋队，带头开展连续多轮全覆盖入户走访排查；针对基层一线防疫物资紧缺问题，从党费中划拨专项资金900万元、激活社区发展治理专项保障激励资金近3亿元，为奋战在一线的党员和干部群众购买口罩、手套等防护物资。同时，成都制定18条疫情防控社区一线工作人员关心关爱措施，合理调配下沉社区机关干部、社区"两委"干部、其他社区工作者等工作力量，既保障24小时有人值守防控，又保证干部轮岗轮休，为打好疫情防控持久战做好准备。

第二，社区人居环境精细化整改，不少社区成为网红打卡点，创造出可观的文旅价值。成都大力实施老旧城区改造、背街小巷整治、特色街区创建等"五大行动"和锦江公园建设等重大项目，累计实施老旧城区改造项目859个、整治背街小巷2047条、打造特色街区132条、实施"小游园·微绿地"项目274个，建设国际化社区45个，市民从身边的点滴变化中阅读到城市转型发展的时代变迁，共享到城市改革发展红利，增强了对城市的认同感、荣誉感、归属感，第三方调查显示96.6%的群众表示社区环境面貌发生可喜变化。课题组走访了解，成都部分社区，例如西南石油大学成都校区的正因社区每日接待参访团队多达百人。成都市社会组织促进会也在筹划"成都社会治理精品路线一日游"的活动，成都的社会治理经验已经产生了可观的经济和社会效益。

第三，社区互助自助能力强，成为国家公共服务体制的有力延伸和有效补充。成都市健全保障与激励双轨并行的城乡社区专项经费制度，每年为村（社区）拨付17.7亿元保障激励专项资金，通过基层民主程序专项用于城乡社区发展治理项目，帮助社会力量组（筹）建社区基金会15家，建立社区公益微基金598支，让社区有资源有能力组织居民共同实施城乡社区发展治理项目。在此基础上，成都在社区积极培养人才队伍。为社区选拔培养党组织"带头人"3043名，选拔优秀村（社区）书记进入镇街领导班子，实施"头雁孵化工程"选育村（社区）书记后备干部3085名，创建社区专职工作者职业化岗位薪酬制度、职业资格补贴制度和基层党建指导员制度，全市培育中级以上职称专业社工2800人，2.6万名社区工作者进入职业化体系,依托基层地方党校增强社区功能,创办村政学院、社区学院、社会组织学院和社区美学研究院等13所基层治理院校,系统构建多层次基层队伍和社区人力资源支撑体系。这些人才在社区改造、社区养老、社区托幼、社区党建、社区公共卫生体系的搭建中成为重要的骨干力量。目前,成都市的社区儿童之家、日间照料中心、老年活动中心、心理咨询室、老年食堂等服务机构已基本实现全覆盖。

第四,社区中商业、居民、社区等各类主体之间的权责关系理顺,部分解决了社区投诉多、矛盾多的治理顽疾。首先,横向上打破社区治理"九龙治水"的格局。在市县两级党委序列独立设置"城乡社区发展治理委员会",由同级党委常委、组织部部长兼任主任,统筹基层党建和城乡基层治理工作,具体履行城乡社区发展治理"顶层设计、统筹协调、整合资源、重点突破、督导落实"职能。其次,纵向上,建立统一领导、上下联动、运转高效的城乡社区发展治理工作机制。健全市、区(市)县、镇街纵向贯通的组织领导体系,建立"月调度、季督导、半年拉练"重点工作推进制度和区(市)县、镇街、村(社区)、小区"四级示范建设引领"体系。在"平安社区工程百日攻坚行动"中,市委社治委牵头联动36个市级部门,建立"社区发现、镇街呼叫、分级响应、协同整治"工作机制,3个多月排查出群众反映强烈的问题、隐患19.47万件、解决19.23万件,工作效率显著提升。最后,为破解商业小区普遍存在的业委会与物业之间的矛盾,设立信托制物业,为物业费设立信托账号,采用双密码管理,"从账目公开到账户公开",为每一个业主追踪了解每一笔银行流水提供了可能,大大减少了社区中业委会与物委会之间的矛盾。

二 成都城市治理的经验

课题组调研发现,成都的社区发展治理模式具有"五个结合"的特征,深刻体现了关于创新社会治理体制,打造共建共治共享的社会治理格局的社会治理的精神。

第一,顶层设计结合灵活探索。市委牵头设立统筹机构"城乡社区发展治理委员会"(简称"社治委"),社治委下设枢纽型社会组织"社会组织促进会"(简称"社促会"),二者相互促进。成都市党委政府始终高度重视社区治理问题,将基层一线的城乡社区作为创新城市治理的着力点,下大力气推动资源、管理、服务向基层下沉,使得服务在居民家门口集成、风险在基层第一线化解、问题在城市最末端解决、共识在社会最基层凝聚。在政策上,成都市构建起"1+6+N"政策体系。完善建立"党建引领城乡社区发展治理30条"纲领性文件、6个重点领域改革文件和30余个操作文件;在组织上,在市县两级党委序列独立设置"城乡社区发展治理委员会",破解了社区治理条块分割、多头协调的困境;在理念上,坚持发展治理并重,配套制定产业社区、国际化社区、社区商业等分项规划、建设导则和评价标准。同时,为了破解社会治理因时因地出现的具体问题,"社治委"下设"社促会",作为难题破解探索主体。他们对老旧小区拆迁、物业纠纷等社区经常出现的疑难问题,主动总结定义问题属性,破题、制定标准和工作手册,通过"社区干部学习会""前置社区营造"等小项目手把手教社区工作人员如何动员群众参与,技巧性地引导社区工作人员对社区需求分类引导、情感治理、陪伴式参与。

第二,党建硬化结合社区活化,依托党建推动参与和强化治理,借助政府购买服务引导多种社会组织灵活服务。成都市在全国范围内首创基层党组织领导的村(居)民议事会制度,构建驻区单位、社会组织、居民群众等共同参与社区事务的协商机制。一方面,改变了"新增一个楼盘,党建丢失一个阵地"的局面;另一方面,依托党建与共建为社区带来社区参与的骨干分子、社区建设的企业力量,社区两委成为社区治理的"当家人"。同时,成都对3043个社区党群服务中心开展亲民化改造,构建社区党群服务中心、"天府之家"社区综合体、居民小区党群服务站服务载体,打造"易进入、可参与、能共享"的党组织活动阵地和服务空间,集成提供党群服务、政务服务和便民服务,把高品质便捷服务送到居民家门口。利用社区保障资金与政府购买服务的方式,吸引1.3万个社会组织、73家社会企业、多家社区基金会等多元主体承接社区服务项目,推动服务供给与人口流动迁徙、区域功能疏解精准匹配动态平衡,合理布局养老托幼、社区医疗、社区教育、文化体育等服务资源。

第三，党建引领结合专业社工，用专业社工技巧释放"为人民服务"的理念力量。成都市高度重视社区治理与服务的专业性，通过鼓励社区支部书记和工作人员参与社会工作培训，考取社工、心理咨询等专业证书的方式鼓励社区工作者积极学习社会工作的技巧和方法。例如，利用荣誉榜、志愿服务积分排名公示等方式激发村民积极参与的热情。通过小朋友的力量，举办"小区环境大冒险"，让小朋友寻找小区环境的"死角"，"小手拉大手"推动家长主动维护小区环境，参与小区建设与治理。再如，通过宝妈活动，推动家庭参与和社区公共空间的改造。

第四，情感再建结合制度搭建，精细治理与情感治理双结合。基层治理情感下沉是关键，成都的社区治理从情感再建入手，再造"邻里关系"，创造了一套"成都打法"，自上而下形成思路，自下而上收集意见。例如，借助"一勺米"计划，推动居民敲开邻居的门借一勺米，打破城市社区居民之间的"坚冰"。创造"五线工作法"，用共同的信仰推动党员全线参与，用共同的目标（房价上升、环境改善）建立自治线，用共同的文化发动"志愿线"参与互助，用共同情怀壮大各类兴趣性群团组织，织牢社会互动的网。用共同的需要延伸服务线，为社区养老托幼、生活需要提供自治力量。同时，在社区互动氛围上来之后，筹建社区自治机构和网格治理机制。调研发现，多数社区都对片区进行了细化到10户为一个单位的网络化管理机制，楼栋长、片区长，管理制度精细化。有的社区根据社区治理的主要职能细分治理机构。例如，成都市彭州花春街社区就通过建立"共建""共治""共营"的"三共"委员会来进行社区拆迁改造、社区日常管理与社区景观建设三项工作。

第五，传统文化结合现代参与，充分发挥传统文化的现代价值。成都市是一个有着浓厚传统文化氛围的地方。"坝坝会"一直以来是村民自治协商的传统方式。在社区动员和自治过程中，不少社区重新发挥出"坝坝会"的协商议事作用，社区的重大事情，经常通过社区支部书记和工作人员召开"坝坝会"的方式解决。不少社区因地制宜，找回了传统文化中的议事方式，例如以"忠孝堂""堂屋""义仓"等形式，发挥群众的志愿精神和公共精神，调动居民参与公共事务的热情，取得了显著成效。

三 社区治理存在的风险和相应对策

2020年是我国全面建成小康社会的决胜之年，我国的社会发展进入新阶段，面临新形势和新要求。正如习近平总书记所指出的："事实证明，发展起来以后的问题不比不发展时少。"[1] 成都社区治理过程中也出现了新的问题，突出表现在以下三点：

第一，要防止"一肩挑制度"改革对已有的社区治理格局造成过大冲击。社区支部书记即将迎来换届，换届之后，社区支部书记与社区居民委员会主任需要"一肩挑"。社区存在一定畏难情绪，原因主要来自两个方面。其一，基层干部"一职多责"的问题。基层干部工作任务繁重，既要做好社区环境、卫生、扶贫救助的日常工作，又要负责党建等组织工作，工作压力和任务陡然增加。其二，社区居民委员会主任多数是通过《居民委员会选举法》选举产生，年富力强的青年干部居多，对社区情况更为了解，便于在社区开展工作，为社区争取资源。而社区居民委员会书记则年龄偏大，不少书记来自其他社区，对社区情况不够了解，难以高效开展工作。

第二，要适时推进社区集体经济的监管与法规配套措施。社区要成为为提供居民各类公共服务的载体，必须拥有一定的资源。成都通过社区发展支持中心盘点社区内闲置空间和资产资源，允许社会组织走社会企业的路子，让社会组织和社区组织拥有自我造血的能力。然而，目前国家对社会企业还缺乏相应的登记和管理机构。社会企业的经营范围、经营风险相对缺乏监管。部分社区借助社区集体资源引入商业化的机构进行运作仍存在法律和社会风险。

第三，要预防社区治理数字存在的社会风险。基层社区数字化设备监管、收集居民信息的边界、方式存在风险。为了便利社区管理，不少社区引入刷脸门禁、养老管家等各类智能设备。有的社区还开始对村民的各类

---

[1] 习近平：《论把握新发展阶段、贯彻新发展理念、构建新发展格局》，中央文献出版社2021年版，第375页。

个人信息进行数字化采集与入库，内容涉及个人社会关系和收入的方方面面。但是，不少社区缺乏足够的技术能力和制度保障数据隐私安全。如何对基层社区数字化的程度和方式进行适当的监管，是当下社会治理数字化面临的挑战之一。

第五节 结论与讨论

在多次改革中，成都市陆续开展"轰轰烈烈"的社区改造运动。与一些城市相比，成都在横向的城乡关系、纵向的权责关系以及建筑环境与人关系的调整方面具有重要创新与突破，一定程度上缓解了改革进程中难以避免的公共供给水平不平衡不充分的问题。

城市规划建设与社会治理要面临三个"不平衡"：历史文化遗产与现代生活方式的不平衡；整改整拆与微调微造间不平衡；服务关系、行政管理关系的权责不平衡。城市体制及其基础设施建设的实施主体、布局方式脱胎于计划经济体制，不可避免地带有历史的印记。不少大都市都留有建国之前的住宅、城墙、公园等设施。一些居住区的房屋产权复杂，房屋居住权的获得与相关福利与原有国有单位、集体单位有着千丝万缕的关系。如何处理好这些历史遗留问题，是考验城市治理能力与治理体系的重要环节。成都在处理不平衡方面有这样几个经验和教训。第一，以城市化进程统领城乡关系，实现包容性发展。将郊区县乡的公共交通、福利供给、就业创业纳入城市发展的蓝图中来。第二，统一规划，区级领导，多主体实施。在城市规划过程中，以区为单位主导社区更新的进度和定位，有利于将社区形态、居民诉求与整体规划协调起来。第三，理顺行政、服务等权责关系，明确管理边界、服务边界。基层治理是国家与社会交接的领域，社会转型过程中不同人群的诉求充斥其中。权限下放，理顺权责，明确国家—市场—社会的边界，是提高国家治理体系和治理能力的题中之义。

2000年以来，我国经历了一个公共财政支出增加与公共服务下沉的"黄金时期"，但在地域、服务类型和服务对象上仍然存在供给不充分问题。我国逐步建立起世界上规模最大的住房与社会保障制度，教育普及率空前提高。过去十年，我国实现了全世界最大规模的减贫活动，贫困发生率大幅度降低，人民生活水平普遍提高。与此同时，民众对基层公共服务的多样化程度以及公共服务质量的要求越来越高。这给公共财政和公共服务能力提出了更高要求。要解决这些不充分的问题，需要因地制宜，充分发挥基层群众的自主性。成都在回应居民诉求，解决公共服务等公共供给不充分问题上充分尊重发挥群众的创造性。一是五社联动，充分发挥各类群团组织的作用。社区治理中，群众参与不足是瓶颈。成都市通过成立业主委员会、院落委员会、"坝坝会"等自治组织做通、做懂群众工作，理顺了基层治理中物业、街道、市规划办、拆迁工作委员会、规划办公室、施工单位等各类组织之间的权责关系。二是与传统文化相结合。成都市是一个烟火气息浓厚的市民社会，"坝坝会"、茶馆等文化底蕴丰厚。成都在社区改造中充分发挥这些传统文化的作用，发动群众开"坝坝会"议事协商。将居民喜欢的运动、娱乐等兴趣团体组织起来，成为重要的社区治理力量。三是充分利用社区基金会的撬动能力。成都市委社治委通过讲评比等各种模式调动社区活力，培养社区人才，"花小钱办大事"，让社区基金会发挥出最大效力。

当然，成都市在推进社区治理体制中，仍有一些需要注意的问题。我们认为，城市治理是一个系统性工程，在建设宜居韧性智慧城市的过程中，应该充分尊重在地文化，鼓励群众参与，理顺权责关系，构建一个适合自身发展阶段与定位的市政体制。

第四章　成都市社区治理的组织保障

张亦瑄[*]

社区是基层治理的基本单元，社区治理是国家治理体系的基石和末梢。改革开放前，"单位制"社区的熟人社会与明晰的辖区边界往往构成"地方精英主义"的"自治"与政府"指导"意义的"他治"相结合的治理逻辑[**]；改革开放以来，我国的社区和社区治理逐渐承接了单位制时代由国有企事业单位实施的基层公共管理和公共服务职能。同时，在市场化和城镇化的强劲拉动下，城市社区人口构成的异质化程度不断加剧，这都给城市基层社会的治理带来了新的特质和更严峻的挑战，因而，社区治理的机制体系需要随着社会结构和社会转型的形势加以调整和优化。我国宪法确认了中国共产党的执政地位，确认了党在国家政权结构中总揽全局、协调各方的核心地位。将党的领导嵌入到国家治理和社会治理当中，是被理论、实践和历史证明行之有效的中国特色伟大创举。把基层党建与基层治理相融合，既是践行党的群众路线的具体表现，也是更好地发扬基层党组织的战斗堡垒和党员先锋模范作用的具体途径。因而，在社区治理的改革中，党建引领应当发挥更加重要的作用，从而助推基层社会治理体系完善、治理能力水平提高，更好地服务于人民群众不断增长的对美好生活的需要。2021年7月，中共中央、国务院下发了《中共中央　国务院关于加

---

[*] 张亦瑄，乌鲁木齐人，社会学博士，中国社会科学院民族学与人类学研究所助理研究员。主要研究方向为数字社会与治理、空间与城市社会学。

[**] 张翼：《创新与完善基层群众自治制度——成都基层社会治理实践的有益探索（代序）》，载明亮、王健、胡燕等《中国基层社会治理研究——以成都市城乡社区发展治理为例》，社会科学文献出版社2021年版，第10页。

强基层治理体系和治理能力现代化建设的意见》，要求"以增进人民福祉为出发点和落脚点，以加强基层党组织建设、增强基层党组织政治功能和组织力为关键，以加强基层政权建设和健全基层群众自治制度为重点，以改革创新和制度建设、能力建设为抓手，建立健全基层治理体制机制，推动政府治理同社会调节、居民自治良性互动，提高基层治理社会化、法治化、智能化、专业化水平"[①]。

进一步加强党建引领多元主体参与社区治理，是基层群众"自治"建设结合"他治"资源，激活社区自治、共治、法治活力的基本路径。近年来，四川省成都市将党建引领社区发展治理作为城市转型规划升级的着力点，积极探索实践路径，形成了相当丰硕的宝贵经验，丰富了超大城市[②]治理体系和治理能力现代化的实践形态。

第一节 时代背景与研究背景

一 时代背景

（一）党组织领导社区治理的必要性

习近平总书记指出："基层是一切工作的落脚点，社会治理的重心必须落实到城乡、社区。"[③]体现出国家治理体系和治理能力现代化对基层治理水平的要求。在城市化和现代化的推动下，社区的人口构成上异质性增强、公共参与多元，而治理公信力却式微等种种问题，使得传统的单位制社区管理、街居制管理都逐渐不足以适应当代中国城市社区环境的快速变化，城市社区治理转型从而成为必然之势，这也是城市社区治理中党建工作的重心。转型背景下社会结构的新变化对基层的党建工作提出了新定位：

首先，社区的异质性构成趋势需要中枢型引导主体。改革开放前，以同单位街坊邻居或家族聚集构成的"熟人社会"彼此熟悉、联系紧密，是以较

[①] 《中共中央 国务院关于加强基层治理体系和治理能力现代化建设的意见》，人民出版社2021年版，第2页。
[②] 超大城市指城区常住人口1000万以上的城市，参见《2022年城市建设统计年鉴》。
[③] 《党的十九大报告辅导读本》，人民出版社2017年版，第369页。

为普遍的情感互动联结而成的具有经典"社区"内涵的基层社会，党委领导下的生产队、居民小组等组织易于在熟悉环境下建立起同质化的组织体系。但当前的新型城市社区基本上打破了同质性结构，已不是"单位主导"的计划经济模式或"行政主导"的街居模式，异质性成为如今城市基层社会结构的显著特征。"异质性"最直接地体现在社区居民各异的社会归属上，这导致传统依赖行政单位归口管理的模式解体；同时，随着社会经济的发展，差异化的居民构成带来了更为多样化的个体需求，导致传统单一的服务供给模式难以实现个性化的服务；此外，社区治理主体的异质性进一步增强，除却党组织、政府各部门、社区自治组织、社会组织和团体、市场主体、差异化的居民在参与社区治理的过程中碰撞出公共利益、市场利益和个体利益的纠缠矛盾，导致传统的自上而下的、具有"行政"特征的治理逻辑不再适用。来自社区居民构成、居民需求和治理主体三方面的异质性促使社区治理需要孕育出具有足够公信力、能够有效统筹多方资源和开展多样化治理行为，并回应诉求的中枢主体发挥引领作用，即由社区党组织推动社区治理自传统垂直型行政管理模式走向扁平化的多元共治模式。

其次，公共参与的多样化需要"中台"型决策枢纽。相比传统的单向参与机制，现如今社区居民拥有更加多样化的公共参与路径和方式，但对社区来说，多样化的参与使得社区的决策成本增加、决策效率降低，决策过程日趋复杂化。同时，由于资源被分散在各个参与路径之中，治理合力难以形成，治理效果从而呈现碎片化形态。此外，在缺少约束主体和制度的情况下，多样化的参与可能引发"参与无序"和"过度参与"问题，泛化的参与制约了有效决策的达成，一定程度上导致社区治理的无序化和低效化。[①] 在企业管理的语境中，往往在前台一线部门和后台资源部门间设置"中台"型的组织模块，有助于有效地将后台的资源整合成前台所需的"中间件"，方便随需调用。城市社区的有效、高效治理也需要社区党组织这样具有足够公信力的"中台"枢纽发挥引领作用，以整合前台的居民个

[①] 韦彬、陈永洲：《碎片化样态、嵌入式情感协同与整体性韧性社区治理——基于四个社区的案例研究》，《社会科学家》2023年第2期。

体与后台的政府、市场、社会间的资源配置、协商规范和参与秩序,从而保证各主体参与行为的有效性。

最后,"碎片化"的社区治理要素需要综合性的治理机制。社区治理的资源分散在各个治理要素之中,比如政务治理要素、财政支持要素、社区参与要素、服务保障要素、文化传统要素等,而社区治理的质量和活力正取决于资源在各要素间的配置博弈和流转效率。[①] 但这些要素针对不同的社区背景需要采取差异化的资源配置方案,传统的社区治理机制无法回应差异性的治理要素需求,可能产生资源配置的重复和交叉问题,拉低治理资源的使用效率。因而,"碎片化"的社区治理要素要求基层党组织发挥统筹利用资源的综合性载体作用,引领社区治理要素的功能整合和合理分配,建立社区治理要素的系统化机制。

(二) 我国城市基层党建工作的发展历程

中国共产党一直以来都非常关注城市基层党建工作,通过系统梳理材料,笔者将我国城市基层党建工作的发展历程归纳为萌芽阶段、发展阶段、调整阶段和全面展开四个阶段,其间,城市基层党建与社会建设的融合也逐渐密切。

萌芽阶段主要包括抗日战争时期和解放战争时期,中国共产党城市基层党建的政策脉络主要反映在毛泽东关于中国革命建设的群众路线、关于党组织和党员工作路线的理论之中。1927 年,毛泽东发表了《湖南农民运动考察报告》,系统论述了农村基层建设涵盖农村经济、队伍建设、政治宣传等"十四件大事"[②],提出要将基层建设与党的建设相融合。尤其需要指出的是,毛泽东创新性地提出"建立新的乡村自治机关——农民政权的乡村自治机关"[③],这为我国的基层自治建设开辟了理论初源。自此,中国共产党在实践中积累了大量党的建设的历史经验,开辟了将马列主义与中国具体实际相结合的道路。直到 1949 年 3 月党的七届二中全会确立了"党

---

① 姜晓萍、田昭:《授权赋能:党建引领城市社区治理的新样本》,《中共中央党校(国家行政学院)学报》2019 年第 5 期。
② 毛泽东:《湖南农民运动考察报告》,人民出版社 1975 年版。
③ 毛泽东:《湖南农民运动考察报告》,人民出版社 1975 年版。

的工作重心由农村转向城市"的决议,提出城市工作以生产建设为中心[①],城市基层党建工作从而进入制度化的新阶段。

1949年中华人民共和国成立后,我国在城市基层社会逐步建立了以"单位制"为主、"街居制"为辅的管理体制,基层党建主要为提供城市秩序建设和经济建设发挥功能,我国城市基层党建工作步入发展阶段。"单位制"是社会主义建设初期与计划经济相配套的组织建设管理方式,有力稳固了国民经济恢复阶段的基础安定环境。1954年12月31日,第一届全国人民代表大会常务委员会第四次会议通过了《城市街道办事处组织条例》《城市居民委员会组织条例》,分别对作为上级政府派出机关的城市街道办事处、作为群众自治性居民组织的城市居委会的性质、组织职能、组织架构等问题进行了界定。条例中规定居委会的主要职能包括:办理有关居民的公共福利事项、向当地人民委员会或者它的派出机关反映居民的意见和要求、动员居民响应政府号召并遵守法律、领导群众性的治安保卫工作、调解居民间的纠纷。从条例规定的内容可以看出,街道办和居委会的职能运作方式体现出传统的"行政"特征,具有显著的计划属性,其自主性较弱。1958年,"党政合一"的城市人民公社取代了街道办事处和城市基层自治组织。

1978年,中共十一届三中全会的召开标志着我国开始确立"以经济建设为中心"的基本路线并实行改革开放,随着计划经济逐渐向市场经济转变,我国的城市基层治理模式迎来了调整阶段。1980年1月,全国人民代表大会常务委员会重新颁布了《城市居民委员会组织条例》和《城市街道办事处组织条例》。1982年,居民自治制度首次被写入《宪法》(1982年)之中,其中第一百一十条明确规定:"城市和农村按居民居住地区设立的居民委员会或者村民委员会是基层群众性自治组织;居民委员会、村民委员会的主任、副主任和委员由居民选举。居民委员会、村民委员会同基层政权的相互关系由法律规定;居民委员会、村民委员会设人民调解、治安保卫、公共卫生等委员会,办理本居住地区的公共事务和公益事业,调解民间纠纷,协助维护社会治安,并且向人民政府反映群众的意见、要求和

---

① 《共产党通史》(第三卷),人民出版社2011年版,第297页。

提出建议。"这意味着居民自治制度正式被纳入我国的基本政治制度之中。1989年12月第七届全国人民代表大会常务委员会第十一次会议通过《中华人民共和国城市居民委员会组织法》，规定居民委员会是居民自我管理、自我教育、自我服务的基层群众性自治组织。对比1954年的《城市居民委员会组织条例》，可以发现城市居民委员会的职能发生了较大改变：如1989年组织法规定的居委会职能增加了"协助人民政府或者其派出机关做好与居民利益有关的公共卫生、计划生育、优抚救济、青少年教育等工作"及"开展多种形式的社会主义精神文明建设活动"；由"领导群众性的治安保卫工作"转变为"协助维护社会治安"。同时，各项职能的先后顺序在调整后有变动，可以看出居委会的横向职能逐步扩大，纵向的政治领导职能有所压缩。虽然城市社区和居委会的建设工作成效显著，但党的领导在城市基层的建设工作中却略显滞后。

党和国家及时意识到了党建工作的短板，随着中国特色社会主义市场经济体制的确立，不断推进城市基层党建工作与经济发展趋势相结合。党的十四届三中全会后，我国的社区党建工作进入了全面展开阶段，社区党建与经济发展同步，相关的理论和政策不断涌现，社区党建在完善的过程中计划性特征不断减弱，基层党组织职能越发下沉，基层党组织与社区自治组织的权责关系不断明晰。1994年9月，中共第十四届中央委员会第四次全体会议通过《中共中央关于加强党的建设几个重大问题的决定》，特别指出："必须进一步巩固和加强数以百万计的党的基层组织"，"党的基层组织是党的全部工作和战斗力的基础，担负着直接联系群众、宣传群众、组织群众、团结群众，把党的路线方针政策落实到基层的重要责任。改革的推进、经济的发展和社会的稳定，都要依靠基层党组织战斗堡垒作用和广大党员先锋模范作用的充分发挥。必须下大功夫把党的基层组织建设好。"[1] 1996年，中共中央组织部印发《关于加强街道党的建设工作的意见》，首次明确了街道党组织建设与完成街道任务的职责划分关系，同时首次对基层党组织（包括街道党委和居民党支部）的地位和职能进行了

---

① 《中共中央关于加强党的建设几个重大问题的决定》，人民出版社1994年版，第16页。

明确规范,指出"街道党委是街道各种组织和各项工作的领导核心","居民党支部是居民区各种组织和各项工作的领导核心"①。该意见对于街道党委的职能规定体现出街道党委更广泛的决策权,同时居民党支部享受到更多执行权并向街道党委负责。2000年5月,中共中央颁布《全国社区建设示范城基本标准》,首次将社区建设纳入经济和社会发展总体规划,制定了社区建设的十条基本标准,包括组织领导、社区体制、组织机构、社区服务功能等方面,特别强调要"政府转变职能,工作重心下移,强化社区功能",反映了市场经济发展对城市基层建设的需求。2000年11月,《民政部关于在全国推进城市社区建设的意见》首次界定了"社区""社区建设"等词的内涵,并对社区建设的指导思想、基本原则、主要目标、具体方向等进行了具体部署。其中第四部分明确提出要加强社区党组织建设,并规定"社区党组织是社区组织的领导核心",明确社区党组织的职能相比《关于加强街道党的建设工作的意见》(1996)减少了"执行上级党组织的决议"、新增了"支持和保证社区居民委员会依法自治",体现出基层党组织的职能进一步下沉。

(三)新形势下城市基层党建的创新举措与现实意义

第一,"区域化"党建的创新举措在于引领城市基层党建向"两新"组织横向扩展。党和国家对于如何在"两新"组织中加强党的建设并将其纳入城市基层党建工作进行了大量探索。城市社区党建、"两新"组织党建共同构成了城市基层党建的主要内容。"两新"中,新经济组织主要指私营企业、外商投资企业、港澳台投资企业、股份合作企业、民营科技企业、个体工商户、混合所有制经济组织等非国有集体独资的经济组织;新社会组织主要指社会团体和民办非企业单位。2000年,中共中央组织部先后印发了《关于加强社会团体党的建设工作的意见》和《关于在个体和私营等非公有制经济组织中加强党的建设工作的意见(试行)》,明确指出:"社会团体是党的工作和群众工作的重要阵地。加强社会团体党的建设工作,有利于党的路线、方针、政策在社会团体的贯彻落实,有利于在新形势下扩大党的工作的覆盖面

---

① 张荣臣主编:《新编党支部工作问答》,人民出版社2004年版。

和影响力、渗透力，有利于保证社会团体的健康发展。"[1] "非公有制经济组织是党的建设工作的一个重要领域。"[2] 2004年10月，中共中央提出"不断扩大党在城市工作的覆盖面"要求，明确"街道、社区党组织要指导、协调和支持驻区新经济组织、新社会组织建立党支部"，加强社区党建与"两新"组织党建之间的联系。自2008年起，城市基层党建工作首次开始形成"区域治理"的理念，中共中央于2009年9月印发了《中共中央关于加强和改进新形势下党的建设若干重大问题的决定》，提出在基层党建工作中"在以地域、单位为主设置基层党组织的基础上，按照便于党员参加活动、党组织发挥作用的要求，探索完善基层党组织设置形式"，"以党的基层组织建设带动其他各类基层组织建设，活跃基层，打牢基础"。随着"区域治理"理念逐步发展，中共中央在此基础上又提出了城市基层党建的"区域化、网格化管理"，开始了将"两新"组织逐步纳入城市基层党建的实践。2012年5月，中共中央办公厅印发的《关于加强和改进非公有制企业党的建设工作的意见（试行）》明确提出"对大量分散的规模以下企业，要充分发挥乡镇（街道）、村（社区）党组织作用，实行区域化、网格化管理"。2015年9月在《关于加强社会组织党的建设工作的意见（试行）》再次指出"按区域建立党组织。在社会组织相对集中的各类街区、园区、楼宇等区域，可以打破单位界限统一建立党组织。规模小、党员少的社会组织可以本着就近就便原则，联合建立党组织。"进入新时代，城市基层党建工作在加速"两新"组织党建工作的同时，更加注重"发挥群团组织政治作用"。2019年5月，中共中央办公厅印发的《关于加强和改进城市基层党的建设工作的意见》中对"城市基层党建"做出了系统论述，其中，关于"区域化党建"的论述为："做实网格党建，促进精细化治理。根据地域、居民、驻区单位、党组织和党员等情况，调整优化网格设置，整合党建、综治、城管等各类网络。将党支部或党小组建在网格上，选优配强党支部书记或党小组组长，建强专兼职网格员队伍，随时随

---

[1] 参见中共中央组织部《关于印发〈关于加强社会团体党的建设工作的意见〉的通知》。
[2] 参见中共中央组织部《关于在个体和私营等非公有制经济组织中加强党的建设工作的意见（试行）》。

地了解群众需求和困难。加强网格资源配置,把公共服务、社会服务、市场服务、志愿服务下沉到网络,精准投送到千家万户。建立街道社区党员干部包联网格、走访群众制度,打通联系服务群众'最后一公里'"。① 实现了由"社区党建"向"区域化党建"的转型。

  第二,"服务型"党建的创新举措在于引领城市公共服务向基层延伸和下沉。在城市基层治理的早期阶段,基层自治机关和党组织体现出较强的"行政性",随着经济社会发展,推动管理和服务力量下沉,强化基层党组织和自治机关的有效公共服务供给成为时代要求。党的十八大以前,中央主要侧重于通过基层公共服务供给量的扩大,包括提供主体的规模、服务供给的领域和服务对象的规模等,来推动管理和服务力量的延伸。如2000年印发的《民政部关于在全国推进城市社区建设的意见》中明确提出在社区服务站的建设和管理、社区服务对象的明确、服务内容的扩展等方面"拓展社区服务……不断提高社区服务质量和社区管理水平,使社区服务在改善居民生活、扩大就业机会、建立社会保障社会化服务体系、大力发展服务业等方面发挥更加积极的作用"。2004年《中共中央组织部关于进一步加强和改进街道社区党的建设工作的意见》提出"充分发挥街道、社区党组织和共产党员服务群众、凝聚人心的作用;充分发挥社团、行业组织和社会中介组织提供服务、反映诉求、规范行为的作用"。2010年中共中央办公厅、国务院办公厅印发《关于加强和改进城市社区居民委员会建设工作的意见》,提出"推动政府社会管理和公共服务覆盖到全社区",都反映出了城市基层公共服务供给在总量上的提升。党的十八大以后,中央在继续提升城市公共服务总量的同时,从城市基层党组织和自治机关的职能入手,着力"社区减负",使得基层党组织的资源和能力能够有空间、有效下沉。2014年中共中央办公厅专门出台了《关于加强基层服务型党组织建设的意见》,2015年民政部、组织部出台《关于进一步开展社区减负工作的通知》,明确提出"建立健全基层政府购买服务机制,逐步扩大购买服务资金来源和数量,拓展购买服务领域和范围,规范购买服务程序和

---

① 《关于加强和改进城市基层党的建设工作的意见》,人民出版社2019年版,第11—12页。

方式，将适合采用市场化方式提供的公益性、专业性、技术性服务交由社会组织、企业等社会力量承担。积极培育发展社区社会组织，加快社区工作者队伍专业化建设，充分发挥社区的平台作用、社区社会组织的载体作用、社会工作专业人才的骨干作用，不断提升社区服务管理水平"。2017年，《中共中央 国务院关于加强和完善城乡社区治理的意见》更是明确指出"加强社区服务型党组织建设，着力提升服务能力和水平，更好地服务改革、服务发展、服务民生、服务群众、服务党员"。2019年5月，中共中央办公厅印发的《关于加强和改进城市基层党的建设工作的意见》对城市基层党建过程中公共服务供给重新做出了系统性论述，要求扩大城市基层服务供给的覆盖面，进行基层服务供给载体的拓展创新，进一步深化提升服务供给的效度与力度。

第三，"规范化"党建的创新举措在于引领基层党组织职能不断优化。在推进城市基层党建工作的过程中，中央出台的政策文本中也在持续完善和优化基层党组织职能，体现出城市基层党建工作的"规范化"变迁过程。在《中共中央组织部关于进一步加强和改进街道社区党的建设工作意见》中明确认定"街道党（工）委和社区党支部（总支、党委）是党在街道、社区全部工作和战斗力的基础，是街道、社区各种组织和各项工作的领导核心"。1996—2004年，街道党委职能新增"领导或指导在社区、驻区非公有制经济组织、社会团体和社会中介组织中开展党的工作"，"领导以社区党组织为核心的社区组织体系建设"和"协助上级有关职能部门做好其派出机构及其负责人的管理和监督工作"三项，体现出"区域治理""网格化管理"的工作职能。但该阶段街道党委最主要的职能仍是承接行政工作；而在2004—2019年间，从社区党组织职能的描述中可以看出，社区的行政职能不断减弱，公共服务的供给能力增强，决策权扩大，"去行政化"和"组织职能下沉"成效显著，基层党组织的民生导向更加突出。如2010年《中共中央组织部关于进一步加强和改进街道社区党的建设工作的意见》提出加强社区党组织对社区各类社会组织的政治领导，指出"要进一步健全以社区党组织为核心的城市社区组织体系。要建立健全社区党组织领导的、充满活力的基层群众自治机制"。2017年《中共中

央　国务院关于加强和完善城乡社区治理的意见》进一步强调"加强社区党组织、社区居民委员会对业主委员会和物业服务企业的指导和监督，建立健全社区党组织、社区居民委员会、业主委员会和物业服务企业议事协调机制"。2019年5月，中共中央办公厅印发《关于加强和改进城市基层党的建设工作的意见》，对社区居民委员会与党组织之间的职能关系做出进一步规定，指出"全面推行社区党组织书记通过法定程序担任社区居民委员会主任、'两委'班子成员交叉任职……推广一些地方成立基层党建与基层治理领导协调议事机构的做法，从制度机制上解决党建和治理'两张皮'问题"。

第四，"发展型"党建的创新举措在于引领城市基层党建的人才队伍建设。加强城市基层党建的人才队伍建设是基层党建不断创新、不断发展的基础和前提，2000年11月，《中共中央办公厅　国务院办公厅关于转发〈民政部关于在全国推进城市社区建设的意见〉的通知》要求"逐步建立社区工作者队伍，社区建设需要大批专业的社区工作者。要采取向社会公开招聘、民主选举、竞争上岗等办法，选聘社区居委会干部，努力建设一支专业化、高素质的社区工作者队伍"。2010年2月，中共中央办公厅印发《关于推进学习型党组织建设的意见》中指出："切实把建设学习型党组织的任务落实到基层。企业、农村、机关、学校、部队、社区的基层党组织，要积极开展各种形式的创建学习型党组织活动"。2014年5月，中共中央办公厅《关于加强基层服务型党组织建设的意见》中强调"建设骨干队伍。加强基层党组织领导班子特别是书记队伍建设，创新选拔培养机制。"2017年6月，《中共中央　国务院关于加强和完善城乡社区治理的意见》指出"将社区工作者队伍建设纳入地方人才发展规划，地方要结合实际制定社区工作者队伍发展专项规划和社区工作者管理办法，把城乡社区党组织、基层群众性自治组织成员以及其他社区专职工作人员纳入社区工作者队伍统筹管理，建设一支素质优良的专业化社区工作者队伍。"2019年5月，中共中央办公厅印发的《关于加强和改进城市基层党的建设工作的意见》中指出："结合机构改革强化力量配备，在编制、职数、待遇等方面加大对街道社区的政策倾斜力度，形成在基层集聚人才、在一线创业成长的鲜明导向。"① 更加注重吸引一批政治觉悟高、热爱社区事业、热心服务群众、具有一定专业素养的人才到社区工作，同时，加大从优秀社区工作者中招录（聘）公务员或事业单位工作人员、选拔街道干部的力度，建立正向激励机制。可以看出，党在人才队伍建设方面坚持人才集聚兼顾激励培养的结合模式，从而促进城市基层党建的专业化和永续发展。

第五，"信息化"党建的创新举措在于推进"互联网＋党建"建设。信息化建设一直是党和国家的重点建设工作之一，2010年11月，中共中央办公厅、国务院办公厅印发的《关于加强和改进城市社区居民委员会建设工作的意见》中指出，"积极推进社区信息化建设。整合社区现有信息网络资源，鼓励建立覆盖区（县、市）或更大范围的社区综合信息管理和服务平台，实现数据一次收集、资源多方共享。"2015年7月，民政部、中央组织部印发的《关于进一步开展社区减负工作的通知》强调"加快社区公共服务综合信息平台建设，逐步实现社区公共服务事项的一站式受理、全人群覆盖、全口径集成和全区域通办"。2017年6月，《中共中央 国务院关于加强和完善城乡社区治理的意见》中强调加强"互联网＋政务服务"相关重点工程、实施"互联网＋社区"行动计划、发展社区电子商务、"按照分级分类推进新型智慧城市建设"等要求。2019年5月，中共中央办公厅《关于加强和改进城市基层党的建设工作的意见》指示："整合各级党建信息平台与政务信息平台、城市管理服务平台等，实现多网合一、互联互通，促进党建工作与社会管理服务深度融合。推广'互联网＋党建'、'智慧党建'等做法，利用大数据做好党建工作分析研判，利用微信、微博、移动客户端等新媒体，丰富党建工作内容和形式，巩固和扩大党的网上阵地。"② 可以看出，党和国家在探索"信息化"党建的过程中，逐渐开辟了"互联网＋党建"的创新路径，大幅提升了管理效能与公共服务的供给能力。

---

① 《关于加强和改进城市基层党的建设工作的意见》，人民出版社2019年版，第14页。
② 《关于加强和改进城市基层党的建设工作的意见》，人民出版社2019年版，第9页。

二 研究背景

目前已有的对党建引领社区治理的相关研究，主要集中在对社区党建的内涵分析、对党建引领社区治理的逻辑机制和作用研究、对党建引领社区治理具体实现路径的描述分析三个方面。

（一）对社区党建内涵的分析研究

学界目前尚未形成明确统一的定义，但研究者们普遍认可党建引领城市社区发展治理的重要作用，如汪碧刚提到："在我国，社区治理离不开中国共产党的引领。"[①] 林尚立着重从党建对社区建设和社会治理的功能来定义社区党建，认为社区党建的具体内涵和目标指向应该是："巩固党的基层组织，改善党的基层组织的活动方式，强化党对社区活动和社区建设的主导，密切党与社会、党与人民群众的联系，构建党的领导和执政的广泛的社会基础，提高党组织整合社会的能力。"[②] 金桥着重分析了社区党建的结构要素，认为："社区党建是党的基层组织建设中的一个组成部分，具体包括街道、居民区、乡、镇、村的党的建设。"[③] 从社区党建的意义和作用来说，李威利指出，社会转型背景下，形成了服务型党组织建设、区域化党建、网格党建和枢纽型党建四大基层党建工作机制，在服务群众、引领参与社会治理和提升城市治理水平方面发挥了积极作用[④]；李永胜等分析了基层党组织在城市社区治理中的"政治领导、利益协调、社会整合、文化导向和服务保障"五大功能[⑤]。曹海军也提出，党组织作为社区治理和服务的主心骨，在社区治理中发挥着"一核多元"和"一核多能"的治理核心作用和多重服务功能。[⑥] 夏艺铭等认为基层党建能够通过强化

[①] 汪碧刚主编：《共建共治共享——2017 中国智慧社区发展报告》，中国社会出版社 2018 年版。
[②] 林尚立：《合理的定位：社区党建中的理论问题》，《探索与争鸣》2000 年第 11 期。
[③] 金桥：《社区党建中的新型组织策略》，《社会主义研究》2007 年第 2 期。
[④] 李威利：《从基层重塑政ževěk：改革开放以来城市基层党建形态的发展》，《社会主义研究》2019 年第 5 期。
[⑤] 李永胜、张玉容：《基层党建在城市社区治理中的作用、问题及创新研究》，《西北大学学报》（哲学社会科学版）2020 年第 5 期。
[⑥] 沈跃春：《以社区党建创新为引领 推进社区治理现代化》，《唯实》2014 年第 10 期。

基于政治连带的社区治理网络，建立党建统合下的多元协商机制，促进社区协商的有效实施进而促进社区善治。① 由此可见，学界通过分析基层党组织和社区治理二者的相互作用关系，从应然角度论证了党建引领的现实可能性和必要性。

（二）对党建引领社区治理的逻辑机制和作用研究

张含英提出，"党建+"是能够实现社区共建共治共享发展的有效模式，基层党组织作为社区治理多元主体之一，它的引领能够成为社区实现创新发展的关键。② 此外，有关学者运用了嵌入理论作为分析框架，阐释了在社区治理这个空间场域，社区通过将党建引领与社区治理互嵌，为社区的社会力量赋权，社区的治理力量从而得以凝聚。③ 如王东杰等学者认为以党组织为轴心的社区治理实现了治理下移，从结构、功能、关系和认知四个维度嵌入进社区治理之中。④ 王浦劬等分析了基层党组织的"权力结构的一体化运作""党建元素的标识性感召"和"党群动员的人格化示范"三重治理权威塑造机制，论证了这种"嵌入式自主"的扎根状态，有效提升了治理权能、增强了居民的政治认同。⑤ 也有学者提出，政党嵌入社区要实现高效党建引领，要注意遵循社区自主性原则，根据社区居民的需求和参与程度开展"因势利导"工作。⑥

（三）对党建引领社区治理的实现路径和应用模式研究

郭彩琴等以党建引领社区志愿服务为例，提出构建党建引领、重心下沉的全嵌入治理模式。⑦ 陈友华强调在现代社区治理中，党建引领主要体

---

① 曹海军：《党建引领下的社区治理和服务创新》，《政治学研究》2018年第1期。
② 张含英：《以"党建+"模式实现社区治理创新发展》，《魅力中国》2019年第17期。
③ 彭小兵、李文静：《赋权：党建引领与社会工作互嵌的社区治理探索——基于重庆市T社区的实践》，《社会工作》2020年第2期。
④ 王东杰、谢川豫：《多重嵌入：党建引领城市社区治理的实践机制——以A省T社区为例》，《天津行政学院学报》2020年第6期。
⑤ 王浦劬、汤彬：《基层党组织治理权威塑造机制研究——基于T市B区社区党组织治理经验的分析》，《管理世界》2020年第6期。
⑥ 伍玉振：《新时代党建引领城市社区治理的内在逻辑与路径优化》，《中共福建省委党校（福建行政学院）学报》2020年第5期。
⑦ 郭彩琴、张瑾：《"党建引领"型城市社区志愿服务创新探索：理念、逻辑与路径》，《苏州大学学报》（哲学社会科学版）2019年第3期。

现在思想、组织和行动层面上,思想上做到价值引领,把握正确的政治方向,始终坚持党的领导;组织上搭建组织架构,坚持党在基层治理中的领导核心地位,发挥党总揽全局、协调各方的作用;行动上率先垂范,实现党领导下的政府治理和社会调节、居民自治良性互动,全面提升基层治理法治化、组织化、科学化和精细化水平。① 在各地形成的应用模式上,成都市在党建引领社区治理的实践中,积极探索"授权赋能型"城市社区治理体系②,形成"社区在大门外"的新治理模式以及院落(小区)自治和社区信托等实践探索经验。③ 刘小钧等介绍了南昌市在党委领导下的社区"党建+"工作体系的基本内容。④ 师林等介绍了天津市强化基层党组织建设,推动治理重心下沉的"战区制、主官上、权下放"党建引领社区治理模式。⑤

目前已有的文献研究在社区党建的内涵分析、党建引领社区治理的机制作用以及党建引领社区治理的具体实现路径等方面提供了较为丰富的理论资源,开辟了创新性的分析视角。然而,在已有的理论和实践层面的分析中,在一定程度上存在将"城市基层党建"和"党建引领城市基层社会治理"混淆讨论的现象。如一些学者所指出,⑥ 城市基层党建研究更多应侧重于对党组织自身的政治建设、组织建设和纪律建设等方面的讨论;而党建引领城市基层治理研究则更应聚焦于党组织引领治理的衔接机制和具体组织架构的"结构—功能"调适。概括现有研究材料来说,以"党建引领基层社会治理"为专门研究对象的文献相对匮乏,尤其是对"城市基层

---

① 陈友华:《社区治理中的党建引领》,《唯实》2019年第2期。
② 姜晓萍、田昭:《授权赋能:党建引领城市社区治理的新样本》,《中共中央党校(国家行政学院)学报》2019年第5期。
③ 李威利、马梦岑:《党建赋能的城市社区发展治理:成都经验》,《华东理工大学学报》(社会科学版)2020年第5期。
④ 刘小钧、张艳国:《城市社区建设与治理"党建+"实现路径研究——以江西省南昌市社区为例》,《江西师范大学学报》(哲学社会科学版)2020年第1期。
⑤ 陈毅、阚淑锦:《党建引领社区治理:三种类型的分析及其优化——基于上海市的调查》,《探索》2019年第6期。
⑥ 潘博:《党建引领城市基层社会治理的运作逻辑与实践路径研究》,吉林大学,博士学位论文,2020年。

社会的治理逻辑"这一关键性要件的探讨相对缺失,导致既有研究在党建引领所要面临的治理情境层面上尚有深入挖掘的空间,包括"党建引领"所必须考量的治理结构、衔接机制和治理目标等内容。因此,新时代背景下"党建引领"所面临的治理情境和治理逻辑应当结合相关治理理论、在横向的比较视野中结合特定案例进行进一步探析。秉持"取其精华、去其'糟粕'"的辩证态度,诸多研究指出,通过汲取比较经验,将成都市党建引领城市基层社区治理模式的有益经验整合进以"党建引领"为核心的城市基层社会治理路径之中,对于推动特大城市社区的发展治理方式转变、实现特大城市治理体系和治理能力现代化具有非常重要的理论和现实意义。[①]

第二节　成都市党建引领社区发展治理的历程

一　发展历程与政策变迁

在国家宏观经济政策的指导下,成都市积极推进基层社会治理的理论和实践创新。

党的十八大之前,成都市贯彻落实国家制度,建立和巩固城乡基层政权组织,在城市和农村分别成立了街道办事处和乡镇人民政府,在城市实行单位—街居制双轨管理,在农村实行"三级所有、队为基础"的生产管理体制。成都市于20世纪80年代末90年代初开始推进社区服务和社区建设工作,2001年,《中共成都市委、成都市人民政府关于加强城市社区建设的意见》等系列文件出台,着力在政策、资金、人力等方面对社区建设予以大力支持和投入,迅速完成了社区区划调整、机构设置、组织建设、人员配备、设施建设等软硬件建设,标志着成都市全面

---

① 参见谢培丽《成都市构建城市大党建工作格局的实践与启示》,《中共成都市委党校学报》2019年第6期;胡元坤《党建引领城乡社区发展治理的成都实践》,《国家治理》2019年第15期;姜晓萍、田昭《授权赋能:党建引领城市社区治理的新样本》,《中共中央党校(国家行政学院)学报》2019年第5期。

启动社区建设工作。① 在建设和谐社会的要求下，成都市开始大力探索以还权赋能、民主议事为特征的基层治理机制创新。2003年起，成都市通过不断完善城乡基层社会治理体系等一系列改革探索，推进城乡一体化发展。2007年，成都市被批准为全国"统筹城乡综合配套改革试验区"，在城市社区开展了以还权、赋能、归位为核心理念的治理机制创新。此外，成都市开始推进城乡公共服务均等化发展，于2009年发布《成都市公共服务和社会管理村级专项资金管理办法》，首次明确规定市、县两级财政每年向全市范围内建制村、涉农社区提供不少于20万元的公共服务专项资金，并在之后逐步扩展至城市社区。城乡社区公共服务资金在基层新型治理机制框架下，采取民主参与、民主决策、社会供给、民主管理、民主监督的专项使用机制，在提高城乡居民社区参与能力的同时，极大提升了基层民生服务质量。

党的十八大以来，在全面深化改革的背景下，成都市也开始步入基层社会治理的全面优化提升阶段。在促进国家治理体系和治理能力现代化这一总体方针的指引下，成都市将改革发展的重点由统筹城乡转向特大城市的现代化治理，通过不断优化社政关系，培育多元社会治理主体，持续发力社区建设，基本建立了现代基层社会治理结构、形成了城乡基层社会善治格局：一是完善公共财政和基层培训制度，为基层社会赋能；二是理顺政社关系，推进村（社区）减负归位；三是创新"三社联动"治理机制，开展社区总体建设行动；四是创新体制机制，成立城乡社区发展治理委员会，将城乡社区发展治理上升为全市重大发展战略。

二 成都市党建引领社区发展治理的主要举措

党的十八大以来，成都市按照国家治理体系和治理能力现代化的根本要求，在基层治理的长期实践中，加强和坚持党对基层治理工作的全面领导，以体制创新为突破，以基层党建为统揽，以增进民生为取向，以城乡社区为场域，以共建共治共享为路径，构建起整体谋划、系统推进的党建

---

① 王健：《社会服务社会化体系建设研究》，四川出版集团巴蜀书社2008年版。

引领基层治理工作体系。以建设城市治理现代化的示范区为目标，着眼巩固党在城市的执政根基、增进城市民生福祉、增强城市治理效能，将基层治理工作上升到城市总体战略来部署推进。从创新党领导基层治理体制机制入手，系统性整体性推进党建引领社区发展治理改革，取得了显著成效，形成了具有成都特色的基层社会治理经验。

（一）构建党委统揽高效协同的组织领导体系

在创新党委领导体制方面，成都市在市、县两级建立议事协调机构，代表党委统筹领导和协调推进基层治理工作。在市、县两级独立设置了城乡社区发展治理委员会，作为党委专责工作部门，履行"顶层设计、统筹协调、整合资源、重点突破、监督落实"职责；在优化基层治理职能方面，纵深推进街道职能转变和社区减负提能改革，赋予街道"五权"，建立社区工作事项准入制度，让街道突出公共服务和社会管理主责、社区回归组织发动和服务群众主业；在健全工作推进机制方面，建立市、区（市）县、镇（街道）、村（社区）四级党组织书记抓基层治理责任制，完善年度工作要点和任务清单管理制度，履职情况纳入目标考核、政绩考核和基层党建工作述职评议，确保市委决策部署落地见效。

（二）构建系统完备支持有力的规划政策体系

在规划先行方面，成都市编制了全国首个社区发展治理总体规划，配套公园社区、国际化社区、社区商业、智慧小区等10余个专项导则。在全国省会及副省级城市中，成都首个发布了以推进基层治理现代化为主要内容的城乡社区发展治理"十四五"规划；在配套政策完善方面，出台了"社区发展治理30条"作为纲领性文件，并制定了镇（街道）职能转变、村（社区）减负提能等6个重点领域支撑性文件和50余项操作性文件，构建起衔接高效、规范有序的"1+6+N"政策体系；在法治保障方面，颁布了全国首部《社区发展治理促进条例》，从地方性法规明确了社区发展治理的基本定义：在中国共产党的领导下，坚持以人民为中心的发展思想，坚持将发展与治理一体推进，以城乡社区为基本单元，统筹自治、法治、德治，通过体制机制创新，整合政府、市场、社会等各方资源力量，组织发动居民和其他各类主体广泛参与，建设人人有责、人人尽责、人人享有的社会治理共同体，协调推进高质量发展、高效能治理、高品质生活，实现城市共建共治共享的活动。核心在于明确党委统筹领导社区发展治理的工作责任，界定了行业部门、基层政府、群众性自治组织的权责关系，推动党建引领基层治理从经验之治走向规则之治。

（三）构建党建引领共建共享的社区治理体系

在创新党建引领路径方面，推广社区党建"五线工作法"、小区党建"五步工作法"，实施党建引领居民小区治理"四有一化"攻坚，创新党建引领"微网实格"治理机制，以30—50户居民为单位设置微网格，通过划细网格配齐力量、做实治理，有效提升基层对居民诉求和突发事件的响应处置能力，打通基层治理的"最后一公里"；在强化自治法治德治方面，在全国首创基层党组织领导的村（居）民议事会制度，深化"诉源治理"改革，开展"在社区·爱成都"社区志愿服务活动，形成以自治为基础、法治为保障、德治为支撑的新型基层治理格局；在推动共建共治共享方面，创新社会协同、群众参与基层治理的组织形式和制度化渠道，建立社区发展治理机会清单发布制度，引导237万名志愿者、1.3万家社会组织在社区提供服务，3.2万个机关企事业单位、"两新"组织与社区组织联建、利益联结、资源共享。①

（四）构建需求导向精准高效的服务供给体系

在科学布局服务阵地方面，根据人口结构、出行规律合理确定服务半径，规划建设217个社区综合体、3044个社区党群服务中心、2354个小区（楼宇）党群服务站，在全国率先实施党群服务中心"亲民化改造"，初步形成便捷可达的社区综合服务圈；在精准配置服务功能方面，分类制定三级社区服务载体功能设置导则，集成提供社区养老、社区医疗等100余项民生服务，差异配置托幼养老、日常维修等高频生活性服务，初步形成涵盖公共服务、生活服务、商业服务的社区服务供给链；在创新数字服务载体方面，开发上线"天府市民云"App，集成市县两级民生保障、交通出

---

① 此节所采用数据，如非单独标注，均来自中共成都市委城乡社区发展委员会2023年8月17日部门座谈会中的工作总结。

行、便民缴费、创业就业、信息查询等725项便民服务，注册用户达1064万人，累计服务市民超4亿人次。

(五) 构建要素集成科技赋能的支撑保障体系

在强化基层资金保障方面，建立保障与激励双轨并行的社区专项经费制度，每年为村（社区）拨付17.7亿元资金，鼓励社会力量组建社区基金会8家、成立社区微基金700余支，募集社会资本超1.06亿元，让社区有资源有能力服务居民；在强化人才队伍建设方面，推动社区工作者职业化发展、专业化培养，创建社区专职工作者统筹管理、职业化岗位薪酬和职业资格补贴等制度，全市2.6万名社区工作者进入职业化体系，薪酬较职业化前增长100%；在强化智慧手段运用方面，融入智慧蓉城整体架构，创新打造智慧社区治理生态，建设智慧社区主题数据库和综合信息平台，归集人口数据2473万条，开发具备信息处理和实时调度功能的"数据驾驶舱"，构建社区治理、社区服务、社区安全、社区发展、社区党建5大版块的N类智慧应用场景，初步实现基层治理线上线下联动、服务管理同步。

第三节 成都市党建引领社区发展治理的成效与经验

成都市经过深入开展基层探索实践，党建引领城市社区发展治理的理念深入人心、制度机制日趋成熟、实践成果推陈出新，在体制层面构建了党委统揽、协同联动的工作格局，在机制层面破解了职责分散、各自为政的现实难题，在实践层面有效推动了基层治理提能提效、民生服务精准精细、基层党建有形可感、城市战略落地见实等内容。

一 党建引领社区推进职能转变，构建社区治理发展新机制

传统基层治理往往存在条块分割、权责失衡的难题，尤其表现在社区日益"行政化"，其行政摊派事务多、盖章证明多、指标任务重。中共成都市委第十三届四次全会暨市委经济工作会议提出：必须始终坚持以新发展理念统领城市工作全局，要坚定不移地推进城市发展理念、经济工作组

织方式、社会治理体系和领导工作方式创新。成都市将理顺基层政府和社区自治组织关系作为突破口，推动街道职能改革，普遍推行社区公共服务事项准入制度、政府购买公共服务制度，推进社区发展治理机制改革。

成都市武侯区作为四个街道职能改革的试点区（市）县之一，以"社会治理的核心是人，重心在基层，关键是体制机制"为导向，突出党建引领，着力构建"网格立体化、主体多元化、服务社会化"的社区发展治理新机制。同时，积极推动政府行政管理、公共服务与多元共治有效衔接和良性互动，推动社会治理和服务重心向基层下移，优化公共服务供给模式，提升公共服务质量，有效满足人民群众多元化需求。

武侯区的社区治理机制改革推出后，要求下沉到社区的139项公共服务事项（2017年后调整为114项，包含低保、老龄、计生、住房保障等政务服务工作）通过购买服务的方式，交由社会力量来负责执行。在党建引领下，"社区两委的手空出来了"，基层治理效能进一步提升。社区工作按照网格化、精细化、责任化的要求，在内部管理上按照社会组织项目化的运作思路执行，将工作人员进行网格化加项目化的分工，实现了"条块"的结合，从而避免了条线上只能找到某一个人负责的尴尬困境，确保"有人干、专职干"。对社区网格人员实行责任分工，运行机制更加科学高效，也有效地避免了被"行政化"的趋势。此外，发挥社区网格优势，梳理归类群众需求并有序解决，实行上门服务、代理服务、一站式服务。如簧门街社区通过建立居民商家产业联盟，搭建"1+5+N"便民生活服务平台，引进"菜宅送"24小时电子菜市、"享修"等一键式的上门服务企业，提供"线上面对面、线下门对门"高质量消费服务、便民服务和政务服务。同时，通过政府购买服务，让专职社工指导社区文化活动开展，满足了社区群众对社区文化精神家园的更高需求。在此基础上，武侯区的社会组织也逐渐趋向多元化发展。一方面，大量武侯区以外的社会组织开始承接被转移出的公共服务；另一方面，如果剥离出的事项没有找到合适的社会组织承接，武侯区的社区两委可以自发成立社会组织，从而使得本土社会组织得到了快速的发展。

我们把139项工作全部交由社会组织承担,腾出了社区两委的手,我觉得这个应该是社区里面非常重大的机制改革。现在我们前台都不是社区工作者,都是社会组织工作者,他们做什么?139项公共服务工作。只要是不需要裁量,老百姓拿着相关资料来,他们就可以给他办事了。需要裁量的、需要去考虑的、需要去研究的、研判的还是放在社区。那么社区空出手来可以做多少事?第一牢牢抓党建、第二抓居民自治、第三大力引进社会组织和社区企业……①

二 党建引领社区优化组织架构,推行"网格+党建"新模式

随着城市治理中的"大党建"格局日益形成,党员作用发挥、党组织对党员的高效管理以及密切党群关系的要求日益明显。因而,新的发展形势要求基层党组织进一步优化组织架构,坚持党建引领,联结辖区各单位、各行业、各领域党组织,优化基层党建架构、健全联合党组织、完善多方参与平台,建立起以社区党委为核心,网格党支部、院落党小组和驻区单位党组织、"两新"组织党组织为成员的纵横格局新型党组织架构。

首先,积极推行"网格+党建"的工作模式,将驻区单位党组织和"两新"党组织全部下沉到社区并编制网格党支部,充分发挥其行业、专业、技术优势,实现了党组织、党员联系服务群众常态化、长效化。同时,将未成立党组织的"两新"组织零散党员纳入网格党支部进行管理、开展活动,实现党组织生活全覆盖。充分发挥社区党委在社区治理中的"穿针引线"作用,打破"条块分割"格局,将原本分散、多元的城市要素纳入基层治理框架,把具备不同价值取向的多元主体凝聚起来,把党的政治优势和组织优势转化为社区发展治理的优势,构建城市基层党建互联互动新格局。一是组织联建,变"单打独斗"为"整体作战"。推行区域化党建联席会制度。整合优化辖区内党建资源,吸纳驻区单位、"两新"党组织为成员单位,通过设岗定责共商共推党建工作,组建"两新"组织联合党组织。成立非公企业和社会组织联合党支部,以"再组织化"的形

---

① 引自2022年8月对成都市武侯区A社区支部书记的访谈记录。

式把游离于社区管理外的"两新"组织"黏合"到社区,每季度召开联席会议,研究解决党建问题。采取"项目制"方式,搭建党群共建平台;二是责任联结,变"情感维系"为"主动担责"。以满足群众需求为导向、以加强服务内容供给为目标,拓展民众急需的多元服务,打造有温度的基层党建。推进社区与驻区单位"契约化"共建,常态化开展共驻共建活动。如簧门街社区发挥属地资源优势,与华西医院签订共建协议,每月开展义诊服务并提供共享车位500余个,有效缓解"就医难""停车难"问题;玉林北路社区联合辖区内电力公司党员服务队,打造品牌项目"照亮回家的路",有效解决了老旧小区的"黑楼道问题"。同时,坚持问题导向,以线上线下相结合的方式,提供个性化、品质化以及兴趣化等多样便民服务。建立群众需求、辖区资源和服务项目"三张清单",通过"互联网+双报到"、党建联席会等渠道,组织动员驻区党组织和党员认领项目,更好地服务居民群众。

其次,通过搭建党员教育管理、党员服务群众平台,推动和促进党员在基层治理实践中充分发挥主体作用、先锋作用和模范作用。从根本上来说,党组织与党员是"一体两面"的关系,加强党员管理的直接目标是增强党组织的先进性与战斗力,党组织的有效管理也能够更好地发挥党员先锋模范作用。如今,城市基层党组织对培养高素质党员队伍建设要求的紧迫性日益增加,建设一支高素质、专业化的党员干部队伍是实现城市基层治理(尤其是特大城市的现代化治理)的组织保证,不仅需要在基层党组织全面规划党员队伍建设工作,更重要的是在基层治理实践中将管理服务、学习教育、群众反响以及治理效能等综合考量,甚至在风险控制和处理方面(如抗击新冠疫情、处理重大突发公共事件等)对党员干部的素质能力进行甄别和考核。在"两学一做"的落实方面,新冠疫情下社区多采用灵活的现场听课和网上授课联动的方式,搭建社区党建线上平台,广泛开展"微党课"宣讲党的会议精神、习近平总书记系列重要讲话精神,使党员干部学习和教育灵活对接。"微网实格"的推行,更大程度提高了社区的工作效率,而在具体操作上,不同背景的社区采取了不同的具体策略。对于人员结构相对复杂的、以商品房为主的社区来说,"微网实格"

使得社区工作更易落地、更具实际操作性：

> 像我们几乎99%的党员，我都是有微信有电话的，他有什么事情就直接找我，我们这边直接给他处理……其实相对来说就是让所有的居民来找你，还不如让党员找你对不对？我们社区里面都是商品房小区，从前我们一个网格员基本上是（负责）一个小区，一个小区大的有2600户，我们设立了两个网格员在负责，相当于一个人1300户。主要是由于小区状况不一样，有大的小区，也有小的小区。也不能一人100户，然后他们自己去分，那个就没办法管理，所以大部分还是按小区来划分。所以有些网格可能就是800户，有些网格就1300户。我们专职网格员一个人面对1000多户的人，说实话你让他做人员信息排查，他一个月去各家一次他都爬不过来，你一天走100户你也走不了噻。我们现在正在重新划分微网格，就是一个人只负责那么50户或者100户，这样范围就小多了，喊一声每个人都能答应。你让网格员掌握最多100户，他就能把每户都了解到，包括他家里有什么情况、有什么人、有没有残疾人、有没有精神病患者啊什么之类的，该登记就登记。[1]

而对于像武侯区内没有专职网格员的老旧社区来说，就需要更多地依靠社区的党员力量：

> 在高新或者是其他区，它是有专职的网格员，但武侯区由于购买了第三方服务（负责社区行政事务），它可能在财政上就没有能力再去专门聘请专职的网格员，推网格化就要考我们社区的手艺了。我们现在实行的叫"双网格"，分成了九个片区，我又把它划成七个网格，这样就是双网格，弥补了我没有专职网格员的情况。但我处理事情的速度仍然会很高效，因为我们会发动更多的小区居民骨干、楼栋组长

---

[1] 引自2022年8月对成都市新都区B社区支部副书记的访谈记录。

定位在微网格片区，比如说疫情来的时候，我们就要了解每一个家庭他到底居住了多少人、里面的人员情况是什么样。我们要基础清、基数清，到底我这一个院落住的一些什么人？有没有困难户？有没有困难家庭？有没有重病的人员？我们社区要掌握得清清楚楚的，用我们的楼栋组长、党员、积极分子去探索这一个微网实格，来做最精准的数据分析，我们要把这个架构做好。①

三　党建引领社区发展经营思维，创新"外部输血"为"自我造血"

市场经济的发展带动城市居民收入水平不断提高，与之同步的是居民对社区多元化、针对性服务需求的日益增加。但当前城市社区服务仍以政务服务为主，存在个性化、多元化服务相对缺乏的短板，城市居民日益增长的美好生活需要和不平衡不充分的发展之间的矛盾日益凸显。以融合发展思维创新社区发展治理逻辑，通过创办社区社会企业，以社区居委会和居民控股的方式，引入社会资本参与，统筹辖区各类资源，是补齐社区服务"最后一公里"短板、有效联结社会服务最末端和社区服务最前端的有益尝试。

2021年10月，成都市武侯区委社治委联合区委组织部、区民政局、区市场监管局制定了《武侯区关于培育发展社区社会企业的实施办法（试行）》，探索完善社区社会企业培育发展机制。实施一年来，逐步形成了可参考可借鉴的社区社会企业成长"武侯模式"，并被逐步推广到全市范围，调研中发现龙泉驿区五星社区也成立并开始运营自己的社区企业——五星启扬社区服务有限公司，通过充分挖掘在地文化，自主孵化"大面铺子"文创品牌，盘活辖区资源以更好地服务社区居民，拓宽居民增收新渠道。

社区社会企业是指在社区党组织引领下，由社区居委会作为基层群众自治组织特别法人全资成立，以解决社区问题、提升社区服务为目标，以创新商业模式开展经营管理，所得收益用于持续反哺社区、促进社区发展

---

① 引自2022年8月对成都市武侯区C社区支部书记的访谈记录。

治理的特定经济组织。社区社会企业也要成立党支部，一般由社区支部书记兼任董事长，对项目开展进行过程指导，并在公司章程中明确公司党支部的地位和作用，确保公司党支部在决策层、监督层、执行层的有效作用发挥，为深化社区服务提供坚强的组织保障。社区社会企业具备"政治性""在地性""集体性"三大特征，其政治属性是指始终坚持基层党组织的领导，以服务居民、解决社区问题为使命，积极参与党建引领基层治理，助力社区可持续发展；其在地属性源于在地需求和资源的有机结合，针对在地市场空缺，为社区居民提供精准服务，有助于充分盘活社区资源，解决社区难题，服务社区居民；其集体属性是指依托于社区成立，可以认为是一种城镇集体经济的再造，并具有更强的社会属性，从而有助于持续赋能社区，撬动居民自治，促进社区减负，增强社区自我管理、自我服务、自我发展能力。

黉门街社区经居民代表大会决议通过，率先注册成立了成都黉门居民服务有限公司，由社区居委会控股，着力解决社区发展治理过程中社区服务对居民生活需求供给不平衡、不充分的问题。目标市场是当前商业企业不愿做、社会组织不专业的领域，旨在统筹辖区各类资源，运用市场手段解决社会问题，从而满足居民需求、带动社区就业，以补充政府对居民生活服务的缺口，而缺口领域在社区层面往往是非常具体而实际的问题，甚至包括帮助自理能力不足的老人洗澡、剪指甲等。黉门街社区的具体做法如下：

首先，创办社区服务有限公司，增强社区的"自我造血"功能。公司在弥补亏损和提取法定公积金后，所余税后利润，由股东按照实缴出资比例进行分配。其中，社区居委会持有大股份（51.1%）所得收益，根据居民代表大会决议，全部投入社区公益基金用于开展公益服务；此外，整合资源系统发展，联合都市阳光、新城建设等企业成立全国首个社会企业——四川黉门宜邻居民服务有限公司，由成都黉门居民服务有限公司控股（57%），各股东按持股比例分别在董事会占一定席位，税后利润提取20%投入社区公益基金。同时，积极与社区能人合作服务项目，并向居民开放股份认购渠道，让居民从被动接受服务的末端转变为参与服务的前端，作为服务的获得者并且作为服务的提供者和参与者，增强居民的共建共治共享意识。

其次，在社区社会企业内成立党支部，以党建引领社区治理工作效率。在党支部的带领下，开展"乐邻康养中心""健康管理中心""小柏家护"等服务，有效改善社区专业化养老服务不足现状；开发"奶奶名厨"送餐入户项目，成为全国的模范经验；通过众筹方式打造簧门里特色街区市集，帮助居民在自家楼下就业创业。

再次，设立簧门街社区公益基金，反哺社区居民。基金来源主要是社区社会企业盈利（20%），此外还有企业捐赠、社区爱心人士捐赠、网络筹集善款、社区义卖活动收益等。用于支持社区开展扶贫帮困、助老助残、社区居民及子女教育等公益项目，形成服务居民需求的"源头活水"。

最后，严守规章制度，促进社区企业健康长足发展。一是建立资金监管制度，在社区居委会中设立社区监督委员会，由社区纪委成员和居民代表组成，专门对社区居委会依法取得的股份收益资金进行监管；二是通过居民代表大会的方式，在"居民公约""居民议事会议事规则"等社区自治性管理规约中明确社区股份收益的使用权、用途、监管和定期公示制度；三是加大社区信息公开力度，实现社区财务信息、公司企务信息、居委会居务信息"三公开"。对于社区工作人员在社区社会企业的兼职及收入问题，成都市城乡社区发展治理工作领导小组印发《深化城乡社区减负提能增效的若干措施》，明确社区两委成员可以担任社区社会企业法定代表人，同时可领取不超过其在社区总收入的奖酬。

四 党建引领社区推行服务联做，搭建"互联网+双报到"新平台

党员"双报到"是指机关（部门或企事业单位）的党员，其组织关系在机关（部门或企事业单位），同时又在其家庭所在地的社区党组织"报到"，由社区党组织登记在册。这样，党员既可以在所在工作单位的党组织内参加党的活动，又可以参加社区党组织开展的有关活动，发挥其应有作用。党组织和党员个人通过"双报到"进入社区联系服务群众，是落实全面从严治党要求、加强作风建设和基层党建工作的重

要手段。① 近年来，随着城市化进程日益加快，党员居住范围趋于分散，传统"面对面+点对点"的"双报到"模式对接困难、手段烦琐、服务群众落地难、群众认可度低等问题日益凸显，提升"双报到"的便捷性、积极性、互动性、实效性成为基层党建引领社区治理发展的紧迫问题。

移动互联网技术的全面普及，为"互联网+双报到"提供了技术支撑。2015年7月，国务院出台《关于积极推进"互联网+"行动的指导意见》，对互联网与经济社会融合发展做出重大战略部署和顶层设计，提出要加快推动互联网创新成果与经济社会各领域深度融合，推动技术进步、效率提升和组织变革。成都市响应要求，近年来大力开展"智慧城市"建设，成果显著。此外，近年来党员队伍的年龄结构趋于年轻化、学历结构趋于优化，为"互联网+双报到"提供了现实可能。

按照"网络化覆盖、互动式参与、规范化运行"的工作思路，武侯区玉林街道玉林北路社区率先探索形成了"互联网+双报到"工作模式，其有益经验已开始向全市范围内的其他社区推广。玉林北路社区是一个典型的老旧社区，现有人口1.8万余人。社区党委下设9个党支部，自有党员370名，另接收"双报到"党员300余名。党员背景多元复杂，按照传统手段难以有效管理。玉林北路社区将网络新媒体与"双报到"党员志愿服务创新性结合，构建"征集、接单、服务、评价、反馈"的闭合式网络平台，形成了"1（互联网）+7（七大类需求）+N（N个服务小项目）"工作方法，把党组织和党员的力量与各种服务资源整合起来，做到报到党组织、党员可以"随时关注、随时参与、随时互动"，从而实现"线上认领、线下服务、网内互动、网外解决"，快速、有效地推动"双报到"服务项目具体落地，有效解决了传统"双报到"参与不便捷、服务不及时、效果不明显、运行难常态等瓶颈问题。

玉林北路社区的具体做法如下：

首先，依托互联网技术，搭建"双报到"载体。玉林北路社区党委

---

① 《探索实践"互联网+双报到"全面提升社区党建信息化水平》，人民网，2017年7月11日，http://dangjian.people.com.cn/n1/2017/0711/c406416-29397851.html，访问日期：2023年2月。

创新推出微信公众号、微信群、QQ 群、党建云平台、官方微博等新媒体平台，建立起了"互联网+双报到"工作新构架，有效提高了党组织、党员个人参与社区建设、服务居民群众的便捷性。一是合理设置报到流程，在微信公众号下设立"我要报到""项目公告""项目认领""报到日志"等 8 个栏目，机关党组织和党员只需登录平台填写相关信息，即可完成报到、志愿服务项目认领和社区活动参与的预约。二是及时开展交流讨论，党组织和党员个人可以通过微信群、QQ 群实时参与"双报到"相关专题讨论，社区党委也可以通过沟通平台规范引导各项活动，解答问题咨询，实现了社区党委与党组织、党员个人的紧密互动。三是及时进行信息传导，通过文字、图片、小视频、微电影等形式，解读党的政策，宣传"双报到"动态信息和鲜活典型，增强了党员、群众对"双报到"工作的了解。

其次，依托居民需求，确保"双报到"落地。社区党委实行线上线下摸需求、分析评估定项目，把居民需求细化为一个个具体的服务项目，通过"网络认领""实地认领"等方式，形成了"项目认领、义工服务、活动参与"三大类服务，让"群众需求"与"党员报到"形成闭合圈。一是开展项目认领，推行"菜单式"服务。搭建居民群众"点单"、党组织和党员"接单"的"订单式服务平台"，通过线上线下多渠道搜集民情民意，了解群众需求，社区定期梳理汇总形成服务项目，以菜单的形式呈现给报到党组织、报到党员个人，由报到党组织、报到党员个人"网上"自主选择。二是组织义工活动，推行"定制式"服务。发挥报到党组织、党员个人的专业、技术、所在工作单位资源优势，组建了法律维权、健康义诊、科普宣传等专业化的义工服务队，以预约服务、上门服务、定期服务等多种形式，帮助社区居民解决专业性较强的各类难题。三是参与社区建设，推行"组团式"服务。社区党委定期组织报到党组织、报到党员个人参与困难群众帮扶、人居环境美化、儿童托管等公益活动，形成"党员到社区，人人做公益"的良好氛围。

再次，依托机制创新，落实"双报到"实效。坚持过程服务与效果评价相统一的原则，"双报到一定要真报到"。通过强化监督管理、准确评价，及时反馈"双报到"工作成效，推动"双报到"工作深入开展。一是建立服务承诺机制。报到党组织和党员个人认领服务项目后，须签订项目责任书并进行公布，全程接受群众监督，真正让报到党组织、党员个人在服务居民的过程中把身份"亮"出来。二是建立责任联系机制。落实党建联席会制度，建立常态化的网络联席会，强化与驻区单位的沟通联络，利用互联网载体，将社区需求形成党建资源服务项目，使驻区单位及党员通过平台有效参与社区服务。

最后，依托社会资源，加强"正能量"传导。一是实行社会荣誉激励。根据报到党组织、报到党员个人认领项目的个数、参加服务、活动的次数，以及群众评价的分数等，累计形成"正能量值"，年底社区会将该数据反馈到其所在党组织，作为党员个人评优评先的重要依据。二是实行社会文化激励，报到党组织、报到党员个人可用志愿服务积分兑换公园景点、大型文艺演出和影剧院门票或其他奖品，变爱心奉献的"单向流动"为正能量的"双向循环"。如金牛区九里堤北路社区也建立了类似的激励机制，社区专门设立了兑换超市，报到党组织、报到党员个人可用志愿服务积分兑换所需生活用品及其他各类商品。三是实行服务储蓄激励。针对报到党组织、报到党员个人的爱心服务，社区党委采取"服务储蓄"的方式，让年轻党员、老年党员利用闲暇时间，为有困难的人群提供力所能及的爱心服务。当自己有困难需要帮助的时候，可以使用自己积累的志愿服务储蓄时间，兑取相应时间的服务。

"互联网+双报到"新模式推行以来，突破了服务群众的技术、空间、意识等的局限，实现了社区党建的"网络化覆盖、互动式参与、规范化运行"，把支部建在了网上。"互联网+双报到"模式是对传统的面对面、点对点的党组织和党员个人"双报到"模式的革新，党员只需在网上轻轻一点，几个步骤就完成了报到程序，从而增强了党员主动"亮身份"的意愿，大大缩短了报到时间，提高了报到的效率，党员的身份意识、宗旨意识、服务意识显著增强，基层党组织的战斗堡垒作用得到更好发挥。

我就是党员，你们有什么事情，邻居有什么事情可以来找我，我力所能及的、能帮助到你们的我绝对帮助。①

第四节　成都市党建引领社区发展治理的问题与建议

一　党员参与社区治理的积极性尚有不足

调研发现，社区普遍反映党员中离退休党员和流动党员比例较大，其中，离退休党员往往是社区开展党建工作的主力军，但他们对于创新社区发展和治理的想法相对守旧，对于如今推行使用的新型工作手段不了解、不熟悉；而流动党员中青年人的比例较大，改革社区发展的想法较多且符合时代发展要求，对现代各类新型工作手段运用熟练。但其流动性造成社区对这部分人员的管理难度较大，"无法强求他们参与社区党建活动"。

因而，要认识到基层社区党员教育的"双向性"。目前，"互联网＋双报到"的新模式还没有完全普及，对确实存在参与困难的党员，需要通过灵活调整时间和方式方法，比如合理使用线上会议、尽快完善"互联网＋双报到"平台建设等手段，避开工作日和工作时间开展社区党员教育。同时，在开展活动的内容方面，要充分重视接受党员们的反馈意见和态度，创新活动内容，使其变成有效激发社区党员自发参与的契机。正如很多社区支部书记反映的，"在大是大非面前不存在动员困难"，"疫情防控需要志愿者时报名的人都安排不过来"。因而，如何促进常态化的积极参与和良性互动是社区党建工作接下来需要着重思考和探索的问题。比如可以通过充分挖掘社区的有机性因素，包括家庭的代际关系和力量，夯实基层社会善治的社会性基础。高新区肖家河兴盛社区工作人员提到发动家中老人来给年轻人做工作的建议，也有社区支部书记分享了通过在周末筹办亲子活动的工作经验，"平时不怎么出现的党员自然就带着孩子参与社区活动了"。可以看出，这些做法都是充分利用了家庭这一珍贵的社会资源作为社区开展党建活动的重要抓手。

---

① 引自2022年8月对成都市武侯区C社区某党员的访谈记录。

二 社区融合发展的可复制性与可持续性建设仍有挑战

在商业性刺激下,一些社区依托在地资源优势,如武侯区黉门街社区依托华西医院独有的医疗资源优势,大面街道五星社区通过充分挖掘自身文化资源,有效联结各方优势,在经济发展中实现了社区的融合发展,居民通过实实在在享受到了经济红利、品质服务的同时对社区参与的积极性大大增强,社区的凝聚力从而得以提升。然而该模式显然无法适用于所有社区,因为一些社区即使试图尝试从市场的逻辑来融合发展、解决自身问题,往往也会因社区背景复杂、缺乏在地资源、运营资本不足等短板而丧失可持续性。部分社区的经营发展路径甚至很大程度依赖主持工作的社区支部书记的人格魅力和个人性格特质,如经营发展较为成功的黉门街社区、玉林北路社区的书记都是退役军人,如他们自己所描述,在部队的经历让他们"不怕人、不怕事",即使经历了挫折也会"从哪跌倒从哪爬起来",这种主观因素的促进作用是难以广泛复制的。融合发展的可持续性同样也受到所在地区经济发展水平和政策支持的限制,如武侯区作为改革试点在资金和政策投入上支持力度较大,而有些地区的相关扶持政策相对较弱,未来的发展机会和资源却相对缺乏,稳步长足发展具有一定难度。由于政府提供的社区发展保障基金只能撬动一小部分社会力量的参与,一些社区还尝试通过众筹的方式引导居民的共建参与,但在缺乏文化积淀、成立时间较短、人员结构相对复杂、以商品房小区为主的社区实施起来存在困难。

因而,各社区一方面需要持续加强区域大党建联盟、党支部联建、商居联盟工作,广泛链接、落地资源;另一方面需要梳理自身发展的难点与困境,寻求政府的资金和政策支持。

三 参与社区发展治理的激励机制需要完善

成都市坚持"让社区工作者成为城市中受人尊重的职业"这一定位,近年来陆续出台《成都市社区专职工作者管理办法》及其配套薪酬管理文件《关于全市社区专职工作者职业化岗位薪酬体系的指导意见》,从相关定义、适用范围、配备方式、管理机制、培养发展、薪酬体系等方面建立起全周期管理体系，使社区专职工作者的进入、成长、发展和退出等各个环节都有章可循、有规可依。2022年，成都市正式印发《关于加强社会工作者职业体系建设的实施意见》，凸显专业发展导向、完善职能定位、拓展职业成长路径、丰富激励关怀制度，从而进一步激发了社区专职工作者的担当奉献意愿。如今，社区专职工作人员的收入和社会职业地位有所提高，对工作的满意度、认同感和归属感显著增强。

然而，调研发现，相较社区专职工作人员来说，参与社区发展治理的兼职聘用人员薪酬相对较低。目前，社区工作人员中，除了专职工作者外，基于工作需要，各社区还根据自身情况聘用了一些兼职人员，如负责表格信息调查和录入的"表哥""表姐"，"楼长""栋长"等。其中，社区专职工作者的薪酬按照《成都市社区专职工作者管理办法》等有关规定，由各区（市）县财政纳入员额控制管理并予以全额保障。具体数额由基本工资以及考核奖励两部分组成，并按照国家和成都市有关规定为这类人员缴纳社会保险费、住房公积金，并提供其他规定的各项福利待遇；社区外部聘用人员由于大多属于兼职性质，其收入更多是"津贴"，数额由各社区结合本区域实际情况，统筹考虑后进行合理确定。面对社区日益增加的多元化、针对性服务需求，这部分外聘人员已逐渐成为社区治理过程中的关键力量、承担了大量工作，但与之对应的，他们的收入相较专职人员来说较低，针对他们的津贴额度、福利待遇、人才培养和职业发展等方面的支持相对有限。因而，还需继续从精神和物质两个维度探索、完善针对参与社区治理主体的激励制度，如平衡好临时聘用人员的劳动付出与酬劳获取、发展聘用人员向专职工作者的转化机制，不断充实和扩大社区工作者的体量和质量。

此外，社区社会企业的发展困境需要关注。如上文提到社区社会企业在回应社区需求、盘活社区资源、实现"自我造血"等方面发挥了其特有作用。然而，需要考虑到社区社会企业仍是普通的市场主体，在缺乏在地资源、经营不善的情况下有可能面临亏损、破产的风险。在风险与回报不确定的前提下，一些两委成员对筹建社区社会企业的工作兴趣不足、主动性不强、积极性不高；而就其他管理人才的吸收和参与来讲，由于社会影响力相对较小、薪酬待遇和发展空间等相对有限，社区社会企业较难聘请到既有商业运作能力，又有社会使命感，还具备专业技能的高素质复合人才。因而，需要继续在政策制度上完善管理规范，激励有条件的社区在地培育发展社区社会企业，同时，探索建立适宜的容错机制，为社区的摸索尝试提供一定的兜底保障。当然，也需要进一步加强对社区两委在社区社会企业中资源调配、使用权力及奖酬获取等的监督，在激励的同时合理合规强化制度规范。

第五节　总结

中国共产党的领导是中国特色社会主义最本质的特征，"社区治理得好不好，关键在基层党组织、在广大党员，要把基层党组织这个战斗堡垒建得更强，发挥社区党员、干部先锋模范作用，健全基层党组织领导的基层群众自治机制，把社区工作做到位做到家，在办好一件件老百姓操心事、烦心事中提升群众获得感、幸福感、安全感"[①]。新时代以突出政治功能、强化政治引领为导向的基层党组织建设，是建立在对基层社会治理新形势新情况的研判和深刻思考基础上的，基层党组织作为党的"神经末梢"和"毛细血管"，加强社区基层党建对落实党在城市社区各项方针政策的引领作用，对强化社区建设，保障社会稳定，推动社会向前发展，都具有十分重要的意义。

成都市基层社会治理的实践发展历程表明，地方社会治理创新受到国家层面战略思想、政策规划的指引与规制，而地方社会治理的实践探索，很多时候也为国家层面的制度设计提供了鲜活的案例，有的治理经验甚至上升为政策法规被全面推广，这正是我们梳理研究成都市基层社会治理实践经验的原因和价值所在。在新发展阶段，随着人民群众对美好生活的需

---

① 中共中央党史和文献研究院编：《习近平关于城市工作论述摘编》，中央文献出版社2023年版，第14页。

求日益多样化，成都市把党建引领社区治理作为城市转型升级的着力点，首次在城市党委组织体系中确定一个综合部门，承担统揽统筹基层治理工作，强化了党对基层治理和民生工作的统一领导；抓住了"党组织有效发挥作用"这一关键环节，创新构建"一核三治、共建共治共享"基层治理机制，提升了基层党组织凝聚力、战斗力、向心力；围绕城市居民高品质生活诉求，鼓励社区发展融合发展思维推动市场化运作，发挥党建引领的体系优势，有效实现资源整合、力量聚合；通过精准、精细回应民生诉求，将城市发展成果转化为居民可感知、能受益的幸福体验和社会认同。成都的改革实践，丰富了党建引领基层治理的内涵和外延，推动夯实了特大城市发展治理经验的探索路径，开启了一条党建引领社区发展治理的创新之路，为促进基层治理能力与治理水平现代化提供了可复制和可推广的成都经验和成都方案。

第五章　成都市社区治理的场景营造

朱古月*

第一节　背景与文献

一　研究背景

（一）城市空间治理的政策与理论背景

党的二十大报告提出要"坚持人民城市人民建、人民城市为人民，提高城市规划、建设、治理水平，加快转变超大特大城市发展方式，实施城市更新行动，加强城市基础设施建设，打造宜居、韧性、智慧城市"[①]。近年来，为了有效治理错综复杂的城市空间问题，尤其是应对迅猛城镇化进程催生出的城中村、村居混合社区等城市社区空间的痼疾，以及推行大都市旧城更新、棚户区改造工程，国内政策也多措并举：不仅针对各类社会群体的社会需求，实施社区空间的适儿化[②]、适老化、老旧"三区一村"[③]等改造；还聚焦城市开发建设中各种资源环境承载力超载的问题，推行物理空间的存量用地集约利用、自然生态修复等举措[④]。这些人居环境建设

---

* 中国社会科学院中国式现代化研究院博士研究生，研究兴趣为基层社会治理、教育社会学。
① 《中国共产党第二十次全国代表大会文件汇编》，人民出版社2022年版，第27页。
② 推进城市公共空间适儿化改造，开展城市/社区空间儿童友好建设，参见《关于推进儿童友好城市建设的指导意见》。
③ "三区一村"改造是在老城区推进以老旧小区、老旧厂区、老旧街区、城中村等存量片区改造提升为主要内容的城市更新行动，参见《中华人民共和国国民经济和社会发展第十四个五年规划和2035年远景目标纲要》。
④ 为缓解"城市病"、提升人居环境的综合治理能力，出台的文件包括2019年《中共中央　国务院关于建立国土空间规划体系并监督实施的若干意见》、2021年中共中央办公厅、国务院办公厅印发的《关于推动城乡建设绿色发展的意见》等。

与空间整治的政策，旨在打造美好宜居的空间环境，来促进社区幸福生活的共同缔造。①

正是在城市发展时政和空间现实形势的诉求下，关于城市空间的经验研究近些年呈井喷式增长。空间作为一个重要的理论分析视角，在西方城市社会学研究传统中占据核心地位，以至于"城市社会理论一定要与城市和空间联系在一起"的观念挥之不去反而已成障碍②。而因为列斐伏尔根本扭转了社会理论重时间、轻空间的认知，掀起20世纪下半叶"空间转向"的思潮③，所以他的"空间生产"理论分析视角被国内社会学大量引介与广泛运用。相关实证研究普遍接受了列斐伏尔关于空间"生产转向"的研究前提，即把分析的关键从"空间中（事物）的生产"（production in space）转至"空间（本身）的生产"（production of space），以此解释我国城市空间建造或重构的治理现实。

（二）成都市场景建设的实践背景与阶段

成都市社区发展治理中的空间创新实践层出不穷，从产城融合的新型产业社区，到公园城市社区建设，再到社区旅游兴起……其中场景建设的空间思维一以贯之并不断拓展深化，具体呈现出三个推进阶段：

最初是在新经济范围内，成都市率先提出了"场景"。场景原指电影、戏剧中的场面，后被用于公共管理，并逐渐成为区域产业发展的关键词。2017年，成都为推动新经济发展，着力解决新技术、新业态、新模式落地应用的问题，在全国率先提出"城市场景"这一概念。当时成都提出构建服务实体经济、智慧城市建设、科技创新创业、人力资源协同、消费提档升级、绿色低碳发展、现代供应链创新的"七大应用场景"，以促进新技术推广应用、新业态衍生发展和新模式融合创新。虽然直到现今，国家大政方针对"场景"的规划论述仍主要停留在产业发展

---

① 参见2019年印发的《住房和城乡建设部关于在城乡人居环境建设和整治中开展美好环境与幸福生活共同缔造活动的指导意见》等。
② ［英］彼得·桑德斯：《社会理论和城市问题》，郭秋来译，江苏凤凰教育出版社2018年版，第二版序言。
③ ［法］亨利·列斐伏尔：《都市革命》，刘怀玉、张笑夷、郑劲超译，首都师范大学出版社2018年版。

上，例如《中华人民共和国国民经济和社会发展第十四个五年规划和2035年远景目标纲要》《国家中长期科技发展规划（2021—2035）》等提出要实施产业跨界融合示范工程，打造未来技术应用场景，加速形成若干未来产业，但是，成都已逐步将源于新经济的场景，探索运用到更多领域的创新实践中。

近年来，成都市突破新经济、新消费的应用场景，在社区发展治理、公园城市等更广阔的领域渐次展开场景建设。成都目前已完成从注重技术创新的新经济场景，向社区服务、天府文化、公园绿道等城市经济社会发展全方位各领域的场景扩散。成都市在延展场景建设的过程中，一是不断丰富完善场景概念内涵，市委、市政府在2022年1月出台的《关于以场景营城助推美丽宜居公园城市建设的实施意见》明确赋予"场景"成都释义："场景作为城市空间功能的重要载体，是城市资源要素有效汇聚、协同作用、价值创造的系统集成，是人们文化认同、美学价值、美好生活的关系网络，具有可识别、可策划、可体验、可消费、可投资、可运营的特征"；二是场景叠加与相互串联，打造一系列新场景，2021年成都市公园城市建设管理局发布《成都市美丽宜居公园城市建设条例》，条例提出营造6类公园场景。同年发布的《公园城市消费场景建设导则（试行）》，又对公园城市空间营建，"一场景一示范"地推出8个示范性消费场景和10个特色消费新场景，有机融合了公园场景与消费场景。而随着日后场景向整个市域整体推行，成都将以"生态、生产、生活、新经济、新消费"五大场景为统领构建城市空间的场景体系。

未来，成都市还将在智慧蓉城全面铺开场景营城，构建多维度多层次城市场景体系、促进实体与虚拟场景交融渗透。成都市印发的《成都市"十四五"新经济发展规划》和《中共成都市委成都市人民政府关于以场景营城助推美丽宜居公园城市建设的实施意见》都聚焦"筑景成势营城聚人"，提出深化完善"资源释放、创新研发、孵化试点、示范推广"的场景联动机制，打出"城市场景机会清单+创新应用实验室+城市未来场景实验+场景示范"组合拳，加快构建美好生活、智能生产、宜居生态、智慧治理四大城市场景体系。

二 文献回顾

(一) 城市"空间生产"的既有研究

我国城市空间建造的相关研究,从某种程度上,演绎了列斐伏尔的空间生产"三位一体辩证法"逻辑,遵循社会空间到物理空间的"空间生产"研究进路,解释了中国社会结构与变迁是如何作用于城市空间生产的:

一是在"空间的实践"上,相关研究在区分具有社会关系与社会资本属性的社会空间[①]、具有点线面几何特征的物理空间的基础上,紧扣住"空间生产"社会实践这一中间变量在社会空间至物理空间的关键地位。列斐伏尔的空间生产(巴黎等地的大规模城市改造)就是一种以空间为对象的社会实践[②],沿着实践逻辑的分析表明:中国城市各类社会行动者的主体实践,如边缘群体的参与式影像实践[③]、青年歌手街头驻唱的音乐实践[④]等新兴生活方式,都具有城市空间生产重塑的意义[⑤]。空间生产实践使社会空间和物理空间产生了辩证互作的关系。[⑥]

二是在"空间的表征"上,社会与社会空间外部力量的国家、市场之关系结构对物理空间的塑造[⑦]大致对应着空间的表征。即,政策话语、专业知识符号等契合国家权力和资本市场构想的抽象概念体系,支配了规划设计、秩序建构的空间生产过程。尤其是国内城市在新城土地开发、旧城改造更新等空间建设实践中,地方政府合谋开发商等市场力量形成强大的政商"增长联盟",会排挤社会力量对物理空间生产的权利,甚至能绕过

[①] 张鸿雁:《城市空间的社会与"城市文化资本"论——城市公共空间市民属性研究》,《城市问题》2005 年第 5 期。

[②] 刘少杰主编、程士强副主编:《以实践为基础的当代空间社会学》,《社会科学辑刊》2019 年第 1 期。

[③] 朱健刚、赵杰翔:《影像与城市边缘群体社会空间的生产——从视觉人类学的视角看城市社区中的参与式影像实践》,《民族艺术》2018 年第 3 期。

[④] 陆兵哲、刘能:《青年流浪歌手与城市空间再生产》,《青年研究》2021 年第 4 期。

[⑤] 张俊:《都市生活与城市空间关系的研究》,《同济大学学报》(社会科学版)2009 年第 20 期。

[⑥] 刘少杰:《西方空间社会学理论评析》,中国人民大学出版社 2020 年版,第 266 页。

[⑦] 潘泽泉、刘丽娟:《空间生产与重构:城市现代性与中国城市转型发展》,《学术研究》2019 年第 2 期。

社会而直接缔造出超大社区之类的巨型空间。①

三是在"表征的空间"上，社会内部阶层结构对物理空间的塑造②以及社会空间在被压制状态下的反抗潜能③大致对应着表征的空间。即，社会阶层具有差异化的空间"使用—体验"实践能力④，造就了城市物理空间"马赛克"式的碎片化生产和高度异质性结构⑤。一些城市居住者虽难以在空间生产中占据主导地位，却想象寻求改变并在日常经验生活里进行着生动多元的空间感知和使用。

可见，既有研究化用列斐伏尔的空间生产"三位一体辩证法"，卓有成效地揭示了中国社会空间内外部的国家、市场和社会多方主体，是如何围绕空间实践而辩证互动，最终影响塑造了国内城市物理空间的生产建设的。可是，社会空间塑造物理空间的路径观立足于空间的社会性⑥，所做的解释恐有两点疏漏。

第一点是列斐伏尔理论本身引起的重社会空间、轻物理空间的偏失：列斐伏尔认为物质自然空间已经无可挽回地消逝了，他把分析重心放在社会空间上，故空间总是社会（实践）的产物，而不是社会接受与转变自然空间的产物⑦。这使得社会空间塑造物理空间的国内研究多将社会空间视为"自变量"、把物理空间置于论证的从属位置，好似物质空间仅是机械地映射社会关系的容器装置，相对较少关注物理空间对社会空间发挥的反作用。

第二点是挪用列斐伏尔理论引起的适用性问题：列斐伏尔明确提醒我

---

① 吴晓林：《城中之城：超大社区的空间生产与治理风险》，《中国行政管理》2018年第9期。

② 龚维斌：《城市化：空间变化与社会重构》，《湖南社会科学》2012年第4期。

③ 黄晓星：《市民社会的"间隙生产"——南苑"社区代理权"系列诉讼的拓展分析》，《开放时代》2012年第5期；黄晓星：《"上下分合轨迹"：社区空间的生产——关于南苑肿瘤医院的抗争故事》，《社会学研究》2012年第1期。

④ 营立成：《作为社会学视角的空间：空间解释的面向与限度》，《社会学评论》2017年第6期；营立成：《迈向什么样的空间社会学——空间作为社会学对象的四种路径与反思》，《中国社会科学评价》2019年第1期。

⑤ ［英］艾伦·哈丁、泰尔加·布劳克兰德：《城市理论：对21世纪权力、城市和城市主义的批判性介绍》，王岩译，社会科学文献出版社2016年版，第117—120页。

⑥ 林聚任：《论空间的社会性——一个理论议题的探讨》，《开放时代》2015年第6期。

⑦ 包亚明：《现代性与空间的生产》，上海教育出版社2003年版，第48页。

们，空间是社会的产物、每种社会有自己的空间生产逻辑、特定社会生产方式或社会关系是一种特定的社会空间。① 因此已有研究将西方资本主义社会空间生产理论，如三位一体的概念，直接拿来分析转型期中国社会的复杂空间现实，如此不仅违背了该理论体系的原生逻辑，而且实际运用起来往往浮于表面。换句话说，虽然这一外来理论在演绎逻辑下对本土现实做出了不少启发性的解释，但是也存在西方空间理论同中国空间发展现实之间的矛盾分歧，无法弥补舶来理论水土不服的缺憾。

（二）社区空间场景建设的相关探究

社区物理空间的场景建设，究竟有着怎样的社会治理意义？刘中起、杨秀菊通过上海市凌云街道的"凌云生态·家"项目建设，发现城市社区空间的生态建设引起社区治理行动的变化，让社区从一个生活共同体演变成一种具有认同归属感、居民交流共商的信念共同体。② 因此，社区生态公共空间建设可以增强社区治理成效，其核心机制在于建立社区事务协商参与的多级公共空间，以实现基层群众自治。刘悦来等也认为上海社区花园空间景观微更新，重在公众参与式共建的小空间在地自我更新，能够建设社会关系和实现人民主体性的在地社区营造。③

社区空间的场景或景观建设除了直接作用于人与人之间的互动，促进共建共治的社区治理共同体的发育；还间接经由空间与人的互动，强化社区治理效能。蔡静诚、熊琳的研究基于空间视角将社区空间划分为社会空间、文化空间、生态空间、柔质空间、经济空间，分别对应社区建设的人文地景产五个议题，并认为社区建设在空间重构中重申了空间正义、化解了社区矛盾，因此借助社区空间生产再造，完成了社区关系共同体的生产重塑。④ 吴晓林、

---

① ［法］亨利·列斐伏尔：《空间与政治》（第二版），李春译，上海人民出版社2015年版，第23—32页。
② 刘中起、杨秀菊：《从空间到行动：社区营造的多维政策机制研究——基于上海的一项个案研究》，《华东理工大学学报》（社会科学版）2017年第6期。
③ 刘悦来、尹科娈、孙哲等：《共治的景观——上海社区花园公共空间更新与社会治理融合实验》，《建筑学报》2022年第3期。
④ 蔡静诚、熊琳：《"营造"社会治理共同体——空间视角下的社区营造研究》，《社会主义研究》2020年第4期。

李一通过对成都市生活空间改造的案例分析，点明基层治理共同体形成的关键机制是空间黏合，空间黏合机制意味着以空间为纽带带动居民和各方参与，使诸治理要素在生活空间"活化"，实现从空间生产到共同体生产。[1]

社区空间场景建设有关研究的最终落脚点基本是治理"共同体"，这种社区治理共同体视角始终怀有寻求理想意义上理论"共同体"的美好愿景，其治理意义也大多没有超出社区这一特定地域范围。但前文指出，成都市来源于新经济、扩散至全方位各领域的场景营城，不仅最初就并未局限在社区空间本身，而且在社区发展治理中的社区场景建设，反而被寄予更深远的城市社会治理意义及厚望。

（三）本章研究进路

鉴于上述研究的疏失，本章立足成都市场景建设的空间经验，尝试研讨社区物理空间建造是如何有利于推动城市社会空间发展变化的，尤其是社区场景建设对城市社会治理现代化的作用。这将十分有助于我们在把握本土空间实践的基础上，深入理解党的二十大报告提炼的"中国式现代化"理论概念。

而城市社区空间之所以能够为研究物理空间—社会空间的作用关系提供连接，是因为我国城市社区具有突出的物理、社会双重空间性质：一方面，我国大多数城市社区远非承载着经典社会理论美好想象的共同体，而是一种行政区划意义上的区域，并且社区在居民们的日常感知中就是一个睡觉的地方[2]，由此可见中国城市社区作为地域、场所的物理空间属性显著；另一方面，我国大多数城市社区如今混杂着各类权属类型的小区院落、不同身份地位的阶层人群，形成了相对于传统乡土或社会主义单位制时期"熟人社会"的"陌生人社会"[3]，故小社区足以折射大社会，反映出中国城市社区作为城市社会基本细胞单元的社会空间属性。

---

[1] 吴晓林、李一：《空间黏合：城市生活空间改造中基层治理共同体的形成机理》，《广西师范大学学报》（哲学社会科学版）2022年第4期。
[2] 张翼：《社会转型与社会治理格局的创新》，《中国社会科学评价》2019年第1期。
[3] 张翼：《社会转型与社会治理格局的创新》，《中国社会科学评价》2019年第1期。

本章将就成都市社区发展治理中场景建设的空间实践所具有的两点鲜明特色展开阐述：一是把空间尺度放小至微观社区，以"社区尺度"来创建作为发展治理的基本单元；二是将场景理论与微观尺度有机结合，在社区空间建设中引入场景，形成"社区场景"。而由于物理空间建造及其边界变动具有牵一发而动全身的重要社会意义，本书认为成都市着力在"社区尺度"上创建空间，并同步推进社区空间"场景"式建设，充分释放出社区物理空间对城市社会治理现代化的效用。

第二节 成都市场景营造的社区尺度

近年来，成都市把城市空间创建的尺度由原来的大尺度转变为现在的小尺度，实现了从远离市民的宏观"上帝视角"向亲近居民的微观"人本视角"的转变。"社区尺度"的空间创建正是体现出这种深刻的视角与理念之变，而包含公园城市社区、社区微改造微更新等在内的社区尺度的空间创建，会对城市社会现代化发展的市域社会治理现代化、城市生态文明发展等起着积极作用。

一 视角与理念之变：从宏观大尺度到微观小尺度

以往我国各个特大型和超大型城市对其城市空间的建设与发展规划都是宏观的、大尺度的，然而这种人类规划师以"上帝视角"对城市物理空间所做出的大规模建设、大尺度规划，给市域社会空间带来了深刻的现代化问题以及城市社区治理痼疾：使整个城市社会的发展面临着资源环境承载力的负担和土地空间集约化开发利用的约束；权力精英与专家规划师的空间主导权排除了大多数普通人的空间权利，往往产生许多空间正义问题（例如前文提及的空间区隔和巨型社区）；大尺度的空间内容通常也严重脱离居于城市社区中的人民生活，因"老百姓感受不到"而造成一些治理难题。

过去我们城市的规划都是大尺度的，怎么说呢？比如说我们要建

> 一条大高速公路，要建一条50米宽的大道，要建一个大的剧场，一个大的体育馆，这些是我们过去规划城市的时候，我们是俯瞰这个城市，看完就画画（指规划）。
>
> 现在我们要做社区尺度的规划，它推动的是什么理念之别，就是你所有的工作都要放到微观尺度来考虑，比如说我们一千米、两千米的城市规划，这个尺度的规划视角是从人平视的角度去思考、要求社区规划师的理念，就是人平视看到城市是什么样，来规划这个城市。①

而成都市近年来创建其城市空间，第一步重在将空间创建的"尺度"放小至社区层面，以促成城市物理空间回归城市社会空间本该具有的、独具市域社会地方气息的"烟火气""生活味儿"。具体以成都市"公园城市社区"的空间创建实践为例：2018年2月习近平总书记在视察成都时作出了要突出公园城市特点，把生态价值考虑进去的重要指示，成都市的整个城市空间成为践行公园城市建设的首创地和示范区。为深入贯彻落实党中央国务院关于绿色发展的新发展理念、生态文明建设的基本精神，尤其是总书记首次提出的"公园城市"理念，现在成都市已经将公园城市的空间建设进一步向微观尺度纵深推入，开展"公园城市社区"建设。公园城市社区意味着把社区作为城市的有机组成部分、把社区空间与整个城市空间放在一起统筹规划，形成与城市规划形式相似但有实质差异的社区规划。

> 现在我们在公园城市下面又限定了一个公园城市社区的尺度，就是要把公园城市也放到社区尺度。比如，刚才说过去我们是建大道、建一个一千米长的森林带；现在不是，我们把尺度放小，要建口袋花园之类的微观社区绿化带，我们叫小游园·微绿地。
>
> 尺度放小的公园城市社区有什么作用呢？这种小的花园就是要让这个城市的公共空间，有人愿意进入、方便参观的。要让每一个人，你步行能够50米见绿、100米见园。每一个人下班之后回社

---

① 引自2022年8月对成都市社区发展治理委员会工作人员的访谈。

区，带着孩子出去的时候，50米你就有地方坐，就有游园可以进去逛。①

二 尺度小微化的空间创建实践及其典型社区案例

（一）公园城市社区的制度创建与空间实践

在公园城市社区的制度创建与空间实践上，成都市把公园社区作为公园城市的基本空间单元，积极探索公园城市建设在微观尺度的实现路径。成都邀请国内外知名学术机构及专家开展理论研究，深入挖掘公园城市内涵特征，构建了公园城市理论体系和"公园城市—公园城市街道—公园城市社区"多级空间建设的技术规程、各类导则，逐步形成公园城市技术标准体系。即编制出台了《成都市美丽宜居公园城市规划建设导则（试行）》《成都市公园城市基本公共服务圈规划导则》《成都市公园城市街道一体化设计导则》《成都市中心城区小游园、微绿地建设导则》等。尤其是市委社治委已审议通过了全国首个公园社区规划导则《成都市公园社区规划导则》，阐释了公园社区的内涵并做出总体规划指引和分类规划指引，为成都探索建设公园城市示范区的基本空间单元提供了指南。

天府新区华阳街道麓湖公园社区已是成都市公园城市社区建设的一个样本。麓湖公园社区管辖国家4A级景区，既有绿地公园又有滨湖水岸，本身就是一座生态之城。"麓湖生态城"涵盖了滨湖公园区、湿地公园区和城市公园区3个公园。麓湖公园社区不但在规划之初，就充分考虑了按照10%的公共服务设施、20%的商业、30%的住宅和40%的绿化进行社区空间建设；而且后续有效地实现了社区居民参与公园社区的环境维护与生态保护。麓湖公园社区推出志愿者积分兑换活动，鼓励居民参与生态家园的建设；组织各种水环境保护公益活动，让社区居民定期参与种植水草、河边捡垃圾等；成立社区基金会支持居民完成"垃圾不落地"志愿者行动、厨余公共堆肥箱等项目；还多方共创了渔

---

① 引自2022年8月对成都市社区发展治理委员会工作人员的访谈。

获节、龙舟赛、麓客之夜、花岛生活节等社区品牌节日。麓湖公园城市社区为成都市践行新发展理念的美丽宜居公园城市营建，贡献了社区智慧。

（二）老旧社区院落空间的微改造、微更新

成都市还在社区尺度上，以老旧社区院落空间的微改造、微更新推进整个城市空间的旧城改造更新。成都市社区发展治理委员会大力实施小区院落整治、背街小巷整治、老旧城区改造、特色街区创建等"五大行动"，累计实施老旧城区改造项目859个、社区微更新项目345个整治背街小巷3257条、打造特色街区132个、实施"小游园·微绿地"项目274个、建设国际化社区45个。[①] 在社区尺度之内，以微更新、微改造的"小手法"，设计创建社区微绿地景观、社区小游园、社区小型运动场等小场所、巧空间。

相关代表性社区的微观尺度实践，例如：金牛区九里堤街道九里堤北路社区结合金牛区"百千万"工程推进计划和"最美阳台"评选活动，经过3年多的努力，成功帮助5个小区获评"微幸福"示范院落，培育起"花仙子"自组织、"向日葵"志愿者队伍等30余支小区"微队伍"，累计完成了包括居民自修"五一"花台在内的120多个院落"微项目"；同时开展"最美阳台""最美院落"评选活动，激发居民参与小区空间环境治理的活力。

又如，金牛区抚琴街道西南街社区"一院一策"地解决老旧院落内外的空间难题、释放老小区新空间，在党建引领上发挥院落党支部—楼栋党小组的深度参与作用，在群众自治上引导院落成立自治小组、对自管小组职责和停车门卫等院落管理服务进行建章立制，形成党组织—院落小组共建共治"烟火抚琴"的联动机制，当前已改造完成：社区公共配套中心2个、老旧院落30个、区间道路6条、游园4个、社区美空间3个、社区商铺40余家。

---

① 参见成都社区发展治理委员会2022年9月发布的《成都市党建引领城乡社区发展治理的体制创新》。

三　社区尺度的空间创建意义

（一）夯实市域社会治理现代化的社区基础

社区尺度的空间创建，带动着社区治理与公共服务的精细化之变，夯实了市域社会治理现代化的基层社区基础。党的二十大报告提出要"健全城乡社区治理体系"、"加快推进市域社会治理现代化，提高市域社会治理能力"。成都市深入推进城市空间创建尺度的小微化变革，其意义并不局限于城市物理空间，因为微观社区尺度的空间创建也同步带来了社会治理、公共服务在社区中的精细化和精准化，推动着社会空间建设的视角与维度之变。比如，成都市在建设公园城市社区的同时，构建起便捷完善又聚焦不同社区特色需求的5—10分钟、15分钟两级社区生活服务圈，实现了基本公共服务设施合理配置、特色提升类公共服务设施精准配置的"公园+"精准化公共服务；另如，成都市在开展社区微更新的同时，积极探索楼栋党小组等党组织治理体系建到最小单元、居民自治组织向小区院落延伸，形成许多行之有效的城市空间更新与社区共建共治共享的融合实践方案。

（二）契合以人为本的城市社会现代化发展

社区尺度的空间创建，体现出"人民城市人民建、人民城市为人民"，符合城市社会现代化发展的根本。党的二十大报告指出"全面建设社会主义现代化国家"新征程必须把握的重大原则之一就是"坚持以人民为中心的发展思想"，这意味着城市社会的现代化发展必须"不断实现发展为了人民、发展依靠人民、发展成果由人民共享，让现代化建设成果更多更公平惠及全体人民"[1]。成都市推进城市空间创建尺度的小微化，其背后深刻的视角与理念之变正是回归到人民城市的人本身，即：从原来市民无感、事不关己的大尺度空间建设，到现在市民近距离、利益相关的小尺度空间建设；从远离群众的宏观空间视角至依靠群众的微观空间视角——可以说，社区尺度凸显了城市社会现代化以人为本的新发展理念，也有助于实现以人为核心的新型城镇化。

---

[1] 《中国共产党第二十次全国代表大会文件汇编》，人民出版社2022年版，第23页。

(三) 显著提升市域社会治理现代化的水平

社区尺度的空间创建，形成众多便利化社会互动交往的小微公共空间，提升了市域社会治理现代化的水平。党的二十大报告提出要"加快推进市域社会治理现代化，提高市域社会治理能力"，而城市社会治理体系和治理能力现代化离不开城市公共空间的社会功能。成都市的公园城市社区与公园城市的开敞空间建设一脉相承，"拆墙透绿"的公园社区补充了城市绿地公共空间，使之成为开展城市文化活动、增强社会群体交往活力的空间载体。除了公共性，公园社区还增加了公园城市公共空间的使用率、可达性、便捷性。由于空间尺度放小至微观社区，公园社区在建设时更具人文关怀和以人为核心的设计考量，公共空间的内容因此变得更容易让人亲近。公园城市社区以其量多、小巧、位置灵活等特点，更能发挥其便捷适用、亲切可达的公共空间优势，最大化地催生了市民的公共领域——这些都直接对提升城市社会治理水平起着积极作用。

(四) 有助于协调发展城市文明与生态文明

社区尺度的空间创建，改善了城市社会的人居环境、提高了城市的安全韧性，是人类城市文明与生态文明协调发展的现代化实践。党的二十大报告提出"中国式现代化是人与自然和谐共生的现代化"，"尊重自然、顺应自然、保护自然，是全面建设社会主义现代化国家的内在要求"。公园城市社区建设突出物质环境的生态功能，是站在人与自然和谐共生的高度来谋划城市绿色发展。既改善着社区人居环境，以居民们的身心健康响应"健康中国"发展战略；又能减轻城市内涝等环境风险，以城市韧性保障了城市公共安全。

第三节 成都市社区场景营造的方式

结合空间创建的尺度转变，成都市推动城市社区空间的场景化建设。各区县根据本地文化、社区实际运用场景理论，呈现出市域社会特色的各类社区场景。多元化社区场景的空间建设，有助于在现代产业经济、社会公正与共同富裕、市域文化和精神文明、人才吸引力与城市竞争优势等各个方面促进城市社会现代化。

一 社区尺度上的实践场景理论

空间创建视角与空间建造实践的尺度放小，自然而然地要求满足人的社会需求的各类生活服务的尺度必须做出相应的调整革新。例如，要把消费尺度随之放小至社区：

> 过去我们在"大尺度"下，建设的就是像奥克斯这种大的商业综合体。现在是社区尺度，消费尺度也要放小，放到社区消费，建设社区里面小的餐饮点、小的生活体验馆、小的美学馆、小的文化馆……这些东西。[1]

所以伴随着空间创建尺度放小，成都市紧接着创新城市空间建造的第二招就是建设丰富多元的空间"场景"，以进一步充分发挥城市社会的"烟火气""生活味儿"，使之弥散在城市物理空间里。芝加哥大学社会学教授特里·克拉克和多伦多大学社会学副教授丹尼尔·西尔——前者自2004年开始就在对全球城市的空间场所建设进行跨文化比较研究，而后者在城市社会理论上的造诣也充实了前者的场景研究，因此这两位学者在《场景：空间品质如何塑造社会生活》中提出的"场景理论"具有代表性。他们将"场景"概述为一个由软硬件设施构成的系统，其中，硬件主要包括空间与建筑，软件则是体现着文化价值、审美体验、生活方式等内在性要素的设施与活动。按其分类，"场景"大致可以拆分理解为偏硬件的"场"与重软件的"景"。其场景理论要素原本广泛包括社区、建筑、人群、文化活动和公共空间等方面。[2]

而成都市的创举在于将场景与微观尺度融合，把国外的场景理论实践

---

[1] 引自2022年8月对成都市社区发展治理委员会工作人员的访谈。
[2] [加]丹尼尔·亚伦·西尔、[美]特里·尼科尔斯·克拉克：《场景：空间品质如何塑造社会生活》，祁述裕、吴军等译，社会科学文献出版社2019年版。

在中国大都市的社区空间里，在社区发展治理中形成"社区微场景"。具体以成都市的"社区消费场景"空间创建实践为例：成都市成立了社区发展治理委员会，其下属的社区发展处主抓场景建设。其中，社区消费场景是社区中的一大类场景。通过引入一些新的生活服务、培育一些新的消费业态，打造出吸引人流来欣赏停驻、交流互动的社区消费场景，逐步形成一些适宜观光参访的社区场景点位和游线，最终实现社区游等新兴消费产业的创立、构建出体现成都城市的社会风貌、社会生活烟火气的社区品牌或社区名片。

> 很多人过去到成都来就是看宽窄巷子、锦里这些景点，现在来都去看社区去了。像武侯区玉林街道的玉林东路社区、玉林北路社区，就是小酒馆那一片，过去就是很乱糟糟的一条街，现在很多新的消费场景，比如说用废弃房屋搭建的非常具有现代气息的街边咖啡馆，还在有围墙的地方画了很多电影场景……包括成华区二仙桥街道下涧槽社区等等，现在都已是全国各地来到成都市必去的网红打卡点位、成为成都的一个城市名片了，很多也形成了参观旅游的产业。[1]

二 各类成都特色的空间场景营造及典型社区案例

自2017年以来，成都市牢牢把握场景建设对未来城市发展的重大意义，构建"1+5+21"场景体系，推动科创空间、公共服务空间、生活空间有机集合，使城市加快步入"场景时代"。成都市以"15条营城策略"为统领开展公园城市场景建设，重点培育"生态、生产、生活、新经济、新消费"五大核心场景，重点植入生态体验、文化创意、生活美学、体育运动、商务展览等五大新兴业态，推动生态空间治理与社区美好生活、新经济发展有机融合。在场景建设的资金投入上，截至2019年年初，成都市民政局共投入社区建设项目资金3200万元，资助了318个市级社区建设项目。成都市各区县大力挖掘传统、社会主义建设年代、改革开放新时期的

---

[1] 引自2022年8月与成都市社区发展治理委员会、住建局、民政局的座谈会记录。

在地文化[①]，因地制宜在成都人身边的老社区、老街生长出"新场景"，呈现了蜀都味、民国风、国际范等丰富多元的社区特色场景。

（一）金牛区西安路街道枣子巷社区的传统中医药文化场景

在金牛区西安路街道枣子巷社区，通过"街区、校区、社区"三区融合，打造集民国风、健康养生、中医药文化于一体的"医·养·游"特色场景和新消费场景。枣子巷在全长约880米的街区空间，运用新型建筑材料及施工工艺复古民国时代铁质的街道牌匾、青砖灰瓦的川西建筑群、朱门琉璃瓦的沿街中医药房和药柜装饰，使满满的民国风貌气息席卷而来。枣子巷进一步联合校区，推动校区资源外溢、打造从"百草园"到"三味书屋"中医药文化场景，拆除临街围墙、以"中医书简"为主题美化公共空间，实现街区、校区有机融合。另外，枣子巷社区还依托成都中医药大学及其附属医院、中医药博物馆的中医药文化底蕴，展露韵味独特的社区场景元素，结合中医大博物馆等平台建立商居联盟，定期举办养生讲座与发布义诊信息、推出五行火锅等健康膳食、巷道两侧种满各式中草药植物……枣子巷社区打造的康养文化体验式的中医药主题场景，既在空间建筑风格上与一街之隔的川西派宽窄巷子文化景区巧妙融合承接，但自身又形成了独具中医药文化特色的街区场景风貌，使其生活消费场景位列天府锦城"八街九坊十景"之一，被评为第六届成都创意设计周"寻找最潮玩的100个绿道文化旅游创意地标"之冠。

（二）成华区二仙桥街道下涧槽社区的机车工业遗址型场景

在成华区二仙桥街道下涧槽社区，借助机车文化与国企单位记忆的保留与焕新，"重塑"了工业遗址型场景。成华区是成都市面积最大、人口最多的主城区，也是全国有名的老工业区，始建于1951年的二仙桥街道下涧槽社区就是一个占地0.72平方千米，拥有126栋老旧楼房近1.5万人居住的大型国有企业生活区。1951年为配合成渝铁路修建，铁道部选址二仙桥建设新中国第一座自行设计建造的机车车辆厂"成都机车厂"。2017年

[①] 刘亚秋：《特大城市基层社区治理与重建社会性联结——基于成都市社区调查资料的分析》，《社会科学辑刊》2021年第5期。

原成都机车车辆厂停产搬迁，在历时 68 年里整个厂区和作为家属区的下涧槽社区最顶峰时容纳了近 3 万多人。2017 年 8 月下涧槽开启社区改造更新，以留住"机车记忆"、挖掘单位文化印记为主线，三年实现了大型国企老旧宿舍区的场景蝶变。例如在保留机车元素的集体空间记忆上，机车厂职工文化楼的灯光球场和俱乐部的影剧院曾丰富了职工家属的业余娱乐生活，是承载机车厂人记忆的重要场所，因而在保护与建设并举的思路下综合改造和再利用这些点位，有机融合文化创意、文化旅游产业。此外，下涧槽社区凸显"一步一景"、移步换景，比如家属楼下的休闲座椅做成机车齿轮箱体的造型，使下涧槽社区处处能感受到"机车记忆"的温度。在国企工业文化的场景活化上，机车老厂区改造成工业遗址打卡点"东郊记忆艺术区"，旧铁轨、废车厢、红砖房高烟囱等各种工业遗留元素，融入了雕塑、涂鸦、装饰标志等艺术加工元素后，呈现出机车工业文化特色场景。利用机车厂腾退后的不规则用地，打造出机车公园、艺展中心、四季花园、邻里月台等 34 处休闲空间，并引入老铁路文创、工业艺术文旅等新业态，塑造旧厂老院的空间景观。如今下涧槽社区的网红场景吸引着年轻人打卡、引领了新时尚，机车厂的物、家属区的人以及国企工厂的故事在城市工业遗址更新发展中因巧妙运用而历久弥新。

（三）武侯区玉林街道玉林北路、东路社区的市井艺术场景

在武侯区玉林街道玉林北路、玉林东路等数个社区，空间改造更新后形成最具成都现代城市社会浪漫美好的市井艺术型社区场景。玉林街道的老社区多建于 20 世纪八九十年代，新老建筑混合、各年代建设的小区由小街巷串联，而在巷道、老建筑等各种犄角旮旯曾容纳了大量小本经营、低利润的摊贩，被成都老饕客称为"美食巴士"的社区巴士 1006 线，连接起了社区里大量的"苍蝇馆子"。2017 年赵雷一曲《成都》火遍大江南北，玉林西路游客流量持续增长，但老旧建筑过多、空间场所有限、人口老龄化等问题也日渐凸显。玉林创新社区改造工作方法，以"当代艺术发源地、独立音乐摇篮、地道成都味"三张名片为基底，将脏乱差的街角背街空间改建为小景点、小公园、居民憩息地，布满以茶、鸟、书、竹文化、竹编艺术等最具老成都市井特色和老成都记忆的元素；以公园城市理

念将历史人文与自然生态有机融合,更新打造"上班的路""回家的路",进一步推进社区绿道"串街连户";在不破坏原社区商业生态前提下,鼓励市场主体改造闲置空间及不良业态,引领区域消费场景;并鼓励市场主体成立商会行业协会,小范围引入资本,不引动街区租金上涨,吸引年轻创业群体及消费群体入住或回归,以破解老旧社区老龄化、空心化问题。玉林曾经的"老房老院子、小街小巷子、沿街一溜小铺子"如今已变成网红打卡点,玉林北路社区的"爱转角"也成为电影取景地。建设社区氛围、经济价值兼具的各类小酒吧、咖啡馆、茶馆坐落其中,吸引了大量的艺术家、诗人、地下摇滚、民谣、建筑师等艺术小圈子聚集。玉林的社区场景具备休闲、文化展演、创意工作、精神消费等功能,被称为"成都现代艺术的摇篮"。

三 社区场景的空间营造意义

特里·克拉克和丹尼尔·西尔用"场景"这一新的理论视角分析论证了:城市空间、地点存在着的美学特征——即一种与生产意义相对应的美学意义——承载了地方文化特点或地方文化风格,与社会生活之间的关联性很强。这是因为地方美学特征或文化风格对人们的社会态度与社会行为有着深刻的影响,所以空间"场景"不仅能够改变涉及消费、文化符号与价值观等社会生活方式,而且这种关涉社会生活的空间"场景"体验还将对地方发展起到深远的作用。结合他们理论研究的结论,进一步分析成都市在社区发展治理中的场景建设,我们不难得出,社区空间的场景式打造与呈现对成都的城市社会现代化具有以下重大意义。

(一) 推动城市现代经济的高质量发展

社区场景使生活社区产生了经济价值,诞生了社区发展的一些经济增长点,有利于增强城市现代服务业,推动市域社会经济的高质量发展。在党的二十大报告中,"实现高质量发展"是"中国式现代化的本质要求"之一,高质量发展也是"全面建设社会主义现代化国家的首要任务"。成都市通过社区场景的空间建设,在靠近社区生活的微观经济层面,催生了社区消费、社区旅游观光、社区文创等一系列新发展业态,这些围绕生活服务消费类的第三产业是城市现代化经济的重要特征、是后工业社会的主导产业[1]，有利于城市构建现代化经济体系、产业结构向后工业化转型升级，从而推动市域社会经济的高质量发展。

成都社区场景的现代经济功能，具体展开来说，是借助了场景在空间上的经营作用、在时间上的延展效应——在空间维度上，多样性的业态场景置入给社会公众带来多元的空间感知和体验，多方位、多角度地刺激着社会消费需求；在时间维度上，社区民生夜市、社区音乐市集以及后备箱集市等消费新场景为城市的"夜间经济"与"地摊经济"注入活力。这些"小而美"又不失"烟火气"的社区场景因更适应城市作息和居民休闲娱乐的时空，有助于拉动城市经济高质量发展，这一点在受新冠疫情影响而下行的传统消费形态背景下，意义尤为重大。

（二）维护社会公平正义，促进共同富裕

社区场景使居住社区更具社会效益，更新了社区老旧面貌，有助于维护城市社会内部的公平正义，并在一定程度上促进市域社会在地方范围内迈向共同富裕。

党的二十大报告提出，"把实现人民对美好生活的向往作为现代化建设的出发点和落脚点，着力维护和促进社会公平正义"。但长期以来，国内城市发展的空间不平等尤其是居住空间区隔的状态十分严峻[2]，造成城市社会的分化乃至极化[3]，拷问着社会的公平正义[4]。而成都市建设社区场景，较多注重聚焦于老城区的"三区一村"即老旧小区、老旧厂区、老旧街区、城中村的存量空间实施改造更新，使得原本衰败的社区空间在场景上焕然一新。这些使城市生活更加美好舒适的居所场景，不

---

[1] 张翼：《社会新常态：后工业化社会与中产化社会的来临》，《江苏社会科学》2016 年第1 期。

[2] 沈关宝、邱梦华：《转型期中国城市居住空间的分异与极化——以广州为例》，《上海大学学报》（社会科学版）2008 年第2 期。

[3] 何淼、张鸿雁：《城市社会空间分化如何可能——西方城市社会学空间理论的中国意义》，《探索与争鸣》2011 年第8 期。

[4] 文军：《空间正义：城市空间分配与再生产的要义——"小区拆墙政策"的空间社会学》，《武汉大学学报》（人文科学版）2016 年第3 期。

仅改善了老旧社区居民的居住生活品质，有助于居民们形成空间身份认同，而且有可能吸引曾经搬离社区的社会精英回流入住，一定程度上缓解居住分异。

此外，党的二十大报告提出，"中国式现代化是全体人民共同富裕的现代化"，"实现全体人民共同富裕"也是"中国式现代化的本质要求"之一。虽然社区场景改观的空间范围有限，但一片街区乃至整个城市的就业机会、民生等社会状况因此有所改观，具有一定的全体市民共同富裕的城市社会现代化意义。

（三）城市物质文明和精神文明相协调

社区场景挖掘社区文化价值、刺激精神文化消费，同时也传承与再生产了城市优秀传统文化、历史记忆，有利于城市物质文明和精神文明的协调发展。党的二十大报告提出，"中国式现代化是物质文明和精神文明相协调的现代化"，"物质富足、精神富有是社会主义现代化的根本要求"。

一方面，社区场景根植于城市社会的地方历史文化，主观目的上将物理空间创造性地转化为富有符号化氛围的社会空间，以成功引导公众行为尤其是释放消费群体在沉浸式体验中的精神文化消费。另一方面，社区场景也起到了唤醒居民历史情感共鸣、丰富市民精神世界的客观效果，留存与流传着城市记忆。例如枣子巷社区对传统中医药文化的加载、抚琴街道西南街社区在老旧院落改造中对单位社会时期建筑和文字标语等市井生活场景的保留。成都市在社区空间实践中已经形成了活化利用这些城市现代化发展过程中集体记忆的诸多方式，既有益于现代超大城市不断厚植现代化的物质基础，又创新创造了城市特色先进文明。

（四）增强人才吸引力，形成城市竞争力

社区场景增强城市社会对创新型人才的吸引力，为城市社会现代化提供人才资源支撑、培育创新驱动发展新动能，形成成都市在国内外城市间的竞争优势。党的二十大报告提出，"实施科教兴国战略，强化现代化建设人才支撑"，"教育、科技、人才是全面建设社会主义现代化国家的基础性、战略性支撑"。如今全国各大城市之间的"抢人大战"愈演

愈烈，但究竟是什么足以塑造城市对人的吸引力？特里·克拉克和丹尼尔·西尔在《场景：空间品质如何塑造社会生活》一书中认为正是独特场景的场景力。因为对高端人才来说，稀缺的往往不是物质性商品，而是从创意环境氛围到文化价值内核的"场景感"稀缺。尤其是对于互联网社交时代的"Z世代"，"打卡"网红城市街区是满足其个性化社交的刚需。

而成都市的社区场景建设恰恰是供给了一批高质量、高曝光度的城市地标，例子俯拾即是，社区"场景力"持久吸引着创新创意人才定居成都生活，形成了整个城市在人才短缺的背景下对优质人力资本的吸引和聚集效应。而在知识经济时代，各层次科技人才的创新潜能正是社会主义现代化建设的优势动力。

第四节 结语与建议

党的二十大报告指出"在新中国成立特别是改革开放以来长期探索和实践基础上，经过十八大以来在理论和实践上的创新突破，我们党成功推进和拓展了中国式现代化"[1]。从社会主义建设时期第一代领导集体提出"四个现代化"，到全面建成小康社会之后开启全面建设社会主义现代化国家，中国社会的现代化战略既一脉相承又更加系统深入、成熟丰富。[2] 本书进一步指出，在这种基于国情不断探索道路的"中国式现代化"实践历程中，城市空间建设是中国社会向现代社会发展转型的推动力之一，或多或少在中国式现代化进程中发挥了正功能。

本章正是以成都城市社区空间的场景建设为例，具体论述了社区尺度上的社区场景建设是如何有益于整个城市社会治理现代化的，这意味着成都市已经初步摸索形成了使超大城市社会治理迈向现代化的空间这一侧面的发展理路，一定程度上为推进和拓展中国式现代化贡献了成都方案。

---

[1] 《党的二十大报告辅导读本》，人民出版社2022年版，第20页。
[2] 张翼：《从"小康社会"到"全面建设社会主义现代化国家"》，《国际社会科学杂志（中文版）》2022年第1期。

当然，根据物理空间与社会空间的辩证关系，我们还可以从社会空间作用于物理空间的角度，为成都市下一步如何更好地让社区场景建设推动城市社会治理现代化、对中国社会主义现代化建设产生更大的价值而建言献策：

一要更为盘活社会力量在公园社区、老旧院落等城市空间场景建设中的协同参与作用。国外成功的城市公园之所以能保持长久的活力、对其在全球城市的推广普及起到示范效应，重在管理体系与运营机制的完善。例如，美国纽约市的曼哈顿岛公园系统就建立起一套"公私合营、公地私用"的运营模式，使城市公园常年盈利。因为如果公共空间及公共物品设施的建设，只依赖城市政府投资供给的话，会对地方财政造成巨大压力。尤其是成都在处理公园城市社区的建与养、老旧小区改造的居民投入不足等问题上，可能造成突出的资金缺口。

因此，成都市应加大场景建设参与主体的多元化创新并探索配套制度支持，不仅应鼓励市场企业、社会组织、民间资本等多方主体参与城市空间场景建造和运营维护，实现资金开源和平衡；而且要在空间合理使用、场景积极养护中，充分发挥城市居民对社区社会资本的成本节流作用。

二要更加植根本土历史文化，打造市域特色场景，避免"人工造境"脱域于城市社会。现如今由于主题场景潜在的网红引流推销作用、流量经济效应，众多规划设计师、地产商或主动或被邀请介入到社区场景建设中。专业知识加商业资本固然有实力掀起一波波既时尚又具有大众传播力的场景热潮，但是失败的空间场景也屡见不鲜——要么网红场景一阵热闹打卡过后就止步不前，甚至昙花一现般地急遽衰败、消失在城市人流中；要么场景"千篇一律"地过度跟风包装，始终难以攒聚人气。前者的场景建设之所以只能短暂兴盛，是因为快速布景化只有好看的颜值而缺乏内涵底蕴；后者多是因为"空降"场景的刻意装点、样貌不真实不自然，非但难以吸引人还可能招致主体厌恶。

因此，在社区空间实践时均需警惕与避免上述场景建设的"弯路"。社区场景必须与在地文化深度关联与有机融合，以创意表达来接续历史与当下，如此才能建设与城市文脉相依、与附近特质相合的在地场景。空间场景只有带来沉浸体验感、精神归属感，方能避免速朽。此外，社区场景有必要注重诠释当地居民的空间叙事，以捕捉在地社群关于空间记忆、社会文化的原真性和独特性。这意味着要深度连接社区居民、专业社区规划师和政府，通过沟通交流将居民的现实需求纳入空间决策和设计建设，以塑造具有浓郁地方特色、丰富个性价值取向的在地场景。

第六章 成都市社区治理的福利制度

韩克庆 秦 嘉[*]

党的十八大以来，成都市成为社区治理的创新先锋。一方面，成都市成立了全国第一个市级社区治理委员会，统筹城乡社区发展治理。委员会拥有牵头指导、整合资源、统筹推进、组织落实和完成其他市委交办的事项五项职能。另一方面，成都市构建了"1+6+N"政策体系。"1"指2017年出台的《关于深入推进城乡社区发展治理 建设高品质和谐宜居生活社区的意见》；"6"指六个配套文件，涉及社区优化调整、转变街道职能、社区发展规划等；"N"指指导具体工作的配套文件。在实施方面，2016年成都市有100个项目获得市民政局总计820万的资金资助，2018年市级层面更是投入1120万元，2019年则增加到5500万元。已有研究表明，成都市的社区发展规划能够引导基层社区发展，[①]成都市在社区治理中较好地平衡了国家、社区和社会组织之间的关系。[②]社区福利治理是社区治理的重要组成部分，透过成都市社区福利治理的典型案例，探讨社区福利治理中的得与失，可以为我国社区治理提供有益的借鉴。

---

[*] 韩克庆，山东淄博人。现任中国社会科学院中国式现代化研究院研究员，兼任中国社会科学院大学社会与民族学院岗位教授、博士生导师。主要研究领域为社会保障、社会政策、社会福利、社会发展与现代化。秦嘉，四川乐山人，原籍河南焦作。主要从事民生领域的相关研究，研究方向为社会救助、社会福利、社区治理等。

[①] 杨辰、辛蕾、兰蓓等：《超大城市治理的"社区"路径——〈成都市城乡社区发展规划（2018—2035年）〉的编制与思考》，《城市规划学刊》2020年第1期。

[②] 吴晓林、谢伊云：《国家主导下的社会创制：城市基层治理转型的"凭借机制"——以成都市武侯区社区治理改革为例》，《中国行政管理》2020年第5期。

第一节 研究背景

当前,我国居民的日常生活均由社区或以社区为中介加以解决。社区作为基层群众自治组织,是社会治理的单元细胞,也是社会治理现代化的基层综合服务管理平台。随着新型工业化、城镇化、农业现代化、信息化的推进,构建新型社区治理模式成为刻不容缓的现实需求。① 当今利益主体和利益诉求日趋多元,导致社会矛盾日益复杂,"网络化生存"也带来了人际关系的冷漠,② 社会成员面临的社会风险更是有增无减,全球性的流行病和紧张的国际局势,都使得社会风险大增。因此,对国家而言,必须兼顾长效机制和应急响应机制,关注国内风险和国外风险;③ 对个人而言,则需要守望相助,以社区为基础建立交往网络和信任关系。

一 研究背景
(一) 社会福利社会化背景下的社区福利治理

中华人民共和国成立以后,在社会福利领域,逐步形成"劳动保险—单位福利—集体福利—补充性救济"构成的制度体系。改革开放使中国社会进入一个新的发展阶段,以产权的多元化和商品市场化为基本内容的经济体制改革,直接促进了一个具有相对自主性的社会的形成。④ 然而,在国家逐步退场的同时,社会却未能及时补位,政府独立支撑社会福利服务的状况基本没有改变,导致我国的社会福利事业发展缓慢,服务的数量和

---

① 姜晓萍:《国家治理现代化进程中的社会治理体制创新》,《中国行政管理》2014年第2期。
② 郑杭生、黄家亮:《当前我国社会管理和社区治理的新趋势》,《甘肃社会科学》2012年第6期。
③ 韩克庆:《中国社会保障学科建设:发展现状、核心问题与制度应对》,《社会科学》2021年第10期。
④ 郑杭生主编,韩克庆著:《转型期中国社会福利研究》,中国人民大学出版社2011年版,第126—129页。

质量均无法适应社会变化的需要。① 从 20 世纪末开始到 21 世纪以来，为了推进我国社会福利事业的改革与发展，建立适应社会主义市场经济体制的社会福利服务体系，国家出台"社会福利社会化"相关政策文件，倡导投资主体多元化、服务对象公众化、服务方式多样化、服务队伍专业化。在社会结构层面，计划经济时期的单位体制，也开始被市场经济时期的社区体制所取代。在此种情况下，亟须社区发挥作用，盘活福利资源，满足社区居民的福利需求。

（二）新型城镇化背景下的社区福利治理

新型城镇化内涵丰富，既包括工业化、信息化、城镇化和农业化相协调，人口、资源和经济发展的协调，还包括构建区域经济发展和产业布局紧密衔接，以及实现人的全面发展。② 新型城镇化带来了老城区拆迁、合村并居、流动人口融入等问题，对当前社区治理提出了更高要求。其中，城镇化带来的一个最直接后果就是人口流动性持续增加，在流动的同时产生了大量新市民。流动人口实现从常住人口到户籍人口的转变，是新型城镇化的重要达成条件。流动人口成为城市居民的重要条件是社会融入，社区则是流动人口实现城市融入的重要通道。

二　相关概念的文献回顾

（一）公共服务与基本公共服务

对于"公共服务"概念的理解，学科之间存在着明显区别。政治学和法学的研究者侧重于从国家职能和现代公法制度来分析此概念。德国社会政策学派的瓦格纳（Adolph Heinrich Gotthilf Wagner）认为，国家应为具备发展文化教育和增进社会福利职能的"社会国家"，其中公共服务支出即是政府财政的重要组成部分。③ 公共经济学学者主要从公共物品的理论视

---

① 张秀兰、徐月宾：《我国社会福利社会化的目标及途径探讨》，《江苏社会科学》2006 年第 2 期。
② 张占斌：《新型城镇化的战略意义和改革难题》，《国家行政学院学报》2013 年第 1 期。
③ Dujmovits, R. and Sturn, R., "Adolph Heinrich Gotthilf Wagner (1835 – 1917)", *Handbook on the History of Economic Analysis* (Volume I), 2016, Cheltenham and Northampton: Edward Elgar Publishing.

角解读公共服务的含义。萨缪尔森（Paul A. Samuelson）提出，公共产品具备非竞争性和非排他性的特征。[1] 布坎南（James McGill Buchanan Jr）对此做出补充，认为公共服务应当由适当的社会组织生产和提供，且国民收入或国内生产总值、不同地区和时间维度的福利提供情况，是公共服务评估的重要依据。[2] 公共管理学者更加关注政府与社会、政府与市场的关系，在"新公共管理运动"的影响下，他们重新阐释了政府的公共服务职能，提出在消费主义、私有化改革等影响下，公共价值和公共性是公共服务概念的核心。[3]

从国际社会来看，并没有与"基本公共服务"直接对应的"basic public services"之类的概念，无论是从人类需要（needs）的层次性和复杂性来看，还是从政府职能有限性的角度来看，国外学者不乏从基本需要的角度对基本公共服务进行讨论。从保障人类福祉和公民权利的角度来看，基本公共服务的重要目标之一即是为公民"赋权"。[4] 因此，与民生直接相关的社会福利就成为基本公共服务的核心内容，福利国家相关制度安排也为英国等国家的基本公共服务体系建立提供了重要支撑。

国内有学者认为，由于受到政府财力限制，政府不可能对公民的所有需求进行回应，而必须有所取舍，选择处于基础性地位的公共服务进行保障，由此基本公共服务具有两个特征：第一，回应公众的基础性需求，关系到个人的生存权和发展权；第二，政府要承担基本公共服务的主导责任，而非基本公共服务在供给方式上可以灵活多样，乃至于交给市场和社会。[5] 基本公共服务还具有包容性的特点，是在生活条件、社会保障、劳动参与、环境和食品安全等方面让全体成员（特别是贫困弱势群体）都能

---

[1] Samuelson, P. A., "The Pure Theory of Public Expenditure", *The Review of Economics and Statistics*, 1954, 4.

[2] Forte, F. and Buchanan, J. M., 1961, "The Evaluation of Public Services", *Journal of Political Economy*, 69 (2).

[3] Stewart, J. and Walsh, K., "Change in the Management of Public Services", *Public Administration*, 1992, 70 (4).

[4] Falconer, P. K. and Ross, K., "Citizen's Charters and Public Service Provision: Lessons from the UK Experience", *International Review of Administrative Sciences*, 1999, 65 (3).

[5] 李迎生:《中国普惠型社会福利制度的模式选择》,《中国人民大学学报》2014年第5期。

参与并切实感受到"福利增进"的一种发展模式。[①] 这意味着随着经济社会的发展，基本公共服务的共识会产生变化，即基本公共服务的概念内涵是不断变化着的。

（二）福利社区化与社区福利

20世纪以来，随着对院舍化服务的反思，西方国家的福利服务呈现出去机构化的趋势，以社区照顾为主的福利提供模式成为福利社区化的开端。此外，20世纪70年代以来，随着对福利国家的反思和批判，福利多元主义思潮兴起，除国家以外，市场、社会和非正式组织的福利责任被强化。在去机构化、福利多元主义和新地方主义的共同影响下，西方国家出现了福利社区化的转向。

社区福利并不包括所有类型的服务，而是只包括其中具有公益性和社会福利目标的服务活动。有学者将社区福利定义为以社区为基础的服务，强调社区照顾和去机构化、正常化的理念，政府与民间资源在社区结合为"伙伴关系"。还有学者将社区福利提炼为地方化、分权化、去机构化和以社区为基础的服务四个特点。[②] 社区福利具有相当的公益属性，这和社区中的商业服务在服务对象、提供主体和最终目的方面有着严格的区分。[③] 可以说，社区福利具有公益性、互助性和地域性的特征。

概言之，社区福利是在社区范围内实施的具有福利性和公益性的社会服务活动。从内容上看，社区福利涉及方方面面，大体上又可以区分为老年人福利、残疾人福利、儿童福利以及其他便民利民的福利服务。

（三）治理与社区治理

治理是公共部门和私人部门合作应对公共问题的管理方式。从主体层面看，治理就是共同确定规则，用以约束个体及集体行为的方式。[④] 从过程层

[①] 白晨：《包容性发展视域下新时代中国基本公共服务均等化理论分析》，《教学与研究》2020年第3期。

[②] 赖雨阳：《社区工作与社会福利社区化》，洪叶文化事业有限公司2002年版，第18页。

[③] 李迎生：《对中国城市社区服务发展方向的思考》，《河北学刊》2009年第1期。

[④] Ostrom E., *Covering the Commons*: *The Evolution of Institute for Collective Action*, Cambridge: Cambridge University Press, 1990.

面看，治理是影响私人部门、公共部门和公民个体决策和行为的引导过程，[1] 涉及了一系列如政府、市民社会、劳工组织等在内的利益相关者，[2] 他们要合作确定共同行为准则和协调利益关系。[3] 在社区之下，又依照道路、街巷、物业楼宇等小区分布，划分出一定数量的网格，构建出网格化管理或网格化治理的基层社会格局。[4] 治理体现出合作性、平等性、公共性的特点，其内涵可以概括为多方共治以解决公共问题。

社区治理强调多元共治，包括向社区提供公共和私人物品和服务的人，以及地方当局和国家政府，然而社区始终是最大的利益相关者。[5] 诸多社区治理研究都以社区为中心，讨论社区治理的模式和社区治理的经验。社区治理模式的研究，将社区治理的模式进行类型学划分，对不同类型的治理模式进行分析，认为大体上存在市政社区、网络社区和公民社区三类治理模式，从市政社区到公民社区，政府的干预程度越发减弱，社区自治的水平则越来越高。[6] 社区治理的经验研究主要是对影响社区治理的因素进行因果分析，主要可以归类为外部因素和内部因素，外部因素指社区外部影响社区福利水平的法定环境，如政策法规支持；[7] 内部因素主要涉及社区民主水平、社区经济规

---

[1] O'Leary R. et al., "Introduction to the Symposium on Collaborative Public Management", *Public Administration Review*, Vol. 1, 2009, pp. 6 – 9.

[2] Rasche A., "Collaborative Governance 2.0", *Corporate Governance*, Vol. 10, No. 4, 2010, pp. 500 – 511.

[3] Emerson K. et al., "An Integrative Framework for Collaborative Governance", *Public Administration Research and Theory*, Vol. 1, No. 22, 2012, pp. 1 – 29.

[4] 张翼：《全面建成小康社会视野下的社区转型与社区治理效能改进》，《社会学研究》2020年第6期。

[5] Somerville P., "Community Governance and Democracy", *Policy & Politics*, Vol. 1, No. 33, 2005, pp. 117 – 144.

[6] Sullivan H., "Maximising the Contribution of Neighbourhoods—The Role of Community Governance", *Public Policy and Administration*, Vol. 2, No. 16, 2001, pp. 29 – 48; Corry D., *Joining-up Local Democracy: Governance Systems for New Localism*, London: New Local Government Network, 2004; Moore H & Mayo E., *The Mutual State: How Local Communities Can Run Public Services*, London: New Economics Foundation, 2001; Ostrom V. et al., *Local government in the United States*, San Francisco, CA: Institute for Contemporary Studies, 1988; Bennett R. J., *Territory and Administration in Europe*, London: Pinter, 1989.

[7] Bowles S. & Gintis H., "Social Capital and Community Governance", *The economic journal*, Vol. 483, No. 16, 2002, pp. 419 – 436.

模和公民参与以及社区内部经济不平等程度等,社区治理水平和社区民主水平呈正相关,而与社区经济规模和社区内部经济不平等程度呈负相关。①

有学者认为,在国家和基层社区之间的关系层面,中国的治理体系从始至终都体现出简约治理的倾向,即依赖社区的道德化和非正式组织调节机制,由此产生了源自国家正式机构和非正式组织间互动形成的"半正式"和"第三领域"治理系统。② 与西方国家侧重关注社会组织的社区治理所不同,中国的社区治理不能完全脱离国家而自治,社区治理的发展也呈现出基层政权建设和基层社会发育两种方向。③

(四) 社区福利治理

国外的社区福利治理起源于19世纪末,彼时英美发起社区睦邻组织运动(Social Settlement Movement),意图通过社会组织的参与,激发居民自主自立的精神,帮助社区内的弱势群体。④ 1884年,英国伦敦东部圣犹太教区的牧师巴奈特(Barnet)设立了汤恩比馆(Toynbee Hall),通过号召年轻人前往贫困区和贫困群体共同生活,达到了解和帮助贫困群体的目的。汤恩比馆也成为美国社区运动的样板,1889年亚当斯(Jame Addams)在纽约创办赫尔会所(Hull House),成为改善当地居民生活的社区改良中心。睦邻运动在数十年间遍布美国各地,截至1900年,美国建立了超过100多个睦邻组织点,并于1911年成立了全美睦邻基金会(National Federation of Settlement)。⑤ 第一次世界大战结束后,美国以教堂和学校为中心,发起了社区运动,其内容涵盖广泛,包括学校社区运动、游乐场和娱乐运

---

① Somerville P. et al., *An Assessment of the Right to Manage*, London: The Stationery Office, 1998; Lyson T. A. et al., "Scale of Agricultural Production, Civic Engagement, and Community Welfare", *Social Forces*, Vol. 1, No. 80, 2001, pp. 311 – 327.

② 黄宗智:《国家与社会的二元合一:中国历史回顾与前瞻》,广西师范大学出版社2022年版;吴晓林:《理解中国社区治理:国家、社会与家庭的关联》,中国社会科学出版社2020年版,第26页。

③ 李友梅:《社区治理:公民社会的微观基础》,《社会》2007年第2期。

④ Mooney G. and Neal S., *Community, Welfare, Crime and Society*, Open University Press, 2009, pp. 82 – 83.

⑤ 徐富海:《从汤恩比馆到赫尔大厦——社区睦邻运动发展过程及启示》,《中国民政》2016年第14期。

动、乡村生活运动、社区理事会运动等。①

英国工党在1997年重新执政之后，社区被提高到社会发展的战略高度，积极的公民权利和社会融合成为社会政策的主要侧重点，随之而来的政府行动则包括邻里复兴战略（National Strategy for Neighborhood Renewal）、社区战略（Community Strategies）、社区照顾计划（The Community Care Development Program）等。② 美国则是在20世纪90年代兴起社区主义运动，强调关注集体和社会责任，克林顿政府提出"授权社区和事业社区"法案，以期重新界定政府和社区的关系，实现政治、经济、社会福利一体化的目标。③

应该看到，西方国家重返社区的构想固然有消除社会排斥、缩小贫富差距、再造公民社会的意图，其背后也反映出财政压力不堪重负，自由主义思想泛滥乃至福利国家危机等社会背景。从20世纪60年代起，新右派（New Right）就已经开始挑战建立在公民权基础上的福利国家，并以经济自由主义和社会保守主义意识形态为其哲学基础，以财政和道德正义作为福利改革的内容，以参与劳动力市场和承担个人责任作为重点进行福利改革。④ 美国自20世纪末出台工作法案之后，采用时间限制（time limit）、工作要求（work requirement）的手段，对受助群体领取福利资源进行限制。英国自2008年金融危机之后，首相卡梅伦提出了大社会（Big Society）计划，旨在削减财政在福利方面的开支，同时提倡志愿部门参与社会福利的供给。所以，西方国家社区福利的实践具有两面性，一方面社区的衰败确实提出了重建的需求；另一方面重建社区也反映了政府的诉求，即政府不能或不愿再承担过多的财政责任。

改革开放以前，我国城市居民的福利主要由单位提供，即单位福利——单位为其成员提供医院、食堂、托儿所等衣食住行相关的所有福

---

① Steiner J. F., "Community Organization: A Study of Its Rise and Recent Tendencies", *Social Forces*, Vol.1, No.1, 1922, pp.11–18.
② 韩央迪:《英美社区服务的发展模式及对我国的启示》,《理论与改革》2010年第3期。
③ 刘志鹏:《城市社区自治立法：域外比较与借鉴》,《国家行政学院学报》2012年第3期。
④ Dwyer P., *Dealing with Welfare Conditionality: Implementation and Effects*, Chicago: Policy Press, 2019, p.176.

利。改革开放之后，传统单位的功能越发缩小，"街居制"的范围逐步扩大，代替了单位制。[①] 单位福利逐渐消解，社区成为城市居民福利供给的重要场所，单位福利开始向社区福利转变。与西方国家不同的是，西方国家社区福利的发展是基于对弱势群体需求的满足，而我国社会福利的社区化则与市场化改革相关，是政府将福利服务交给社区的结果。[②]

为了适应市场经济改革和社会结构的变化，民政部于1986年提出"社会福利社会化"，动员社会各方力量参与社会福利事业，并于1987年在大连市召开的民政工作座谈会上，首次提出社区服务的构想。同年，民政部在全国城市社区服务座谈会上提出，社区服务即"在社区内为人们的物质生活和精神生活所提供的各种社会福利与社会服务，它的目的就在于调节人际关系，缓和社会矛盾，创造一个和谐、良好的社会环境"。此后，针对当时城市基层政权和基层组织职能弱化、社区服务范围过于宽泛等现实情况，民政部在社区服务的基础上又提出调动社会各方面力量、共同开展"社区建设"的新思路。1998年国务院明确民政系统具有"推进社区建设"的职责。20世纪90年代后期，民政部开始在全国范围内推动社区建设。2000年中共中央办公厅、国务院办公厅转发了《民政部关于在全国推进城市社区建设的意见》。这一文件的出台，标志着我国城市社区建设工作开始进入规范化、系统化时代。2012年党的十八大第一次将"社区治理"写入党的纲领性文件，随后更是将推进国家治理体系和治理能力现代化作为全面深化改革的总目标。此时，社区治理的话语全面主导了社区实践。

（五）研究述评

通过文献梳理可以看出，影响社区治理的因素有很多。现有研究已经发现，社区居民参与程度、社会资本等是影响社区治理水平的重要因素。

[①] 吴晓林：《理解中国社区治理：国家、社会与家庭的关联》，中国社会科学出版社2020年版，第26页。

[②] 王思斌：《我国城市社区福利服务的弱可获得性及其发展》，《吉林大学社会科学学报》2009年第1期。

更重要的是，社区治理模式并非固定不变，而是具有一定的动态性和情景性。这说明社区福利治理模式也需要随着不同社区的资源、规模、福利需求、居民自治程度等因素的变化而变化。

现有研究的不足之处在于：一是未能将社区福利纳入我国社区治理的核心内容，未充分讨论不同社区、不同类型和层次社区福利所适配的社区福利治理模式；二是未对我国社区福利治理效果进行评估。随着我国社会保障、社会福利事业的快速发展，需要将研究目光关注到福利资源延伸到社区的具体方面。三是需要从主客观维度对社区福利治理的效果进行评估，目前缺乏相关研究，无法深入了解社区居民对社区福利治理的看法。

第二节　成都市社区福利治理的基本内容

社区福利是在社区范围内实施的具有福利性和公益性的社会服务活动。社区福利治理的目标是层层递进的，从满足社区居民基本生活到丰富社区居民精神文化生活。具体而言，社区福利治理的最低目标是对接政府福利资源、帮助处于困境的社区成员摆脱困难；社区福利治理的最高目标，则是协调多方资源提高社区居民的生活质量和幸福感。同时，社区福利治理的目标与对象是相匹配的，一般来说，社区福利治理的目标越低，福利治理的对象范围就越小，如低保、专项救助仅针对社区贫困成员；社区福利治理的目标越高，福利治理的对象范围就越大，如社区提供的文化活动就面向全体社区成员。另一方面，经济社会生活中的突发状况，如新冠疫情、自然灾害发生，使得社区福利治理中的应急效应和长效机制需要统筹考虑。① 根据这一思路，按照选择性—普惠性、常态化—应急化两个维度，可以划分出社区福利治理的基本内容（见图6-1）。从图中可以看出，与民政、人社部门相关的福利治理内容常态化程度较高，且同时涵盖

---

① 韩克庆：《中国社会保障学科建设：发展现状、核心问题与制度应对》，《社会科学》2021年第10期。

了从选择性到普惠性的整个连续系统；医疗福利则较为分散，覆盖了三个象限，涉及多个政府部门。据此，社区福利治理内容可划分为"高选择性＋高常态化"福利，如大部分救助相关福利；"高选择性＋高应急化"福利，如社会救助中的临时救助和快速救助；"高普惠性＋高常态化"福利，如特殊群体相关福利、社会保险相关福利和普通社区居民相关福利；"高普惠性＋高应急化"福利，如疫情防控相关福利。

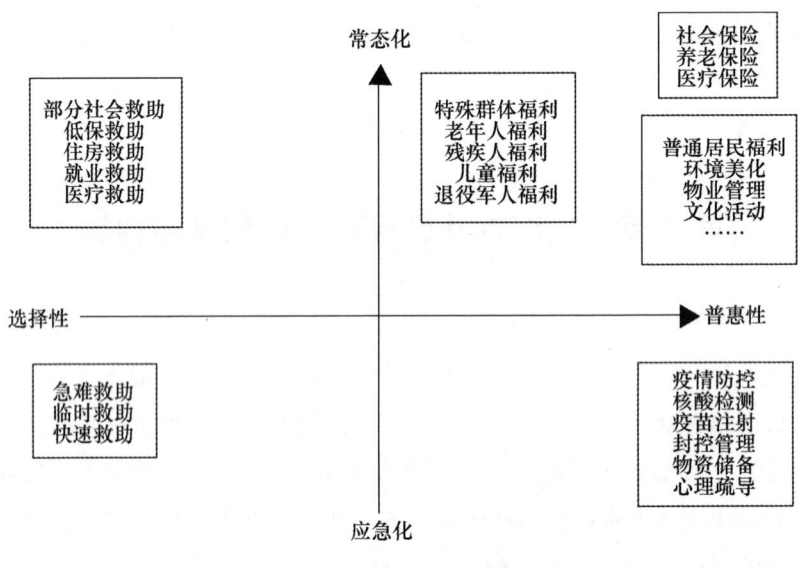

图 6-1　社区福利治理的划分

从当前社区福利资源的来源看，社区福利治理主要包含了救助福利治理、保险福利治理、养老福利治理、医疗福利治理、儿童福利治理、残障福利治理几个主要方面。下文将着重从上述几个方面，对成都市社区福利治理的情况进行介绍。

一　救助福利治理

社会救助是国家自上而下发放的保证社区成员基本生活需求的资源，社区虽然不能决定救助资源获取的资格乃至获取的数量，但是却参与到社会救助的多个环节之中。以低保为例,在户主或受托人向街道申请低保救助后,由社区低保专干协助对申请救助的家庭进行调查,并由街道相关人员、社区(村)党组织、居民代表共同参加民主评议会,对申请人是否符合低保资格予以认定,随后社区将结果汇报街道审核。街道审核无误后,将结果在社区层面进行公示,确保整个申请过程的公开透明。除常态化救助以外,社区还负责初步审核申请临时救助人的信息并将其上报。临时救助的审核也需要一定的时间,如果社区居民遇到了紧急突发状况,比如突然得重病,社区还能向上级政府申请提供快速救助,快速救助的优点在于审核简单、救助更快捷。

应当说,社区确保了救助资源的瞄准效果,也维护了申请救助的程序公平。此外,在主动发现困难群众方面,社区还能配合民政部门的低收入家庭经济状况信息核查系统,实现救助政策从人找政策到政策找人的转变,确保救助政策应保尽保,应助尽助。

二 保险福利治理

社区承担着社会保险运行管理的最基础事务,包括登记、缴费、认证、转移接续、退休管理等工作。在社会保险尤其是城乡居民养老保险和医疗保险方面,成都市各社区配备有社保协办员,负责居民保险的参保登记、缴费档次选定等业务经办所需材料的收集与上报,同时负责政策宣传与解释、提醒居民及时参保缴费等工作。在社会保险的资格认定方面,除社保经办机构以外,社区也承担着相关认证工作。如成都市规定,领取职工基本养老保险、城乡养老保险以及工伤保险的人员,需要以 12 个月为周期进行待遇领取的认证;社区成员可以就近到社区办理认证,由社区工作人员直接办理;认证对象也可委托社区社保协办员进行资格认证。再如,失业人员进行失业登记也需要先向社区申请,然后填写失业登记表。在社会保险关系的转移接续方面,社区能够发挥宣传功能,并帮助申请人办理相关手续。

在保险福利治理方面,社区所承担的功能更具有程序性。社区高效的、规范的程序性工作不仅能提高社会保险系统的运行效率,还能扮演社会保险的守门人角色,通过把关申请人员资格审核,在一定程度上可以规避道德风险。此外,社区通过政策宣讲和提供协助服务动员社区居民积极参保,也可以扩大社会保险的覆盖面。

三 养老福利治理

成都市规划的老年友好社会要求每个街道至少拥有一个养老服务综合体,综合体集日间照料、康养服务、住宿餐饮、文化活动、政策咨询于一体,按照就近服务原则吸纳老年人在社区接受服务。同时,养老服务综合体还能够发挥辐射作用,为所在街道各社区中的养老服务机构,如幸福食堂、日托机构等提供技术和运营标准方面的支持。实际上,成都市社区养老福利治理是以养老服务综合体为中心,整合覆盖范围内的相关资源,形成15分钟老年服务圈。社区内的老年人既可以于所在社区内接受服务,也可以到养老服务综合体接受服务。除了线下方式,老年人也可以通过线上方式如预约服务等,在家中满足餐饮、家政、医疗康复等需求。

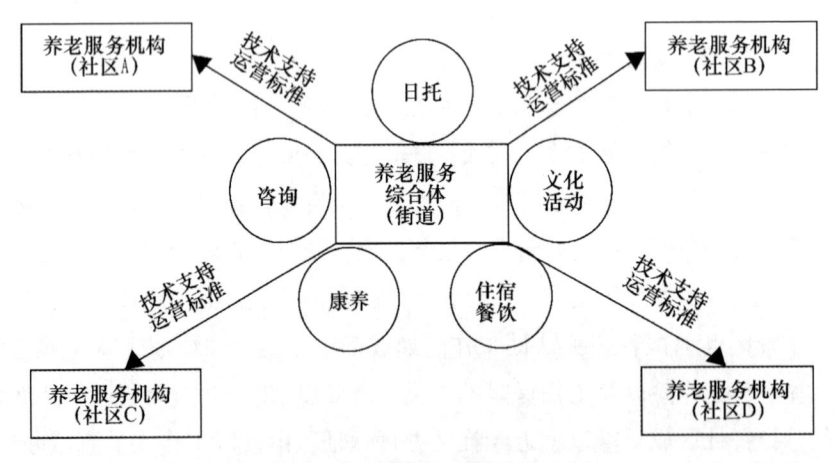

图6-2 社区养老福利治理

四 医疗福利治理

医疗福利治理涉及的内容比较多,主要包括医疗保险、大病救助和疫情相关医疗福利。针对城乡居民医疗保险,社区主要承担相关政策的宣传和信息的登记工作;城镇职工基本医疗保险的转移接续和异地报销等各项工作，则由社区帮助其完成；在新冠疫情期间，成都市出台指导文件，规定社区所要做的十五条工作，包括成立防疫办公室、设立居民服务点走访排查、提供后勤保障、组织核酸检测、进行卫生消杀等，全部由社区组织完成。

五 儿童福利治理

儿童福利治理以社区为依托，以公共部门和社会组织为资源提供方，以儿童之家、儿童督导为资源对接方，进行分层分类的儿童福利供给。分层指的是形成"街道—社区"反馈机制，在社区由老党员、大学生村官等担任儿童主任，负责收集管辖范围内的困境儿童信息，并向上汇总到街道一级的儿童督导处，儿童督导对接政府职能部门和社会组织，由其为社区提供相应的福利。分类指针对不同类别的儿童群体，提供不同的福利资源。例如，针对困境儿童的社区福利，以儿童安全、儿童保护、儿童心理健康等为主，主要面向留守儿童、贫困家庭儿童等，具有一定的选择性；而针对所有儿童的社区福利，则以生活服务和学习类为主，旨在丰富儿童的生活，方便社区成员。

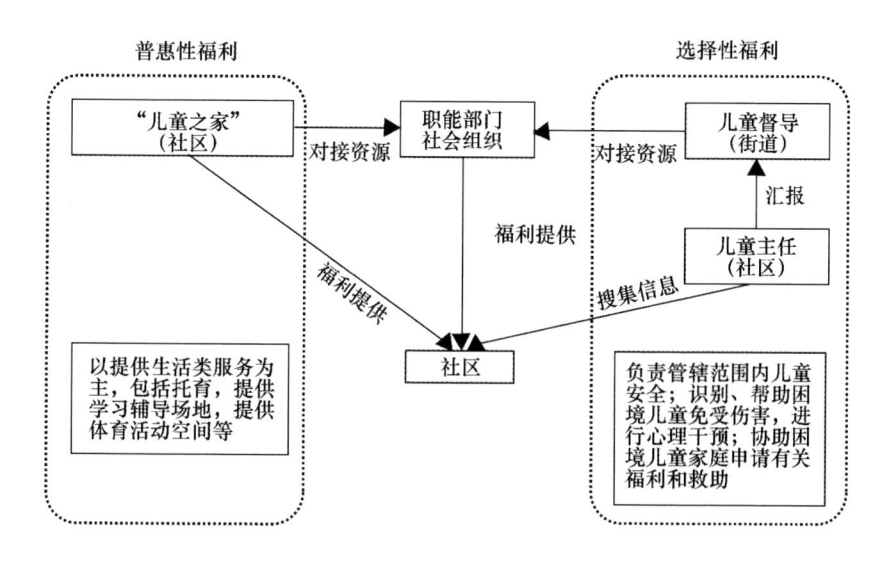

图6-3 社区儿童福利治理

六 残障福利治理

残障福利治理涉及方面较多，其中以保障困难残疾人基本生活、残疾人康复、残疾人就业促进、医疗保险缴纳四大块为主。在基本生活保障方面，包括确保困难残疾人两项补贴发放到位，并落实补贴资格认定的"跨省通办"服务，除符合条件的残疾人或其监护人、抚养人申请外，社区残疾人专干也可以通过入户调查的方式，了解社区内残疾人的生活状况，然后将情况上报街道审批，确保资源下放。在康复方面，针对精神障碍残疾人群体，成都市设立社区康复驿站，提供服药训练、生活技能训练、职业技能训练、心理治疗和康复等服务；针对其他残疾人康复，则依托社区卫生服务站，开展家庭医生签约服务工作，通过整合基层医疗资源提供医疗服务；此外，社区设立康复辅助器具社区租赁服务点，方便肢体残疾人更换辅助器具。在就业促进方面，康复驿站能够对接就业资源，促进精神障碍残疾人辅助性就业，残联和社区也能够对接社会组织和企业，为有一定就业条件的残疾人提供合适的就业岗位。此外，如果被认定为困难残疾人，那么残联将会介入，按照一定的比例帮其缴纳医疗保险。

第三节 成都市社区福利治理的资金来源

成都市社区福利治理的资金来源主要有三个渠道，包括政府财政拨款、社会捐赠资金和自筹资金，其中政府财政拨款占比最多，且已经形成了规范的资金使用制度。

一 政府财政拨款

根据社区福利治理的责任主体，可以进一步将政府划拨的资金分为以政府为责任主体的资金和以社区为责任主体的资金。救助、医疗、保险、特殊群体相关福利治理资金，由政府财政直接负责划拨使用。救助福利方面，2021年以来，成都市共有9.7万城乡低保对象，其中城镇居民有2.2万人，农村居民为7.5万人，共投入低保资金7.8亿元，农村低保资金配额达5.7亿元。①残疾人补贴惠及179.45万人,补贴资金累计达2.19亿元。对低保、特困家庭义务教育阶段的优秀非住宿学生予以助学补助,小学生每年1000元,初中生1250元,补助金额累计527.74万元。②新冠疫情期间,成都还针对困难群体发放价格补贴,如2022年7月,对36.6万困难群体发放价格补贴金达3200余万。③

社区发展专项保障资金和激励资金以社区为责任主体,主要用于社区居民精神文化活动、社区志愿活动、社区基本生活服务等。2018年,成都市出台了《关于创新城乡社区发展治理经费保障激励机制的意见》,分级整合市、区城乡社区公共服务专项资金,建立城乡社区发展专项保障资金和城乡社区发展治理激励资金。在资金投入方面,城市社区基础保障资金为10万元,且根据辖区常住人口数按1500元/百人的标准增加;涉农社区基础保障资金为25万元,且根据辖区常住人口数按4000元/百人的标准增加。在使用规范方面,成都市统一制定社区保障资金使用规范和禁止项目清单,严格按照"社区活动宣传—党组织提议—议事会民主决议—村(居)委会组织实施—党组织开展评议—监事会民主监督"六个步骤进行使用。④

二 社会捐赠资金

社会捐赠资金多以社区基金的形式出现,是社区福利治理的另一资金来源。社区基金会是利用自然人、法人或者其他组织捐赠的财产,以从事社区困难救助、慈善帮扶、环境营造、发展治理、养老托幼、文化娱乐等公益事业为目的,按照《慈善法》《公益事业捐赠法》和《基金会管理条例》等相关规定成立的非营利性法人组织。社区基金会的成立和发展,便

---

① 《2021年成都市国民经济和社会发展统计公报》,成都市人民政府网,http://gk.chengdu.gov.cn/govInfo/detail.action?id=3358156&tn=2,访问日期:2022年9月2日。
② 《2021年成都民生事实工作完成情况出炉》,《潇湘晨报》2022年1月10日。
③ 《成都市民政局 成都市财政局关于转发〈四川省民政厅 四川省财政厅关于切实保障好困难群众基本生活〉的通知》,成都市民政局网站,http://cdmzj.chengdu.gov.cn/cdmzj_gb/c124045/2022-07/21/content_a2429a8a67df460985679edbed45aea3.shtml,访问日期:2022年9月2日。
④ 《社区保障资金使用指南》,中共成都市委城乡社区发展治理委员会网站,http://www.cdswszw.gov.cn/zcfg/Detail.aspx?id=5933,访问日期:2022年9月2日。

于社会各界捐赠资金支持社区建设，提升社区福利治理水平和效率。

三 社区自筹资金

社区自筹资金也是社区福利治理资金的重要来源。首先，社区可以将自有资产如广场、停车场、厂房等向社会出租，每月获得相应的收入，用来进行社区福利治理。其次，社区可以通过宣传吸引社区居民筹集资金，进行社区福利治理。一般来说，社区居民自筹的资金数额不大，主要用于基础设施维修、社区美化等。

第四节 成都市社区福利治理的主要经验

作为一个人口超两千万的超大城市，成都市走在全国社区福利治理的前列，是最早在市级层面统筹规划社区治理的城市，且颇见成效。结合实地调研访谈资料，本章对成都市社区福利治理的主要经验归纳如下。

一 党委领导健全基层组织

社区福利治理涉及社区生活的方方面面，需要多个政府部门协同和多个主体参与。在市级层面，成都市委成立了城乡社区发展治理委员会，委员会主要负责牵头制定全市城乡社区发展治理的中长期目标、阶段性任务和政策体系，并推动落实，委员会能够召开部门联席会议，对涉及多个部门的福利治理问题进行统筹协调。各区（市）县党委，设立城乡社区发展治理相应机构。如此，委员会能够保障社区福利治理的人、财、物资源，保障社区福利治理顺利进行。

在党委直接领导下，成都市在社区健全社区党组织、社区居民委员会、业主委员会和物业服务机构及社会组织多方协调机制。[①] 典型的方法则是由社区两委领头成立居民议事会，居民议事会成员包括社区两委

[①] 《成都出台"城乡社区发展治理30条"》，四川新闻网，http://scnews.newssc.org/system/20170920/000818664.html，访问日期：2022年9月2日。

成员、业委会成员、社区居民，物业公司成员等。一般通过调研后，居民议事会选择最亟须解决的社区福利治理难题，通过招标外包等方式加以解决。

二 社区保障资金对接外部资源

社区保障资金是社区可以自行支配的宝贵资源，也是社区发挥主观能动性、社区居民参与社区福利治理的物质基础。以成都市高新区天华社区为例，天华社区常住人口2万余人，流动人口5万余人，现有社区工作人员16名，网格员25名。在社区工作人员和社区居民数量悬殊的情况下，天华社区积极与社会组织和企业进行对接，通过服务招标的方式引入多样化的社区服务活动。社区以某某圈对社区活动命名，符合资质的组织均可以提交项目申报书，由社区进行筛选。如"关爱圈"针对一老一小，开展有特色的系列主题活动；"产业圈"则与企业对接，致力于解决社区居民的就业问题；"智慧圈"依托现有的社治在线、社区公众号、社区VR等平台，进行宣传推广、活动发布、需求—满意度调研等，拓展居民、员工共建共治参与渠道，提升服务精准度，同时开展智慧社区类活动，丰富居民精神文化生活，提升居民幸福感。

目前，成都市社区保障资金是社区所能持续获得的占比最大的社区福利治理资金。更重要的是，社区能够根据自身需求，灵活运用保障资金对接外部资源，有效满足社区居民的福利需求，增加社区居民的参与感，社区和居民之间的关系得以增进。

有了社区保障资金作基础，社区可以有效对接外部资源。一方面，社区能够通过汇集更多的资源，从而筛选出最具性价比的社区服务，社区居民从中受益；另一方面，对接过程也变相宣传了竞标组织，给其提供了提供服务的平台，减少了双方相互搜寻的成本。

三 数字技术打造智慧社区

通过数字技术参与社会治理以提高效率，被认为是技术治理的最大优点。技术治理是社区福利治理中重要的一个方面。信息平台、数据库系统以及便利的部门信息协同机制，使得原先繁杂而无规律的受理过程变得清晰而程序化，工作效率也得到提升。为了更好地服务于民，成都市城乡社区发展治理委员会联合多个部门，打造出了"互联网+"一站式市民服务平台——天府市民云。自2018年10月17日"天府市民云"信息网络平台正式上线至今，用户数不断攀升，从上线百日用户量破百万，到2021年7月初注册用户量突破1000万。"天府市民云"集成了来自全市61个市级部门及相关单位提供的241项城市服务，也有22个区（市）县部门及相关单位提供的442项特色服务，涵盖了查询社保、公积金、购房登记、预约挂号、教育缴费等涉及日常生活的方方面面。① 除市级层面大力推广数字技术助力社区福利治理外，社区在福利治理过程中，也纷纷建立了自己的信息平台，包括微信群、公众号等，用于收集居民信息、发布通知、联络外部资源等。

在福利资金发放方面，随着制度不断完善，得益于银行系统和民政系统的对接，低保救助、医疗救助、残疾人津贴等，均由区级民政部门直接将资金打入受助者所持银行卡中，在提升效率的同时，也减少了资金在递送过程中被"挪用"的可能。

四 制度配套完善激励措施

社区福利治理既需要政策规划和目标的确立，更离不开各配套措施的完善。成都市针对社区福利治理出台了多项配套政策。比如，在促进物业参与社区福利治理方面，四川省出台专门的物业管理条例，规定了物业、业主、业主委员会各方面的权力和职责。② 在社区专职工作人员方面，为解决当前存在的社区工作任务繁重，社区专职工作者专业性不强、薪酬待遇偏低、职业发展通道不畅、工作动力不足等问题，成都市出台了《成都

---

① 《天府市民云用户量破千万 成都交出智慧城市新答卷》，《四川观察》2021年7月8日，https://baijiahao.baidu.com/s? id=1704714675540173348&wfr=spider&for=pc，访问日期：2022年9月2日。

② 《四川省物业管理条例》，成都市人民政府网站，http://gk.chengdu.gov.cn/govInfo/detail.action? id=139949&tn=6，访问日期：2022年9月2日。

市社区专职工作者管理办法》，明确将社区两委、街道专职从事社区工作的人员称为社区专职工作者，设立了社区工作者的招聘制度和奖惩制度。[1]在薪酬待遇方面，更是明确了"机构专职社会工作者平均薪酬待遇应不低于当地上年社会平均工资水平"[2]这一要求。在志愿服务激励措施方面，为鼓励社区志愿服务，成都市社区治理发展委员会出台了专门的激励办法，根据志愿服务时长和志愿服务效果，对志愿者和志愿组织进行评级，协调各个部门对表现优异的个人和组织给予激励，激励方式囊括教育评优、城市落户、就业创业支持、医疗卫生服务、交通优惠、金融服务等。[3]

第五节　成都市社区福利治理的问题与成因

成都市社区福利治理也存在一些短板和问题，突出表现在社区福利设施相对欠缺、社区居民参与度和参与积极性不够、社区承担的角色过多以及负担较重等方面。

一　当前存在的主要问题

（一）福利设施相对欠缺

社区福利治理需要一定的物质空间和福利设施，以满足社区活动的开展和社区居民的福利需求。社区福利设施含义较广，一般来说，以提高社区居民福利为目的的公共设施，都可以称为福利设施。福利设施从不同的维度看，有不同的类型划分方式。从福利设施的用途来看，包括社区居民衣食住行多个方面的设施，比如满足社区老年人吃饭的幸福食堂，满足居

---

[1]《成都市社区专职工作者管理办法》，成都市人民政府网站，http://gk.chengdu.gov.cn/govInfoPub/detail.action? id=98379&tn=6，访问日期：2022年9月2日。

[2]《成都市民政局关于〈市十七届人大三次会议第180号建议〉答复的函》，成都市人民政府网站，http://gk.chengdu.gov.cn/govInfo/detail.action? id=2813017&tn=2，访问日期：2022年9月2日。

[3]《成都市志愿服务激励办法（试行）》（征求意见稿），中共成都市委城乡社区发展治理委员会网站，http://www.cdswszw.gov.cn/notice/Detail.aspx? id=5938，访问日期：2022年9月2日。

民就医的社区医务室，满足社区残疾人出行的无障碍设施，满足社区困难居民穿衣的衣物捐赠箱，满足子女入托的幼儿园，满足亲子活动的游乐场，满足社区居民运动场、图书室等；从福利设施所面向的群体来看，既包括面向弱势群体的幸福食堂、儿童托育机构等，也有面向社区所有居民的公共交通、活动广场、菜市场、散步绿道、口袋公园、社区运动角等。例如成都市未来公园城市的建设要求，面向的是所有社区内生活的居民，包括了建筑、交通、服务和智能几大方面。[1]

当前福利设施欠缺的问题，着重体现在涉农社区和老旧小区。相较于城镇社区，涉农社区周边的公共服务配套设施都较少，很多仍处于规划之中。尤其对于安置拆迁社区来说，问题更加突出。福利设施的缺乏，使得社区一室多用成为常态，无法开展更为丰富的活动。

对于老旧小区而言，社区的基础设施已经老化，无法满足当前社区福利治理的需求。为此，有的社区通过居民筹资的方式对福利设施进行升级完善，有的社区则只能暂时"用服务、创新和人情弥补"。面对福利设施不足的问题，成都市于2022年出台《成都市城镇老旧院落改造"十四五"实施方案》，预计在2022年到2025年计划改造老旧院落2242个，涉及居民近23.3万户，总投资约55亿元。在资金支持方面，按户投入改造资金，锦江区、青羊区、金牛区、武侯区、成华区老旧院落硬件设施改造补助金额为平均每户5000元，其他区（市）县平均每户2000元。[2]

（二）居民参与度不够

社区福利治理离不开居民的参与，这种参与是通过直接与政府或其他公权力机构互动的方式，来决定社区公共事务和参与公共治理的过程。自雪莉·阿恩斯坦（Sherry Arnstein）提出公民参与阶梯理论之后，学界在此基础上对该理论进行了深化，综合来看社会参与可以划分为几个层次：首先是公民配合政府进行信息收集、公民向公共机构进行咨询，这是最为表层的参

---

[1]《〈成都市未来公园社区建设导则〉出台》，成都市人民政府网站，http://gk.chengdu.gov.cn/govInfo/detail.action?id=3388706&tn=2，访问日期：2022年9月1日。

[2]《成都市城镇老旧院落改造"十四五"实施方案出台》，成都市人民政府网站，http://gk.chengdu.gov.cn/govInfo/detail.action?id=3258844&tn=2，访问日期：2022年9月1日。

与；其次是公民在公共政策形成过程中的参与；再次是公民与政府建立伙伴关系；最后是权力转移到公民手中，公民有完全的自决权。[①]

从参与者构成来看，成都市居民参与社区福利治理在结构上存在不足。据统计，2017年以来，成都市推出"在社区·爱成都"社区志愿服务品牌，推动志愿者主动参与，邻里关爱互助，促进社区志愿服务常态化。2020年平均每天有410余位市民成为志愿者、每天开展300余场志愿服务，全市已有241万市民走进社区参与志愿服务。[②] 然而，当前参与社区福利治理的社区居民，仍以党员和退休居民为主，那些年纪较轻、仍处于就业阶段的居民参与程度不足。从客观条件上来说，社区活动开展时间基本在白天，和社区居民上班的时间相互冲突。此外，社区活动仍主要面向特殊群体，如老年人、残疾人和儿童，由此产生了一种恶性循环。在调研过程中，我们发现社区居民虽然对居委会工作多持肯定态度，但仍对社区福利治理了解不足，对自身应有的权益更加知之不详。

从参与层次上来看，社区居民主要还是以信息提供和志愿服务提供为主，在社区福利治理方案提出、审核、决定乃至评估方面，居民的参与较为有限和被动。在调研中发现，社区居民角色还未能从"社区福利的接受者"向"社区福利的治理者"转变，最明显的体现在于社区居民对居委会的过度依赖。社区居民往往将居委会当成社区福利治理的唯一提供者，而忽视了自身所能够发挥的主观能动性。这种现象在单位社区体现得更加明显，这类社区居民包含了不少的退休职工，他们经历了单位包揽一切的社区治理阶段，还未能转变认知习惯，仍习惯于将问题抛给社区去解决。

（三）社区工作负担较重

"上面千条线，下面一根针"。社区承担的角色过多，包括居民信息收集者、外部资源协调对接者、社区居民问题的解决者、社区资金的筹集和

[①] 刘红岩：《国内外社会参与程度与参与形式研究述评》，《中国行政管理》2012年第7期。
[②] 《传递蓉城温暖 携手迎接大运2020成都社区志愿服务周启动》，中共成都市委城乡社区发展治理委员会网站，http://www.cdswszw.gov.cn/tzgg/Detail.aspx?id=16204，访问日期：2022年9月1日。

管理者等。早在2016年，成都市就出台关于减轻社区负担的十条措施，其中包含缩小社区规模、精简社区工作、协调社区各治理主体、充分利用信息系统的便捷性等方式来为社区减负。① 然而，根据调研的情况来看，依然存在社区居民过载、工作人员缺乏的问题。相关文件规定城市社区2000—4000户、农村社区300—1500户，但现实中居民数量达万人乃至近3万人的社区不在少数，而社区的工作人员甚至仅有十几个，远不能覆盖所有有需要的群体，往往使得社区工作人员疲于奔命。

数字平台的建立和信息技术的使用，确实帮助社区减少了大量的工作，然而数字化并不意味着社区工作能够实现完全的"无人化"。实际上收集、更新和维护数据本身，已经占用了社区工作人员的大量时间，以至于社区需要经常依靠志愿者和物业公司进行居民信息的初步收集，有条件的社区则将数据交给专业化的公司来打理。然而，志愿者在大多情况下仅可以作为临时的、辅助性的人员补充，专业化的公司运作也有弊端，过度依赖非社区工作人员，也会在一定程度上影响工作质量。尤其是新冠疫情期间，防疫抗疫更是成为社区工作的重中之重。社区卫生、社区特殊群体的照顾、社区普通居民的情绪安抚、上级防疫政策的宣传，都依靠社区工作人员挨家挨户地走访和排查，社区的工作量大幅度增加，使得本就窘迫的人力资源捉襟见肘。

二 问题的成因分析

(一) 物业"强势"与居委会"弱势"

社区的定位在于服务社区居民，倡导社区居民自治，解决居民日常生活中的问题。然而，社区自身无法提供所有公共服务，一方面必须依靠政府部门的福利资源供给，另一方面必须依靠物业公司负责社区中水电气等基础设施维修、安保等问题。但是，物业公司推诿责任的现象时有发生。如果物业不能把工作做好，那么社区工作人员往往成为协调物业和社区居

---

① 《成都市民政局中共成都市委组织部印发〈关于减轻城乡社区负担的十条措施〉的通知》，成都市人民政府网站，http://gk.chengdu.gov.cn/govInfoPub/detail.action?id=1471423&tn=2，访问日期：2022年9月1日。

民之间矛盾的"第三方",需要处理大量的协调沟通工作。

此外,业主委员会的功能缺位也增加了社区的工作负担。虽然2022年5月四川省出台了《四川省物业管理条例》,明确业主委员会拥有选聘、续聘物业服务人的权利,且街道办应指导社区物业活动。[①] 但是,当下业主委员会自身发展尚不成熟,社区居民亦缺乏维护自身权利的其他渠道等,都严重影响了社区居民和物业公司的协商效果。此外,街道办虽然有指导物业公司之职,但没有相应的资源来对物业公司进行实质上的奖惩。居民和物业公司沟通无果后的结果就是,社区从问题的协调方变成了问题的解决方,承担了本该由物业公司承担的责任。

社区自身并没有相应的权力去解决社区居民的福利需求,在与政府部门沟通时也处于劣势地位,无法完全掌握社区福利问题解决与否以及解决的质量。最终,在多方的"推脱扯皮"之后,社区居民仍然将问题抛给社区居委会解决,社区具有了兜底保障的功能。

(二) 社区福利需求多样化

社区本身是多样化的,异质性较强。不同的社区所面临的福利需求,所能对接的资源都不同。成都市虽然划分出城镇社区、产业社区和农村社区三类社区,但也仅对每类社区居住人数进行了指导,目前的政策还没有针对不同类型的社区给予相应的资源倾斜。[②]

从资金筹集方面来看,有的社区能够实现资金的循环生产,有的则只能依靠上级政府的拨款。有的农村社区通过盘活社区集体经济,不仅能够为社区福利提供注入活力,还能够直接增加居民的收入。例如,成都市温江区万春镇天乡路社区被原农业部评选为全国农村集体经济发展典型案例,社区通过将集体建设用地租赁给公司投资修建天乡农贸市场、对集体商铺统一打造获得租金、创办公司开展服务等多种经营模式,增加集体经济收入,其中2021年集体获得经营收入1100

---

① 《四川省物业管理条例》,成都市人民政府网站,http://gk.chengdu.gov.cn/govInfo/detail.action?id=139949&tn=6,访问日期:2022年9月1日。
② 《成都城乡社区发展治理:将分三类社区打造七种生活场景》,成都市人民政府网站,http://gk.chengdu.gov.cn/govInfo/detail.action?id=2479742&tn=2,访问日期:2022年9月2日。

万元。集体经济的发展促进了经济发展，实现了社区转型，且提高了群众生活水平。然而纯商业住宅社区在这方面则没有优势，只能依靠上级拨付资金。根据成都市颁布的社区保障资金规定，社区保障资金配比和社区人数有关，未能进一步考虑社区人员构成和由此产生的差异化社区福利需求。

具体到社区福利需求，则差异更大：有的社区老龄化严重，老年服务需求量大；有的社区是涉农社区，社区福利设施相对缺乏；有的社区流动人口较多，社会保险的转移接续是一个难题；有的社区位于老城区，社区环境改造亟须提上日程。正是因为不同社区的福利需求存在差别，且这种差别是多个维度的——既有经济发展维度，也有人口结构维度，还有时间维度。根据这些维度，大致可以划分出老旧社区、单位社区、农村社区、新兴社区和产业社区五种类型，每种社区类型的定义和社区福利治理问题汇总见表6-1。

表6-1 社区类型及对应福利需求

社区类型	特点	社区福利需求
老旧社区	主要位于主城区及各区（市）县老城区，社区内多老旧建筑	基础设施老化；人口老龄化较高；缺乏物业公司管理
单位社区	国企、事业单位聚集社区，社区居民多为员工或家属；社区人员多已退休，部分居民已经搬离社区	基础设施老化；人员流动较快；社区居民对社区依赖性强
农村社区	主要位于农村或城市郊区，拥有一定集体经济	福利设施不足；社区居民生活习惯转变困难
新兴社区	主要位于中心城区、绕城高速公路以外的新建城区，社区为纯商业住宅小区	人员流动较快；社区居民归属感弱
产业社区	主要位于中心城区和各区（市）县产业功能相对集中的区域	人员流动较快；社区居民参与治理困难

上述不同社区类型存在自身福利治理的难点，也存在对社区福利治理的特定需求。同时，几乎每种类型的社区都有一些共性的问题。在成都这样一个人口老龄化高于全国平均水平、人口规模不断增加、城市建设不断外扩的城市，社区人口结构会不断趋于老龄化、复杂化，外来居民与本地

居民、城市居民与农村居民、老年人与青年人之间的冲突与矛盾会不断产生，这些都将成为成都市社区福利治理面临的突出问题。

(三) 条块之间沟通衔接不畅

社区福利治理首先涉及政府各个部门之间的统筹和协调，各个部门之间的沟通不畅，导致社区福利治理易陷入治理混乱或者无人可管的困境。比如，房管局需要对物业公司进行指导和监督，以配合社区为居民提供福利，但是在实际运转过程中，房管局社区和物业公司三方难以形成有效沟通。尽管成都市房管局通过运动式治理，缓解了物业和社区之间的紧张关系，[①] 但是未能形成常态化的沟通协调机制。再如，针对残疾人的福利治理，涉及民政、残联、医保局以及医院等多个部门。民政部门发放针对残疾人的津贴和救助资金，残联除了发放一些针对残疾人的补贴之外，还负责残疾人医疗保险的部分缴纳以及残疾人生活能力鉴定的沟通协调。但现实中，残疾人福利治理所涉多个部门之间的协调难度较大。

其次是部门之间的信息对接问题，各个部门之间的数据平台各自为战、无法互通，导致信息重复采集。社区是居民福利治理需求信息的首次集中地，虽然数字技术减少了社区的工作负担，然而不同部门信息的重复采集，又极大地增加了社区的工作量。

最后，涉及政府部门与社区之间的沟通衔接。比如，低保政策、医保政策、养老保险和服务政策、儿童和残障政策等，如何在社区层面进一步延伸到家户。衔接不畅的结果，就是将问题一股脑儿推给了社区，由此导致社区福利治理过程中，社区干部对相关政策的理解和执行难以完全到位，社区居民的福利需求得不到有效反映和及时解决。

第六节　启发与政策建议

成都市作为全国社区治理的先行者，在顶层设计上出台了统领性文

[①] 《成都市开展了2018年第二次物业管理大检查》，成都市人民政府网站，http://www.chengdu.gov.cn/chengdu/home/2018-11/28/content_c58453d819424c7fa3177f1cb12dbcd7.shtml，访问日期：2022年9月1日。

件，社区治理体系不断完善。同时，成都市在社区福利治理的实践中积累了丰富的经验，不断满足社区居民的福利需求，取得了明显的治理成效。

一 主要启发

通过对成都市社区福利治理的文件进行梳理，结合对成都市13个社区、18位社区工作人员以及16位社区居民的深度访谈，在探究了成都市社区福利治理的日常实践之后，调研结果表明，成都市社区福利治理有着创新性的先进经验。一是成都市是全国第一家在市级层面成立领导小组进行福利资源统筹的城市，这种统筹思路贯穿于成都市社区福利治理的规划、资金筹集、服务递送等各个环节。二是成都市充分利用数字技术，提高社区福利治理的效率，减少了社区工作人员的负担。三是成都市出台了大量政策措施推动社区福利治理，比如社区发展保障资金的设立、社区工作者待遇的规范、志愿者评级文件的出台、物业管理条例的施行等。当然，成都市的社区福利治理也存在一些问题和不足。首先，社区资金主要依靠上级拨付，或者依靠社会捐赠，少量则来源于社区自身，资金可持续性不足。其次，社区福利设施较为缺乏。再次，由于主观依赖心理和客观福利治理面向的群体较为狭窄，社区居民参与社区福利治理的程度和积极性不高。最后，社区承载了过多的政府角色，基层社区工作负担过重。造成上述问题的原因在于，物业公司和社区居委会之间未能"各谋其政"，各级政府部门之间衔接出现问题，社区之间的差异性增大了社区福利治理的难度。

需要说明的是，尽管课题组对成都社区福利治理进行了长时间、较为深入的调研访谈，掌握了较为丰富的一手资料，但是仍有以下三处值得改进的地方：第一，未能对社区的异质性进行深入挖掘。不同类型的社区所掌握的福利治理资源、面对的福利治理需求迥异，其适配的福利治理模式也应有所区别。第二，未能对社会组织、共建事业单位以及涉及社区福利治理的政府部门进行访谈。目前仅了解了社区工作人员和个别居民对社区福利治理的看法，缺乏对其他治理主体进行综合分析。第三，未能充分立足于小区这一治理主体。居民在日常生活中，最先接触的是小区，小区在福利治理过程中承担的角色至关重要，有学者甚至提出建立以小区为共同体的福利治理模式。① 在本次调研中，未对小区在社区福利治理中的作用进行深入探讨。

二 政策建议

基于对成都市社区福利治理的经验总结和问题成因分析，现提出以下五条政策建议。

第一，规范社区福利治理主体的权责范围。参与社区福利治理的主体主要包括各级政府部门、社区居委会、物业公司、社区居民、社会组织、企业和事业单位。需要明确各级政府部门的角色为指导者、监督者和社区资金拨付者；物业公司则是在市场契约范围内的福利提供者；社区居民主要作为福利治理的享受者，同时也要作为参与者；社会组织和企业则主要是社区福利治理的项目承接者和资金捐赠者；事业单位则负责各自范围内的业务，也是福利治理的服务和资金提供者。各主体之间要做好分工合作，不能在其位不谋其政，也不能越俎代庖。

第二，加强党委领导，发挥党组织的"整合"和"牵头"作用。党建引领已经深入到社区治理的方方面面。具体而言，"整合"体现在社区福利资源的对接上，比如社区经常和物业打交道，乃至于发生纠纷，又因为社区和物业之间没有管辖与被管辖的关系，所以社区只能将问题抛给上级政府，这样做无疑会加大治理成本。对此，可以增加社区制衡物业的权力以服务社区居民，目前在物业成立党支部是一个办法，通过党建来整合社区与物业之间的资源，搭建两者沟通的桥梁。"牵头"则是以党支部委员会为主体，通过号召发挥党员的先锋模范作用，带头使社区工作顺利开展。

第三，理顺社区福利治理的"横纵"关系，畅通社区福利治理体系。总体来看，目前成都市社区福利治理朝着多层次、多主体的方向发展。从

---

① 王印红、朱玉洁：《基层社会治理创新：从社区"原两委"到小区"新两委"》，《经济社会体制比较》2022年第2期。

横向上看，社区福利治理包括市政、交通、住建、医疗、民政、人社等多个部门之间的合作；从纵向上看，社区福利治理又涉及社区、街道、区（县）级和市级之间的资源互通。所以，做好横向部门的配合以及纵向系统的衔接，是完善社区福利治理体系的重点和难点。

第四，以关爱特殊群体为基础，逐步提高社区福利治理水平。现阶段用于社区福利治理的资源相对有限，这注定了社区福利治理是一个分阶段、分步骤渐进提高的过程。首先，要落实国家为特殊群体提供的福利资源和制度安排，在现有政府部门主导福利的基础上，充分满足社区特殊群体的基本福利需求。其次，随着经济发展水平提高和社区福利资源的扩大，社区福利治理要向高质量、高水平发展，社区福利治理的受益对象要面向所有在社区生活的居民。

第五，增加社区福利的财政资金支持，明确社区保障资金归属。在社区福利资源和公共设施投入方面，应进一步加大政府财政拨款的支持力度，同时做好社区福利规划。在资金权属方面，明确社区发展保障资金的占有者和使用者为社区居民，增大资金使用的透明度，引导居民将社区保障资金由视为"政府的钱"向看作"我们的钱"的观念转变。此外，在资金的使用方面，可以尝试规定一定比例的居民自筹资金，通过资金的投入来调动社区居民参与社区福利治理的积极性。

第七章 成都市儿童友好社区的建设

蔡文萱[*]

第一节 研究背景与意义

认清中国社会特点，沿着中国特色城市发展道路建设是中国式现代化城市建设过程中的重要一环。在中国社会中，家本位是我们区别于西方社会的一个主要特征，也是中国式现代化进程中的一个基础，家庭作为社会的一个基本单元，家庭结构、代际关系在中国式现代化建设中起着重要作用。成都市以代际关系为抓手，着力建设儿童友好城市，在社区治理的过程中重视儿童权益、融入儿童视角，为社区治理和城市建设注入新鲜活力，也为打造适合儿童及其家庭生活的宜居城市打下了坚实基础。儿童是国家的未来，联合国儿童基金会《2012年世界儿童状况报告》数据显示，到2050年，预计全球将会有70%的人口居住在城市地区，而其中大多数人口的年龄将低于18岁。[①] 我国是一个儿童人口大国，目前儿童数量位居世界第二位，保障儿童权利、促进儿童发展是我们应该关注的目标和前进的方向。党的十八大以来，以习近平同志为核心的党中央把培养好少年儿童作为一项战略性、基础性工作，提出坚持儿童优先原则，大力发展儿童事业，保障儿童权利的法律法规政策体系进一步完善的方针。这就要求我们将建设良好的儿童生存与发展环境、满足儿童成长的多方面需求置于社会治理的重要地位。而社区作为社会治理的基本单元，与儿童的生存和发

---

[*] 河南郑州人，中国社会科学院大学博士生。主要研究方向为网络社会学、发展社会学。
[①] United Nations Children's Fund, "The State of the World's Children 2012", 2012.

展有着极为密切的联系。

　　随着现代化程度的加深，越来越多的人口从农村转移至城市，城市人口不断增多、城市空间不断扩大，城市社区成为儿童成长的根据地。而在快速城市化的过程中，城市发展与儿童成长之间产生了诸多矛盾。城市高密度发展过程中产生的人口密度高、居住空间狭小、交通状况恶化等问题严重挤压了儿童的成长和游憩空间[①]；道路的高度机动化、电子媒体的迅速发展改变了儿童日常游戏生态并导致他们日趋"宅"化[②]；过度的城市开发与建设带来空气污染等公共卫生危机[③]。这种种问题要求我们将儿童保护与培养的重心放在儿童友好社区的建设上。《中华人民共和国国民经济和社会发展第十四个五年规划和2035年远景目标纲要》提出，要开展100个儿童友好城市示范，加强校外活动场所、社区儿童之家建设和公共空间适儿化改造，完善儿童公共服务设施。[④]

　　儿童友好社区建设是充分响应儿童发展需要、保护儿童权利、实现儿童普惠公平的必然要求，也是创新社会治理路径的积极实践。一方面，儿童友好社区建设为少年儿童的成长和发展创造了良好的环境。随着时代的发展，儿童的发展需求日趋多元，对少年儿童的培养不再仅仅局限于学校教育中。个体的社会性是人的基本属性，学校教育所传授的知识以及主流价值标准和规则需要在社会实践中予以巩固。社区作为除学校和家庭外与儿童关系最为密切的社会环境，理应承担起满足儿童成长需求、保障儿童发展权利的职能。儿童友好社区建设致力于满足儿童日常出行、社交、学习、游戏等成长需求，通过建设"保障安全、体现包容、提供便利、尊重天性、激发共创"的社区氛围，保障儿童的健康成长，促进儿童自身潜力的发挥。另一方面，

---

① 陈晓彤、何逊、成露依等：《高密度城市儿童游憩空间规划建设策略》，《规划师》2022年第6期。

② 沈瑶、刘晓艳、刘赛：《基于儿童友好城市理论的公共空间规划策略——以长沙与岳阳的民意调查与案例研究为例》，《城市规划》2018年第11期。

③ 王晨冉、徐韬：《儿童友好城市建设在健康领域实践进展与启示》，《中国公共卫生》2022年第1期。

④ 《〈中华人民共和国国民经济和社会发展第十四个五年规划和2035年远景目标纲要〉释义》，中国计划出版社2021年版，第91页。

儿童友好社区建设也是创新社会治理路径、提高城市治理水平的重要抓手。儿童是社区内最具活力也是最具凝聚力的群体，调动儿童对社区社会生活的积极参与对于提高其家庭参与的积极性具有极大的促进作用，从而能够进一步提升社区的凝聚力。同时，儿童也是社区治理的一个重要主体，儿童友好社区建设致力于让儿童参与进社区公共事务的处理当中，在保障了儿童参与权利的同时，也为社区治理提供了新的视角，从与成年人截然不同的儿童的角度为社区事务的处理及社区环境的建设提出了全新的思路。

近年来，成都市立足西部超大城市治理特点和规律，紧密贴合成都社区治理发展强大基础，积极探索儿童友好社区建设路径，获得了丰富的经验，形成了儿童友好社区建设的"成都模式"，推进了我国儿童友好城市与儿童友好社区建设的发展实践。

第二节 儿童友好社区建设的理论来源与实践发展

一 儿童友好社区的概念源流

早在19世纪80年代，美国就率先开展了游戏场运动（The Playground Movement），关注儿童成长过程中游戏空间的打造；1960年，联合国教科文组织发起了"在城市中成长"（GUIC：Growing Up in the City）项目，从儿童的视角出发探索能满足其需求的环境；到1996年，联合国儿童基金会和联合国人居署在第二届联合国人居大会首次提出建设"儿童友好城市"的倡议，致力于落实《儿童权利公约》，核心是保护儿童的四大权利，建立一个倾听儿童心声，实现儿童的需求、权利和优先权的城市治理体系，并在此后通过联合国儿童基金会的项目和平台向全球推广"儿童友好城市"（CFC：Child Friendly City）认证。2002年，联合国儿童特别会议明确了"建设适合儿童成长的世界"的十项原则与目标。2004年，联合国儿童基金会（下文简称"儿基会"）发布了儿童友好城市的行动框架，提出了在城市建设中有关儿童福祉的12项权利。儿基会认为：儿童友好城市是一个明智政府在城市所有方面全面履行儿童权利公约的结果，不论是大城市、中等城市、小城市或是社区，在公共事务中都应该给予儿童政治优先权,将儿童纳入决策体系中。2018年5月,联合国儿童基金会以儿童为重点发布了《儿童友好型城市规划手册》,强调城市规划首先应关注儿童所需要的相关概念、依据和技术策略。

儿童优先原则在社会治理方面的贯彻落实是社会进步的体现。在我国,国务院妇女儿童工作委员会于2010年便开始了基于社区的儿童及家庭普惠服务体系的社会实验,随后发布了《儿童友好社区建设规范》,指出我国儿童友好社区建设的核心应由"政策友好、空间友好、服务友好、文化友好及从业者友好"五个部分组成,提出了"儿童最大利益原则、普惠公平原则、儿童参与原则、共建共享原则"四个基本原则,包含"制度建设、空间建设、服务提供、文化建设、人员要求与管理"五大板块。党的十九大报告提出,要坚持在发展中保障和改善民生,在"幼有所育"上不断取得新进展。这是新时期我国推进儿童事业发展的重要标志,一系列重要的政策文件随之出台。

在2021年3月13日发布的《中华人民共和国国民经济和社会发展第十四个五年规划和2035年远景目标纲要》中,抚幼的要求体现在多方面。一是加快数字社会建设步伐,聚焦教育、医疗、养老、抚幼、就业、文体、助残等重点领域,推动数字化服务普惠应用,持续提升群众获得感。二是制定人口长期发展战略,优化生育政策,以"一老一小"为重点完善人口服务体系,促进人口长期均衡发展。增强生育政策包容性,减轻家庭生育、养育、教育负担,推动实现适度生育水平的相关要求。三是在健全婴幼儿发展政策,发展普惠托育服务体系,健全支持婴幼儿照护服务和早期发展的政策体系。加强对家庭照护和社会服务的支持指导,增强家庭科学育儿能力,积极发展多种形式的婴幼儿照护服务机构。儿童友好城市建设也被列入了"一老一小"服务项目之中,"十四五"规划中明确要求开展100个儿童友好城市示范、加强校外活动场所、社区儿童之家建设和公共空间适儿化改造,完善儿童公共服务设施。[①]

---

① 《中华人民共和国国民经济和社会发展第十四个五年规划和2035年远景目标纲要》,人民出版社2021年版。

二 儿童友好社区建设的发展实践

部分欧美国家从20世纪70年代开始陆续回应"儿童友好城市倡议",开展了一系列实践。我国从2016年深圳市申请加入"儿童友好城市倡议"起,也开启了一系列儿童友好社区和儿童友好城市建设的实践。对国内外的相关实践进行总结,儿童友好社区建设主要集中在三个维度:儿童服务、儿童保护以及儿童参与。

(一) 儿童服务

儿童服务侧重于城市和社区为儿童提供的公共服务,包括儿童的教育、医疗、住房、游憩空间等。美国丹佛市将小学游戏场地改造成了更加具有创新性的玩耍和学习空间,打造"见学地景",结合了动物、昆虫和植物的颜色、图案和纹理,如画在走廊上的蝴蝶的生命周期、嵌入游戏坑的抽象昆虫形态图案,以及将蜜蜂的飞行路径整合到户外冒险区等,为儿童创造更多与自然接触的机会,启发儿童在游戏中学习。类似的还有日本的"森之幼儿园",与丹佛市不同的是,"森之幼儿园"并没有什么游戏设施,它是以一片森林为园,让孩子们自由地在大自然中玩耍,不设置固定的游戏方式,让儿童可以根据自己的个性和思维方式自行选择游戏方式。在我国,成都市积极推动儿童友好公园建设,在金牛区亲水园、成华区杨柳公园二期、龙泉驿区奶牛公园、锦江区晨辉路公园、武侯区铁佛公园、金牛公园等8个公园内布局点状坡造型,精准植入儿童艺术乐园,构建亲子类游憩体验。

在儿童友好的住房保障方面,荷兰鹿特丹为了改善因公益性住房过多造成的儿童居住与休闲空间质量的下降,在市中心周围新建了数百幢独立的家庭住房,配备充足的户外花园空间和孩子的玩耍空间,每个社区还建有至少两所教育水平优良的学校。加拿大温哥华的家庭友好型住房政策规定,该市密集型住宅的1/4必须划分给家庭友好型社区。所谓家庭友好型社区,就是自然光线达标、规划有位于低层的家庭型住房、公共儿童小汽车存放地点、游乐设施、配有戏水或玩沙地点等的社区。在该类社区附近1千米范围内,必须配备有日托中心和超市,并规划有安全步行路线。成都市推动儿童"15分钟公共空间体验网络""半小时自然体验圈"纳入社区生活圈公服设施规划导则，使儿童在社区中就能够享受到各种公共服务。

(二) 儿童保护

儿童保护主要包括对儿童安全的保护以及对边缘儿童权利的保障和救助。约旦将难民儿童的保护作为儿童保护的重要内容，通过生活技能教育、社会创新实验室、职业教育等方式来提高难民儿童的生存能力。法国通过提高服务的可及性、跨部门协调、育儿支持以及残疾儿童充分和平等的参与等方法来建构包容性的城市政策。成都市充分发挥政府作用，保障儿童权利，从2015年开始，成都在全国率先倡导将每年六月的第一周作为"儿童保护周"，通过政府、社会组织、媒体、爱心企业、公众等各方参与，推动社会力量有序参与儿童关爱保护工作。同时，努力增进包括儿童在内的罕见病患者医药可及性与持续性。截至目前，共有10余名罕见病患儿受益，累计为罕见病患儿家庭减轻320余万元经济负担。教育、民政、财政、卫健等部门协同努力，为边缘儿童提供救助，截至目前已为2632名0—6岁残疾儿童提供了康复手术、康复训练、辅具适配等康复救助补贴，发放康复补贴1975.57万元，为2295名7—15岁残疾儿童提供康复救助、发放康复补贴1830.22万元，为孤儿、困境儿童、事实无人抚养儿童发放基本生活费、生活补贴1500余万元。[①]

在对儿童安全的保护方面，加拿大北温哥华市对步行道和自行车道进行了重新设计和改造，儿童步行和骑自行车上学的比例明显提高。挪威奥斯陆市议会采纳了50余项交通改造计划如建设安全的十字路口、确保儿童经常到达的目的地适合步行等。英国伦敦设计了步行巴士，所谓"步行巴士"其实是一群孩子在两个以上大人的护送下步行上下学的方式。"步行巴士"是由参与的家长自发组织轮流护送孩子，其中一名成年人充当"司机"的角色走在前面带领整个队伍通行，另外一名则充当"售票员"角色跟在队伍后

---

① 《2022年成都市儿童友好城市建设半年工作推进会顺利召开》，https://www.cdsfl.org.cn/show-13-53373-1.html，访问日期：2022年9月10日。

面。"步行巴士"同传统的巴士一样设有固定线路和"巴士站",即沿途可以让孩子们加入"步行巴士"的地点,也规定了固定的"接站时刻",并且选线、道路提示与设计以及站点位置都经过认真考量,保证了儿童的出行安全。成都市不仅致力于保障儿童出行安全,还关注儿童的网络安全和食品安全问题。为净化未成年人的上网环境,成都市委网信办、公安等部门和属地依法约谈存在涉黄信息等违法违规平台 10 余批,共拦截各类有害信息 21 万余条;全市出动执法人员 11920 人次,检查学校大宗食品原料供应商 224 户,抽检食品 862 件;取缔无证供餐食堂 1 户、取缔学校周边无证经营者 1 户、责令改正 200 户,保障儿童能够吃得安心、吃得放心。[1]

(三) 儿童参与

儿童参与度是衡量儿童友好型城市成熟程度的重要标志。在建设儿童友好城市(社区)的过程中,不仅要做到"为儿童规划(done for children)",更重要的是要做到"让儿童规划(done by children)"[2]。意大利采用工作坊、活动小组等方式,为儿童提供与建筑师、规划师一同参与设计的机会;德国雷根斯堡市的儿童参与主要集中在日常事务领域,儿童可参与包括游戏场规划、土地利用总体规划、青少年救助规划、中小学校和青少年机构的改建或新建设施等与自身生活息息相关的重大项目;日本二世谷町成立了面向中小学生的社区营造委员会,通过儿童考察城市、讨论问题并汇总提案,收集儿童的声音,从中选取有意义的提案来实现;成都市以社区为单位鼓励儿童参与,全市建立社区儿童议事会 328 个,开展议事活动 625 次,250 个儿童意愿得到满足,累计 60 余万人次儿童参与社区活动,儿童在社区发展中的知情权、表达权和参与权得到充分保障。[3]

---

[1] 《2022 年成都市儿童友好城市建设半年工作推进会顺利召开》, https://www.cdsfl.org.cn/show-13-53373-1.html, 访问日期: 2022 年 9 月 10 日。

[2] Sofia Cele, Danielle Ekman Ladru, " Participation, Consultation, Confusion: Professionals'Understandings of Children's Participation in Physical Planning", *Children's Geographies*, Vol. 1, 2015, pp. 14 – 29.

[3] 中国日报四川记者站:《建设"儿童友好城市"蓉城在行动》, https://sc.chinadaily.com.cn/a/202112/09/WS61b1f3c5a3107be4979fc527.html, 访问日期: 2022 年 9 月 10 日。

第三节　成都市儿童友好社区建设的实践

根据2020年1月13日召开的儿童友好城市建设及儿童友好社区实践主题研讨会上发布的《儿童友好社区建设规范》，在全国范围内，首批试点预审通过的89个社区中，成都市占27个，通过的儿童友好社区数量居首位。2019年起，成都市妇联通过论证研究、主题研讨、专题建议等一系列举措，推动"建设儿童友好城市"纳入成都市"十四五"规划纲要，推动儿童"15分钟公共空间体验网络""半小时自然体验圈"纳入社区生活圈公服设施规划导则，2021年"建设儿童友好城市"从妇联倡议上升成为城市战略。成都市委、市政府在2021年开始实施的《成都幸福美好生活十大工程实施方案》和《成都市"十四五"规划》中明确提出要彰显"全龄共享·友善公益"的城市气质，聚焦一老一小和特殊群体。以及2025年，实现品质为先、动态成长、充满活力的儿童友好社区全覆盖，建成"儿童友好型城市"。同时，建立完善与成都市经济社会发展水平相适应的未成年人关爱保护体系。成都市自启动儿童友好城市建设工作以来，坚持从"一米"高度看城市，将儿童友好的理念进一步融入建设践行新发展理念的公园城市示范区的过程中。2022年，全市789个社区通过儿童友好社区建设评审；在四川天府新区润泽幼儿园、天府人文艺术图书馆、成华区图书馆、成都市妇女儿童中心医院等20家单位开展儿童友好单位建设试点；建成314个儿童友好幸福场景，绘制了公园城市儿童幸福底色。①

一　以儿童权利保护为核心的成都路径

儿童友好的理念源自1989年《儿童权利公约》中提出的儿童具有生

---

① 《中共成都市委 成都市人民政府关于实施幸福美好生活十大工程的意见》，成都市人民政府网站，https://www.chengdu.gov.cn/chengdu/c146913/2021-03/11/content_3d7b7ea981964f5ebc59bd214cb758fe.shtml，访问日期：2022年9月10日。

命权、受保护权、发展权与参与权四大权利。[1] 成都市在建设儿童友好社区的过程中始终坚持"儿童发展以权为本",致力于保护儿童权利、促进儿童发展,并以此为核心进行了一系列有益的尝试,从中发展出了一条儿童友好社区建设的"成都路径"。

为了给儿童成长发展提供良好的环境、条件和服务,成都市率先致力于推进社区中儿童之家的建设。截至2020年,成都市建有"儿童之家"的城乡社区比例已经达到100%。[2] 儿童之家是为儿童及其家庭提供理念倡导、能力提升、游戏娱乐、社会心理支持和转介等服务,开展社区动员活动、联动社会资源的基层儿童保护阵地。首先建设儿童之家提供了儿童友好的物理空间,为保护儿童生存发展的权利提供了阵地保障。成都市推动全市所有城乡社区建成儿童之家,确保所有儿童之家室内活动空间不少于30平方米,并引入专业社会组织开展运营管理,为儿童友好社区建设提供了基础阵地。在成都市各个社区的儿童之家中均设置有儿童活动的专门区域和游乐设施,并进行了适儿化改造,在为儿童提供了宽敞的游憩空间的同时,进一步保障了儿童的生命健康安全。在这里儿童及其家庭不仅拥有了儿童活动的安心环境,还可以享受到游戏、娱乐、教育、卫生、社会心理支持等专业的社会化服务,切实维护了广大儿童的权益。

在保障儿童友好的物理空间和阵地的基础上,成都市进一步聚焦以儿童服务为核心的品牌建设,推动社区结合所辖家庭结构、儿童需求、居民构成,整合各类资源因地制宜地打造儿童特色服务品牌。同时,围绕公共友好服务,成都市进行了儿童友好单位建设:包括51所儿童友好学校建设;依托综合性医院、儿童医院等打造儿童友好医院;依托现有的图书馆进行儿童友好阅读空间的建设;开展儿童友好博物馆试点建设,打造"周末儿童博物馆"服务品牌;对自然公园、城市公园、广场、绿地等进行适

---

[1] 《2022年成都市儿童友好社区建设评审会顺利举行!》,成都公益组织服务园微信公众号2022年11月8日,https://mp.weixin.qq.com/s/MQ-9WFYFswjVPILqeK aunw,访问日期:2022年11月22日。

[2] 《儿童权利公约》,https://www.un.org/zh/documents/treaty/A-RES-44-25,访问日期:2022年9月10日。

儿化改造，建设儿童友好公园；配备儿童友好公共设施，推动机关企事业单位、医院、写字楼、公园、交通枢纽站点、文化体育场馆等公共场所母婴室建设，为儿童及其家庭均提供了贴心的服务。

同时，成都市抓住儿童参与这一重点，充分保障儿童的参与权，进行以儿童议事会为核心的机制建设，指导社区成立儿童议事会，开展各具特色的儿童议事活动，探索儿童参与社区事务的机制。儿童友好社区和儿童友好城市的建设不仅需要政府推动、儿童参与，还需要社会力量的支持。2009 年，联合国儿童基金会进一步明确了"高质量参与"应满足的九项基本要求，涉及"透明公开、自愿参与、尊重儿童、有相关性、对儿童友好、有经过适当培训的成年人提供支撑、有包容性、确保安全、保持较强的风险防范意识及负责任"。这就要求专业机构的服务和人员支持以及普罗大众的理解与积极参与。成都市注重动员社会力量参与，首先，动员家庭参与，以"蓉城幸福家"为主题，举办"儿童友好义集""社区家庭日"系列活动，以家庭和睦促进儿童友好。其次，动员社会力量参与。一方面，针对服务于儿童的社会组织开展专业化、集成化、品牌化培育，推动优质项目落地实施。以"公益＋市场"等方式，激发企事业单位参与儿童友好城市建设的活力；另一方面，动员高校志愿力量参与，共发动了驻蓉 45 所高校的 125 个公益社团，成立"家庭巾帼志愿者联盟"，引导其结合学科特长，为儿童开展知识讲座、实践拓展等志愿服务活动。

二 "服务·保护·参与"三位一体的儿童友好社区建设

成都市新都区大丰街道太平社区是一个位于成都市东北角的城乡接合社区，由拆迁安置小区和商品房小区共同组成。社区内共有 10 个小区，常住人口约 2.7 万人，其中户籍人口 6000 余人，流动人口约 2.1 万人，社区居民中 80% 以上为外地来蓉务工或经商的外来人口。同时，太平社区也是一个较为年轻化的社区，在 2.7 万名居民当中，35 岁以下的青、少年人口占比达到 49%，其中包括 5900 余名儿童。另外，太平社区内还拥有三所幼儿园、一所小学、一所完全中学，属于学区房，因此儿童也就成为社区治理的重要服务对象。这样的人口构成也使得太平社区居民之间关系松散、链接薄弱，居民对社区的认同感和归属感不强；同时由于社区内年轻人较多，日常工作的繁忙使他们无暇参与社区活动，因此社区活动的参与度较低；儿童数量较大也给社区的儿童保护和儿童服务工作提出了要求和挑战。

为了更好地为社区居民服务，让社区内的家庭和儿童在家门口就能享受多元化的生活服务，太平社区引入了第三方社会组织"创女时代"，并吸引工、青、妇等群团力量加入，升级打造成为了现在的"和·平驿站"沉浸式家庭服务馆。驿站占地面积19.5亩，室内建筑面积2200平方米，室外面积1.19万平方米。包括了供居民休闲健身的和平广场，便捷办事群众的和惠·社区便民服务厅，便利生活服务的和悦·家政服务馆，展示文化传承的和谐·家风长廊，可以提供美食和咖啡的和顺·家风会客厅，助力创业就业的和创·创业就业区和服务社区孩童的和育·儿童之家。"和·平驿站"也就成为了太平社区儿童友好社区建设的阵地基础。

有了基础的物理空间，太平社区顺着"政策友好、空间友好、服务友好"的路径进行了儿童友好社区的打造。首先，政策友好。成都市民政、财政、卫健、残联等部门，积极推进权利保障友好，为2632名0—6岁残疾儿童提供了康复手术、康复训练、辅具适配等康复救助补贴，发放康复补贴1975.57万元，为2295名7—15岁残疾儿童提供康复救助，发康复补贴1830.22万元，为孤儿、困境儿童、事实无人抚养儿童发基本生活费、生活补贴1500余万元。太平社区的困境儿童也享受到了相关权利保障政策带来的福利。2022年5月，太平社区下辖的保利三期小区中有一名儿童被查出患有淋巴T细胞瘤，后转为急性白血病，社区得知这一情况后，将其上报至大丰街道，后又上报至新都区民政部门，最终该患儿根据相关帮扶政策得到了红十字会等组织和部门的资金救助。为了给社区内的儿童更好地提供公共服务，除了保障困境儿童的权利，成都市也实施了一系列政策和行动。为解决社区资源不充足、人员不专业的问题，成都市妇联在2019年建立了成都市妇女儿童类社会组织培育服务平台，三年来一直在持续开展社会组织的培育工作，并试图将这些专业的社会组织的服务下沉到各个社区的儿童之家中。采用"政府领办、街道搭台、社区牵头、企业运营"四方共建方式，创建

"枢纽社会组织+多元合作（孵化）社会企业+志愿者"的服务主体，由社会组织对场馆开放、公益性文体活动、低收费服务项目等实行社会化运营。太平社区的"和·平驿站"就是成都市妇联牵头设立的成都市首个市级创建点，在市妇联的指导下，太平社区引进了多家优秀的第三方社会组织和专业服务机构，为居民提供多种优质服务。

其次，空间友好。爱玩好动是儿童的天性，但是如今在城市中生活的儿童大多居住于单元楼内，缺乏能够安全又自由地活动的空间，因此儿童友好的空间建设是建设儿童友好社区非常重要的一环。一方面，太平社区建设了大量儿童户外游戏空间。儿童之家的户外面积有2000余平方米，建设有儿童乐园、篮球场、儿童轮滑场地、种植劳作园等，为儿童提供了充足的活动和游戏空间。另一方面，在室内空间的打造上，太平社区"和·平驿站"儿童之家的室内面积有500余平方米，设有图书室、烘焙坊、舞蹈室、心理疏导室等多种功能空间，和·平驿站一层一进门映入眼帘的就是一道家风长廊，展示了杨升庵、艾芜、田家英的生平和事迹，以及新都区最美家庭的家风传承，让在此停步休息的家庭与经过的孩子们在上课的途中、玩耍的路上驻足便能体会到优良家风的传承。同时，在保护儿童安全的空间建设上，在室外空间，太平社区的步道以及儿童乐园等儿童游玩场地均采用塑胶铺设，保持地面平整、防滑的同时，塑胶柔软的特性也能够在儿童意外跌倒时能起到一定的缓冲作用；在室内空间，整个"和·平驿站"中有尖锐棱角的地方都贴上了儿童防撞角，室内的大理石楼梯上也铺设有防滑软垫，让儿童在相对狭小的室内空间也可安全地玩耍。

最后，服务友好。为儿童提供多样化、全方位的公共服务是儿童友好社区建设的一个重要方面，也是太平社区儿童友好社区建设的一个重点。一是，太平社区引进了社会工作机构，为儿童提供支持性服务。在社区服务中心二层设有心理疏导室，疏导室中有社工常驻，为有困难和烦恼的小朋友疏导心理、排忧解难；在增强家庭亲职功能和儿童陪伴方面，社工机构还派有专职青少年事务社工担任"童伴妈妈"，常态化开展"童伴计划"安全教育、亲子阅读等活动。除了专业社工机构，太平社区还链接了高校志愿团队资源，开展"青童计划"，每周一次由高校不同专业、不同特长的志愿者们为各少先队开展生活常识、应急救护、动手实践、科学技术等各个方面的主题教育小课堂；值得注意的是，太平社区在提供这些基础的支持性服务的同时，也做到了让儿童参与其中，通过招募的方式组建了童行志愿服务队，参与到日常活动的组织实践当中。二是，太平社区为儿童提供替代性服务，即当家庭照顾功能部分缺失时，针对儿童的实际需要，在社区内安排适当的场所，为其提供部分照顾功能的服务。通过创女时代公司，托育机构"幼力星球"入驻了太平社区沉浸式家庭服务馆，共拥有三个教室，占据了党群服务中心面积的1/3。目前幼力星球最多可提供五六十名0—3岁儿童的托育服务，为社区内的双职工家庭减轻育儿负担。另外，太平社区从儿童发展的各个阶段出发，为社区儿童提供了丰富的发展性服务。沉浸式家庭服务馆内的图书室中按照儿童年龄阶段藏有从适合0—3岁儿童阅读的绘本，到适合12—18岁青少年阅读的名著应有尽有，满足了不同年龄阶段儿童的多样化阅读需求。在培养儿童的兴趣和能力方面，太平社区通过链接社会组织资源，为孩子们提供了美术课、轮滑课、篮球课、硬笔书法、儿童爵士舞、烘焙课等一系列课程；在对儿童的教育和保护方面，社区在暑期汛期来临前开展儿童防溺水安全知识讲座，组织跳蚤市场让儿童体会金钱的来之不易，举行亲子运动会增强亲子互动改善家庭亲子功能，定期组织儿童志愿服务队进行垃圾分类宣传、高空抛物宣传等志愿活动。

值得一提的是太平社区对儿童参与的重视，在2021年国家发展和改革委员会印发的《关于推进儿童友好城市建设的指导意见》中提出了一个理念——以"一米的高度"看城市，也就是说儿童友好城市的建设要保障的是儿童作为城市主体表达自身的权利，应该通过赋权给儿童激励他们自主参与、主动创造，建设真正以儿童为中心的儿童友好城市。为了让儿童能够自由表达、参与决策，太平社区于2021年成立了儿童议事会，社区通过在已经入住居民的七个小区内张贴海报、网格员宣传、物业宣传的方式招募儿童议事会成员，2021年共招募成员27人。社区委派工作人员充当组织者的角色，带领27名小成员召开了第一次会议。成员们逐一进行了自我介绍，并通过投票的方式选出了一名会长和三名副会长，成员们还自主设计了太平社区儿童议事会的标志，并由街道办妇联提供资金用孩子们设计的标志制作了文化衫、帽子以及背包。至此,太平社区儿童议事会便正式成立了。

全世界范围内的儿童参与都存在一个共同的问题,即儿童参与如何从一个与实践无关的抽象概念、一个修辞工具[①]转变为能够真正得到重视、对社区产生切实影响的话语。在太平社区也产生了类似的问题。儿童议事会建立初期,虽然拥有完整的组织架构、探讨与所在社区治理息息相关的主题,但议事会中的成员们并不能自由地发表意见,大多数时候都在附和社区工作人员的引导。然而在一年中经过数次会议,通过参加高空抛物、垃圾分类、文明养犬宣传等各种志愿活动,孩子们对于如何提出自己的意见、如何参与社区治理有了独特的见解。因此在暑假召开儿童议事会时,成员们提出了想要举办活动的想法,并提出夏季儿童戏水增多,因此提议社区举办儿童防溺水讲座。社区工作人员支持了孩子们的这一想法,并鼓励他们回家查阅资料自行撰稿,社区发布通知召集社区内儿童后由议事会成员为大家举行讲座。

在儿童友好社区建设的过程中,注重儿童参与并不仅仅达到了保障儿童参与权的效果,儿童的参与间接带动了其整个家庭对社区活动的参与,使原本因繁忙的工作无暇参与社区活动的双职工家庭的年轻父母们也参与进来,增强青年居民对社区的认同感和归属感。一方面,在儿童参与的过程中,年轻父母在身边的环境中找到与自身情况相似的其他个体,通过儿童而结识、交往,扩大了社会交往面,缓解了育儿过程中所面临的焦虑情绪;另一方面,儿童志愿活动的开展使得儿童及其家庭之外的社区居民也产生参与感,改善了以往社区活动中仅有老年人聚集的情况,进一步增强了社区的凝聚力。

三 以社区为基础的儿童友好城市建设
(一) 儿童友好社区建设

在2021年年初发布的成都市"十四五"规划中,明确提出"十四五"

[①] Sofia Cele, Danielle Ekman Ladru, "Participation, Consultation, Confusion: Professionals' Understandings of Children's Participation in Physical Planning", *Children's Geographies*, Vol. 13, 2015, pp. 14–29.

末期，成都将建成儿童友好城市。因此，在筛选了一批社区进行试点之后，成都市已经全面铺开了儿童友好社区建设，让非试点社区也加入到了儿童友好社区建设当中，真正做到儿童友好社区的全覆盖。典型的儿童友好社区建设案例有同德社区与五星社区。

青羊区府南街道同德社区辖区占地面积约0.42平方千米，有居民院落17个，常住人口1.5万余人，是城市老居民院落与商住小区共存的复合型社区。虽未参与儿童友好社区试点工作，同德社区仍将儿童友好社区建设作为社区治理工作的重点之一。社区工作人员在日常工作当中发现，要解决社区活动参与率低、居民认同感归属感差的问题，就要以家庭为单位来动员社区活动参与。而孩子恰恰是一个家庭的核心关注点，只要抓住了儿童这一重心，就相当于抓住了老中青三代人。意识到儿童工作在社区治理中的重要性，同德社区将数字治理与儿童友好社区建设相结合，组织了丰富多彩的儿童活动、提供了各式各样的公共服务。

一方面，同德社区依托"乐享同德"人联网新型智慧社区平台发布儿童活动的有关组织信息，社区居民通过微信小程序即可查看活动的组织方式、内容、地点等信息，并进行报名。依托数字治理平台举办儿童活动不仅省去了社区工作人员挨个小区通知的麻烦、避免了有意愿参与的社区居民漏掉相关信息的可能，而且简化了居民的报名流程。小程序自动计算参与人数，人数报满后自动关闭报名入口也解决了因参与人数有限、"僧多粥少"而可能造成的潜在矛盾。另一方面，同德社区积极链接社会资源，与上海交通大学、四川师范大学进行合作，暑假期间由大学生进入社区，发挥自身所长为社区儿童传授知识，同时同德社区也作为学校的实习实训基地，实现了双方的互利共赢。同德社区还购买社工机构服务，举办了理财类、手工类、志愿服务类、传统文化学习类等多种儿童活动，引来社区居民的踊跃参与，受到一致赞扬。同德社区还致力于通过活动引导儿童树立正确的观念。如组织儿童跳蚤市场和儿童志愿服务，让孩子们在实践中树立正确的金钱观。在跳蚤市场活动中，儿童摆摊售卖自己的玩具，看着几十上百元购入的玩具仅能以几元、十几元的价格卖出；在叫卖的过程中与客人讨价还价，争取卖出更高的价格，让儿童在实践中体会到金钱的来之不易。在志愿服务活动中，儿童通过在十字路口站岗，引导路人文明出行的方式赚取志愿收入，潜移默化地让儿童在心中建立劳动与金钱的交换关系框架，引导他们树立正确的价值观。

五星社区是2016年成立的一个典型的拆迁集中安置社区，社区居民均来自附近拆迁的6个乡的失地农民，社区常住人口近5万人，其中包括8000余名儿童。庞大的人口基数使社区的管理变得困难，为了更好地为居民服务，五星社区成立了社区企业和社区社会组织，并整合龙泉驿区和大面街道政务服务中心的资源下沉到社区。在成都市还未全面开展建设全民友好社区时，五星社区就已经提前部署了婴幼儿、儿童、青年、中年、老年五层阶梯服务。在儿童服务方面，五星社区链接社会资源，孵化出"新宝贝"儿童成长计划品牌项目。一方面，五星社区与北京师范大学合作，建立亲子心灵成长空间、声光疗愈室，关注儿童的心理健康；与电子科技大学合作，建设五星千天公益早教服务中心，为社区0—3岁的儿童提供便利、实惠的早期发展服务。另一方面，社区发掘了社区"达人"陶老师，邀请他运用自己的文艺才能为社区中的儿童开设扎染、版画、陶艺、绘画等多种课程，充分利用社区居民自身的特长和资源做到自给自足、互利共赢；同时，五星社区将儿童参与作为儿童友好社区工作的一个重点，成立儿童议事会，真正让儿童参与进社区空间的规划和改造当中。比如有儿童在议事会上提出建议，说儿童们在社区图书馆中看书时很难全程保持安静，易于影响他人，因此建议把图书馆做区域的区分。社区听取了建议后在辖区内另择地点建立了萤火虫书屋，专供0—3岁儿童阅读绘本使用。

在儿童友好社区的建设中，对0—3岁的婴幼儿的支持和照护一直是一个重点。"十四五"规划中明确提出要加强对家庭照护和社会服务的支持和指导，增强家庭科学育儿能力。0—3岁是儿童习惯养成的关键期，虽然国家不断出台政策鼓励促进婴幼儿照护行业的发展，但家庭照护仍是这个阶段婴幼儿照护的首选。因此，儿童友好不能只针对儿童，同样重要的是增强家庭的育儿能力。五星社区关注家庭的发展，开创亲子心灵空间站，囊括儿童心理健康、家长情绪疏导、亲子交流等多方面内容。首先，通过儿童箱庭游戏和艺术绘画创作唤醒儿童的想象力和创造力、提升自信心和自尊水平；其次，儿童情绪管理课与声光疗愈室教会儿童如何辨识和表达自己的情绪、学会沟通；再次，妈妈减压沙龙和育儿读书会为承担育儿压力的家长提供纾解的空间、通过与其他家长的沟通缓解压力、解答困惑，同时还可参与家庭教育辅导课程学习科学育儿；最后，亲子心理沟通课和家庭箱庭游戏帮助父母深入了解儿童心理，促进亲子关系的健康发展。

（二）普惠性托育建设

经济学家詹姆斯·赫可曼提出过一个很著名的教育理论——赫可曼曲线，该理论认为对不同年龄孩子的教育投资的回报率是不同的，0—3岁早期教育的投资回报率为1∶18；3—4岁下降为1∶7；小学教育投资回报率下降为1∶3；而大学的教育投资回报率仅为1∶1。可见0—3岁婴幼儿的早期教育是儿童成长教育中非常重要的一个部分。2019年5月9日，国务院办公厅发布了《关于促进3岁以下婴幼儿照护服务发展的指导意见》，首次提出"婴幼儿照护"的概念，并确定了"家庭为主，托育补充；政策引导，普惠优先；安全健康，科学规范；属地管理，分类指导"的基本原则。在2021年7月发布的《关于优化生育政策促进人口长期均衡发展的决定》中更是提出要大力发展普惠性托育服务，鼓励多方力量参与，有效扩大普惠性的托育服务供给，到2025年每千人口拥有3岁以下婴幼儿托位数由1.8个提高到4.5个。成都市积极响应国家的号召，于2020年出台了《促进3岁以下婴幼儿照护服务发展的实施意见》，开始部署普惠性托育服务的发展。2022年7月，成都市委社治委、卫健委、发改委、市场监管局、住建局等部门又联合印发了《关于试点建设"蓉易托"社区智慧托育中心的实施意见》，鼓励成都市普惠性托育的发展。

成都市重点依托社区综合体等社区公共服务设施以及闲置低效国有资产，建设"蓉易托"社区智慧托育中心，通过支持扶持、共建共享，在社区居民"家门口"提供便捷、普惠、安全、优质的托育服务。成都市如今的托育机构中有约70%处于亏损状态，究其原因主要是，一方面托育中心场地租金与家长能承受的托育费用之间存在矛盾；另一方面托育中心规模过大而周边有入托意愿的家庭太少。托育作为一个需要家庭长期支出的育儿项目，其费用不宜过高，过高则会导致入园率下降，从而导致托育机构收益下降、入不敷出，如此形成恶性循环，而高昂的房租是托育机构成本的主要来源。为了解决这一矛盾，成都市积极推进社区与托育机构的合作，利用社区闲置的房屋免费提供给合作的托育机构，一方面盘活社区闲置低效国有资产、建设15分钟便民服务圈，为社区居民提供便利的服务；另一方面解决阻碍托育机构发展的房租与收费之间的矛盾，推动托育机构全面铺开，促进儿童友好城市建设。从2019年我国首次提出婴幼儿照护概念以来，成都市大小企业就已经开始探索托育中心的运营路径，然而由于缺乏经验，许多托育机构建设规模过大、雇佣员工过多。托育作为家庭日常所需的公共服务，须建立在居民触手可及的地理范围内，因此其能够辐射的范围也不过是周围1—2千米半径范围内的有托育需求且有能力托育的家庭，在这一范围内这样的家庭往往不超过80户，规模过大的托育机构因此入不敷出、难以为继。对此，成都市探索出社区与托育中心相结合的发展模式，鼓励每个社区建设托育中心，各社区的托育中心仅服务于社区中的居民，在最大程度给予居民便利的同时提高了托育机构的存活率。此外，成都市还出台了一系列针对托育机构的优惠政策：对于符合标准的社区托育中心，除了免除房租之外，成都市一次性给予激励资金30万元；用水、用电、用气均按照居民生活类价格执行；对于符合条件的托育机构给予税费减免；四川省青少年发展基金会为有意愿创办托育机构的个人给予每人10万元的无息贷款额度，共900万指标；单位职工3岁以下子女入托的，工会给予补贴；三胎入托的，国家补贴免除托育费用等等。成都市的一系列支持措施促进社区托育中心的发展，争取2022年支持新建"蓉易托"社区智慧托育中心不低于23个，打造市级试点建设的"蓉易托"社区智慧托育中心不低于10个。[①]

除了支持社区托育中心的发展，成都市还致力于建设保、教、医、育四位一体的婴幼儿照护机制。成都市城乡社区发展治理促进会与四川大学华西第二医院合作开发数字育儿服务平台，为家庭提供育儿指导和

[①] 参见中共成都市委城乡社区发展治理委员会2022年7月发布的《关于试点建设"营易托"的社区智慧托育中心的实施意见》。

生活服务。当儿童进入社区托育中心或在社区或四川大学华西第二医院建档后，儿童的相关情况便会进入数字育儿数据库，当家长使用数字育儿平台时，能够根据儿童的相关情况精准匹配，给出最精确、最科学的育儿建议，帮助家庭提升育儿水平。比如需要给家中三个月大的婴儿购买一条浴巾，就可以登录数字育儿平台，平台会自动分析该家庭儿童的数据，比如该儿童曾在华西二院检测到视觉追踪能力偏弱，而三个月大的婴儿刚刚能看到蓝色，为了提升孩子视觉追踪能力、视觉广度以及视觉辨识能力，系统会自动为家长筛选蓝色浴巾；同时系统检测到该婴儿是剖宫产所生，剖宫产所生儿童容易产生感觉统合失调，因此系统会自动推荐纹理较粗的浴巾，这样系统通过数据分析自动将蓝色粗花浴巾推荐至首位，通过数据的精准匹配帮助家长科学育儿。该平台也被接入"天府市民云"当中，方便成都市民的使用。

（三）"蓉城幸福家·儿童友好义集"品牌活动

成都市妇联为推进儿童友好城市建设、提高儿童主人翁意识，以儿童为中心策划了"蓉城幸福家·儿童友好义集"品牌活动。儿童友好义集通过招募义卖小摊主，号召孩子们将自己闲置的图书、文具、玩具等拿到现场进行售卖，售卖所得收益则按照自愿原则进行捐赠，用于帮扶困境儿童，在保障了儿童参与权的同时兼顾了对边缘儿童权利的保障和救助。成都市妇联致力于将儿童友好义集活动打造成常态化品牌活动，策划了全年12个月每月一期不同主题的义集活动，自2021年5月以来，该活动已在成都15个区（市）县开展，吸引了全市儿童及其家庭的广泛参与。同时，成都市妇联还动员各级妇联组织、社会组织以及其他社会力量积极参与，为儿童搭建了一个与社会交流的参与平台。

儿童友好义集的主体内容是由儿童摊主们将自己的闲置物品或手工制作的工艺品等拿到义集上摆摊进行售卖，在这个过程中，小摊主们需要整理、挑选自己想要出售的货品；按照一定的规则给自己的商品定价；安排自己摊位的摆放布局；设计宣传策略进行叫卖；与前来选购的顾客沟通等等，充分让儿童体验到"做生意"的流程，带给儿童极强的参与感。待售卖结束后，小摊主们还可以自愿将义卖所得的收益捐赠给需要帮助的困境儿童，捐赠成功的小摊主还会收到主办方赠予的小盲盒——装着一粒植物种子的小花盆，在献出爱心的同时也能收获一粒希望的种子。除了义卖主题活动之外，妇联还结合每场活动的主题邀请不同的社会组织和企业提供现场互动服务，供儿童参与体验。包括进行性教育、防烫伤、防拐、应急救治等专题知识讲座；进行知识问答游戏，在游戏中增长知识；开展亲子趣味运动，让孩子和父母一起享受快乐的亲子时光等。儿童友好义集活动以丰富的、极富参与感的形式，充分动员社会各界资源，为儿童提供了一个参与交流的良好平台，为儿童友好城市建设添砖加瓦，也使儿童友好的理念更加深入人心。

第四节 成都市儿童友好社区建设存在的不足

总的来看，成都市立足西部超大城市治理特点和规律、紧密贴合成都社区发展治理强大基础，以"六个友好"理念为主线，充分整合部门力量、社会力量、家庭力量，探索"顶层设计+行动计划+责任清单"的儿童友好城市建设"成都路径"，形成"以儿童友好社区为基础、以儿童友好单位为依托"的儿童友好城市建设"成都模式"。与此同时，我们也要意识到成都市儿童友好社区建设还存在着一些不足。

一 社区发展不充分不平衡

成都市从 2020 年开始打造儿童友好城市，打造了第一批 23 个儿童友好社区试点，并结合自身特点创造出以"儿童之家"为核心的"成都路径"，到 2020 年年底，全市儿童之家的覆盖率已经达到了 90% 以上。成都市儿童友好社区建设的开展至今不过两年，出于发展阶段的客观事实，首先建立起儿童之家，然后根据社区实际情况开展儿童友好的相关服务相对更符合社区治理的一般发展过程。因此，在儿童之家的建设快速铺开的同时也产生了一个现实的问题，即儿童之家的实际利用率能否跟上。笔者团队在实际走访过程中也发现部分社区的儿童之家空置率较高，儿童友好社区的发展存在不充分的问题。此外，在儿童友好城市建设中，成都市一直致力打造儿童友好社区试点，并成功建设出了不少优秀的试点社区，在全国首批 16 个"中国儿童友好社区建设试点"中独占 4 个席位。然而对于试点社区的倾力打造也使得部分非试点社区较少得到政府关注和政策支持，儿童友好社区建设在这些社区并没有被提上日程、进度缓慢，存在着全市各社区儿童友好社区发展不平衡的问题。

二 专业化水平有待进一步提高

目前，在儿童之家的运营过程中主要采取项目制来为社区内的儿童提供相关服务，通过链接社会组织的资源来举办相关活动。这些社会组织主要分为两类，一类是由政府购买服务的社会工作机构，然而目前内地很少有专注于儿童和青少年事务的社会工作机构，这也就决定了由社会工作机构举办的儿童活动在形式和内容上的相似性；另一类是儿童教育机构，这类机构专注于培养儿童的兴趣和特长，属于营利性的民营企业，其开展的活动主要是为了推销课程而组织的兴趣体验型活动。由这两类社会组织举办的活动带有鲜明的组织特色，且缺乏系统性的设计，导致社区的儿童活动缺乏连贯性和丰富性。目前专注于从事儿童服务领域的社会组织仍然较少，儿童服务领域的专业性有待进一步提高。

三 制度建设有待进一步完善

国务院妇女儿童工作委员会 2019 年 6 月 15 日发布的《儿童友好社区建设规范》中提出儿童友好社区的制度建设包括跨部门组织架构、财政支持、儿童参与、评估与反馈四个指标。其中的儿童参与也是成都市儿童友好城市建设的一个重点，成都市妇联指导各社区建立儿童议事会，探索儿童参与社区事务的机制。然而在实地调研的过程中发现，无论是成都市试点的儿童友好社区还是其他未挂牌的社区中儿童参与工作都存在着一个问题，即儿童的参与绝大多数都仅限于对社区举办的部分活动的建议，而在社区空间改造和其他社区事务上的参与感并不强。儿童参与的真正实现在其他城市甚至国际上都是一个难题，Sofia Cele 在总结瑞典规划中的儿童参与时说"尽管已经制定了一些关于儿童如何参与的项目，但在规划实践中，儿童实际上被排除在正式规划过程之外"①。儿童参与被尊重的多少取决于儿童适应成人话语下的规划实践程度，因此如何让儿童的声音传达出来、如何让儿童议事会真正对社区的规划产生影响，这是下一步儿童参与制度建设应该努力的方向。

四 空间建设水平有待进一步提升

在儿童友好城市建设中，制定城市各类儿童友好空间与设施规划建设标准、完善城市功能布局和优化公共空间设计是其中重要的一环。儿童友好的空间建设主要包括对户外游戏空间、室内公共空间以及街道空间的建设和改造。成都市如今的儿童友好的空间建设主要集中在对儿童户外游戏空间和儿童之家的建设，而并未给予街道空间改造更多的关注。事实上街道空间的适儿化改造是儿童通过公共空间探索与理解未知事物、与城市（社区）建立互动关系、保障儿童安全的必要条件。国际上较早进行儿童友好城市建设的国家绝大多数将儿童友好的空间建设作为重点来建设，形成了如比利时的定时游戏空间②、荷兰的儿童出行路径③、英国的步行巴士等特色项目，更多国家和地区设置了儿童步道、交通警示、改善自行车道等适儿化改造。目前成都市在儿童友好社区建设中的空间建设多为在社区中建设室内的儿童之家，以及在室外建设儿童游乐场与篮球场，形式较为单一，空间建设水平有待进一步提升。

五 数字化渗透易产生信息泄露风险

在如今数字化与社区治理紧密结合的背景下，成都市在儿童友好社区

---

① Sofia Cele, Danielle Ekman Ladru, "Participation, Consultation, Confusion: Professionals' Understandings of Children's Participation in Physical Planning", *Children's Geographies*, Vol. 13, 2015, pp. 14 - 29.

② 定时游戏空间指在特定时间段设置游戏街道、短时间内封闭道路以鼓励户外游戏，提供儿童游戏专属时间等。

③ 儿童出行路径 (kindlint) 旨在为儿童建立串联家庭、学校和游乐场等儿童活动场所的安全有趣的路径。需要首先确定儿童日常出行路线（一般是曲径或小巷），然后在沿途设置交通保护措施，最后在途中设置游戏点。

建设过程中将儿童早期发展也融入了社会治理环节。尤其是与四川大学华西第二医院合作开发的数字育儿服务平台，将华西二院、社区和商家所掌握的信息实现了互通。一方面，这种数据共享实现了最大化的信息有效利用，为社区居民带来了生活上的极大便利；另一方面，这些关于儿童及其家庭的详细信息大量汇集至社区，有可能造成社区通过儿童对家庭的非正式控制的强化，海量数据的汇集也使得社区工作负担进一步加重。另外，多方信息的互通也在无形中加大了居民隐私泄露的风险。这就要求社区层面加强监督管理，更重要的是需要在社区管理层面建立相关监督机制，保障儿童信息不被泄露、个人信息得到有效保护。

第五节 启示和政策建议

未来十年，是全面建设社会主义现代化国家，向第二个百年奋斗目标进军的关键时期，是成都市抢抓国家重大战略机遇，推动成渝地区双城经济圈建设成势见效的关键时期。成都市儿童发展工作要牢牢把握高质量发展主题，着眼于社会主义现代化建设及第二个百年奋斗目标，科学立足新发展阶段，完整、准确、全面地贯彻新发展理念，服务和融入新发展格局。站在新的历史起点上，需要进一步推动儿童友好理念深入人心，落实儿童优先原则，全面提高儿童综合素质。

一　进一步促进各社区平衡发展

如今成都市儿童之家已基本达到全覆盖，儿童友好社区的基础阵地已经建设完毕，下一步应发挥社区和社会组织的能动性和创新性，丰富儿童之家的实际内涵，创新活动的组织形式和内容，在实际工作开展过程中注重实际活动的开展效果，对筛选出来的活动建立长效机制，确保活动内容不仅是锦上添花，更是社区居民可期待的日常活动。同时，成都市应在做好儿童友好社区试点工作的同时，进一步将政策和资金辐射到其他非试点社区，加强对非试点社区的政策关注和资金投入，发挥妇联的引领和指导作用，提升广大非试点社区的儿童友好社区建设水平，实现成都市内社区的平衡发展。

二 提升儿童友好社区建设专业化水平

社区作为最基层的治理层级，汇集了多种繁杂的事务，这就决定了社区的专业化程度较低，因此提升专业化水平就意味着要引入专门的社会组织。2019年成都市妇联建立了成都市妇女儿童类社会组织培育服务平台，开展社会组织培育工作，下一步可由成都市妇联牵头，由各区、各街道办妇联执行，结合社区的具体情况，将社会组织的服务下沉到各社区的儿童之家当中。同时，还可以在社区中增设"儿童主任"，聘请专业人才专门负责社区中的儿童相关事务，一方面为社区工作人员减负；另一方面专人专任也可使社区儿童活动的组织更具连贯性，进一步提高儿童友好社区建设的专业化和精细化程度。

三 完善儿童友好社区制度建设

成都市将儿童参与、儿童议事会的建立作为儿童友好城市建设的核心之一，现阶段大部分社区已建立起常态化的儿童议事会制度，下一步应该让儿童议事会真正参与进儿童友好社区和城市的建设当中。首先，可以建立"市—区—社区"三级儿童代表制度，实现儿童需求的有序收集和集中表达；其次，可进行儿童参与能力培训，以儿童议事成长营、儿童参与暑期训练营等方式提升儿童参与能力，实现儿童话语的有效传达；最后，妇联等有关部门也应进行相关培训，以便能够将儿童的需求和建议"转译"为适合规划格式的语言，同时加深对儿童参与的理解，避免成人对儿童的操纵和过度规训。

四 提高空间建设水平

在我国现有的规范体系中，儿童户外活动空间不能核算为绿地面积，修建儿童游乐场往往还需占用绿地面积，这使得开发商在开发居民区过程中，缺乏建设儿童活动场地的动力。因此应出台适当的容积率奖励措施，以鼓励儿童户外活动空间的建设，提升居住环境的儿童友好度。除了户外活动空间、儿童之家等正式的儿童友好空间建设,还应进一步重视非正式的儿童友好空间建设。一方面,应注重街道空间的安全建设,优化儿童出行路径、完善步行和骑行道路、在居民区周边采取严格的限速政策、在新建的居民区中尽可能做到人车分流;另一方面,从儿童的角度来看,城市本身就是一整个活动场地,在城市当中儿童会随机地产生活动,但是在成都市这样的大城市中心城区,不可避免地会遇到土地资源短缺的问题,很难进行大量的正式儿童友好空间建设。因此应注重非正式空间如建筑院落、楼梯间等的打造,进一步丰富儿童的活动空间。

五 加强信息保护监督管理机制

进入信息化时代,儿童早期发展服务与数字化的治理方式相融合后,数字育儿服务平台等各种便民服务平台在为居民提供相关服务时往往需要采集大量个人敏感信息,因此更要加强对居民个人信息的保护。首先,针对社区内部,一方面要提高社区的安全管理技术,做好系统维护并定期升级,同时定期进行检查,以排查信息泄露的安全隐患;另一方面要加强社区工作人员的信息安全管理意识,对涉及个人信息管理的相关人员加强信息安全知识的培训。其次,针对社区管理层面,要健全信息安全监督管理机制,明确责任划分,无死角监督信息使用的合法性,保障居民的个人信息安全。

第六节 总结

儿童是国家的未来、民族的希望。促进儿童健康成长,是全面建成社会主义现代化强国、实现中华民族伟大复兴中国梦的必然要求。社区是除家庭和学校外与儿童联系最为紧密的社会环境,儿童生存和发展所需各种环境、条件和服务都需要由社区来提供。因此,儿童友好社区建设不仅是保障儿童生存权利的必然要求,是促进儿童成长发展的重要抓手,也是确保儿童社会参与、创新社区治理路径的有效途径。

成都市作为全国最先进行儿童友好社区建设实践的城市之一,立足西部超大城市治理特点和规律，紧密贴合成都社区发展治理强大基础，将儿童友好社区建设纳入城市顶层设计，围绕"社会政策友好、公共服务友好、权利保障友好、成长空间友好、发展环境友好、文化体验友好"六个方面开展儿童友好社区建设。在整体规划上，成都市把握党政主导的关键点，将"建设儿童友好城市"纳入成都幸福美好生活十大工程、成都"十四五"规划纲要，并成立了以市委书记、市长为组长的工作小组，针对五年计划作出整体安排、形成工作合力，形成了党政引领、力量整合、运行有效的统筹协调体系和工作机制。在具体的建设实践当中，成都市以儿童之家为核心进行阵地建设，提供了儿童友好的物理空间，也为儿童及其家庭提供了服务支持。同时，成都市聚焦儿童参与，进行以儿童议事会为核心的机制建设，在保障儿童对社会公共事务参与权利的同时，从"一米高度看城市"为社区治理提供了全新的视角与源源不断的活力。成都市儿童友好社区建设的实践为我国仍处于探索阶段的儿童友好社区及儿童友好城市建设提供了一个具有创新性和创造性的模板，也为提升城市儿童友好程度和社区治理水平提供了可复制的成都方案。

第八章　成都市社区治理的文化建设

刘亚秋[*]

第一节　基于文化建设推进基层社区治理

党的二十大报告强调，要健全基层党组织领导的基层群众自治机制，增强城乡社区群众自我管理、自我服务、自我教育、自我监督的实效。同时指出，要健全城乡社区治理体系，及时把矛盾纠纷化解在基层、化解在萌芽状态。[①] 在社区调研中，我们经常发现社区干部在讲述基层治理经验时，往往将"党建引领"和"居民自治"结合起来，而且将"居民自治"作为一项重要治理目标。这里的居民自治，主要是指动员居民中的骨干参与基层社区治理。在一些社区干部看来，党建引领在实践中的重要任务就是通过价值引领和思想引领，建立与居民之间的利益共同体；而建立与居民之间的联结，是党建引领的"使命和担当"[②]。可以说，党建引领在基层社区是一种自上而下的驱动力，是基层社区治理的发动机；而居民自治则需要一种自下而上的力量呼应。如此，基层治理就不再仅仅是社区工作人员的事情，而是居民参与社区治理，构成基层社会建设中"共创、共建和共享"的基本力量。在中国式现代化建设中，它还蕴含着一种价值意涵，是构建"人民美好生活"的重要组成部分。

---

[*] 中国社会科学院研究员；中国社会科学院大学社会与民族学院教授、博士生导师。研究领域为社区研究、中国社会学史、口述史等。

[①] 习近平：《高举中国特色社会主义伟大旗帜　为全面建设社会主义现代化国家而团结奋斗——在中国共产党第二十次全国代表大会上的报告》，《党的二十大报告辅导读本》，人民出版社2022年版。

[②] 由对成都麓湖社区工作人员的访谈记录整理，访谈日期：2020年9月。

在较为活跃的社会治理实践中，社区干部会积极盘活各种资源，他们的一个重要目标就是重建社区与居民之间的关系，甚至重塑社区中的社会关系。一些社区支部书记谈到，当下的智慧社区建设，有部分内容可能会对社区的社会性联结造成伤害。例如，有一个项目是将低保的钱打到卡上，这是一种便民工作，但也存在问题：这样就建立不了居民与社区之间的纽带，"老百姓和你没关系了"。社区要一个"接口"，本质上它是一个体验的地方；要和老百姓关系融洽，就要在社区"接口"提供有温度的服务。① 社区就是要通过与居民建立联结去改变他们的生活，一些社区微更新改变了居民原有的生活方式和思维方式，社区认同就是基于此而建立的。

社区的改变和居民的社区认同的建立都是建立在一定的民情民意之上的，其中，社区在地文化发挥了至关重要的作用。这种文化具有在地性、具体化等特征。在既有的社会学研究中，对社区文化的研究一直以来都是一个重要议题。吴文藻开创的社区学派就是将考察社区文化作为一个核心任务。这是一个经验的和在地的"活"的文化概念，而非玄学和抽象的。吴文藻认为，"唯有在实际社区生活中切身体验过的，才是真实的活的文化"②。这意味着某种意义上的文化经验论，即文化不是摆在那里、外在于人的，活的文化也然是以人为中心的。吴文藻提及"文化的本质乃是心理的"观点：欲知文化的存在与否，必以其在心理上是否引起交感反响为判断标准。③ 吴文藻深受马林诺斯基的文化表格思想的影响，他认同马林诺斯基的如下观点："文化常常依赖个人来维持"。④ 这种"活"的文化，具有巩固社会团结的作用。

有关这类在地文化，在经典社会学家那里也有很多讨论。可以说，滕尼斯共同体理论的一个重要内容就是对这一类型文化的讨论。在滕尼斯的

---

① 由对成都黌门街社区工作人员的访谈记录整理，访谈日期：2022 年 8 月。
② 参见刘亚秋《社会学的社区研究传统及其当代学术价值——以吴文藻社区研究理论为中心的考察》，《江汉学术》2022 年第 3 期；吴文藻：《论社会学中国化》，商务印书馆 2010 年版，第 442 页。
③ 吴文藻：《论社会学中国化》，商务印书馆 2010 年版，第 282 页。
④ 吴文藻：《论社会学中国化》，商务印书馆 2010 年版，第 289 页。

理论中，血缘、地缘和友谊作为构建共同体的核心要素，带有很强的邻近性，即血缘、地理，以及志趣上的邻近。滕尼斯之所以青睐"共同体"，就在于它可以基于这种附近性构建起有机社会联结。"附近"作为学术概念，由项飙提出并做了深入阐发，项飙认为，在互联网生活状态下，人们的生活日益抽象化，导致"附近"的消失，即人们的交友和购物都大大减少了"在地性"。可以看到，项飙所说的"附近"不仅关涉生活方式、居住空间，还涉及社会关系亲近性、情感依赖性等方面。项飙所说的附近，与社会学所说的"社区"，在情感认同层面上大致在说同一件事情。简言之，附近是指人们日常互动场所的邻里和工作空间，项飙建议以"附近"为中心来认识世界。①

尽管项飙强调"附近"与"社区"之间的不同，他认为"社区"是建立在稳定的成员身份和同质性之上的；而作为视域的"附近"是变动不定的，不断衍生出新的关系和意识。但是笔者认为，二者在理论上都可以回溯到滕尼斯的"共同体"传统，都在强调一种在地化的生态系统对于人的生存和意义建构的重要性。而且，无论是滕尼斯的共同体，还是项飙的"附近"，都暗含着对抗现代性以来一切侵蚀情感共同体的因素。"最初500米"是项飙说的社会意义上的附近，它意味着传统的、固定的所在，是人们的心安处，② 可以说它也是人之本性/本体的一个诉求。社会学探索这种人性需求的社会文化载体及特征。而对社区中文化因素的探索，也来自这一迫切需要。如何重建满足人之本体情感需求的共同体，在宏观层面上构建一种和谐美好的社会，这也是我们时代主题之一。这种"附近"的形成和构建，在实践中难以脱离与国家、市场之间的互动。在基层治理实践中，社区干部往往也很重视"附近"这类社会性资源，并成为他们进行社会治理的社会性基础。笔者认为，这一基于"附近"的社会性颇值得探究，也值得社会各界关注。

---

① 项飙、张子约:《作为视域的"附近"》,《清华社会学评论》2022年第1期。
② 当然，"附近"中也有张力，颇值得关注。项飙认为，可以从寻找、追踪、扩大裂缝开始，并使其成为新的思考和行动的空间。参见项飙、张子约《作为视域的"附近"》,《清华社会学评论》2022年第1期。

在基层社区调研中，我们经常发现，一些社区干部正是由于善用这类在地性文化才能较好地调解难以处理的邻里纠纷、完成较为艰难的治理任务。本章试图探索在基层治理实践中，社区干部的社会建设和治理行动依靠哪些在地文化？这些在地文化又发挥了怎样的作用？而对基层社区治理的文化机制的探索，也是对党建引领的"自上而下动员"和居民自治的"自下而上呼应"之间的关键链条的研究。分析所用资料主要来自成都基层社区治理实践，调研时间为2020—2022年，主要包括2020年对9个成都社区的走访，以及2022年8月对另外10个成都社区的调查。

第二节　充分利用成都社区的本土文化

一些社区干部提到，在成都，党建引领工作之所以能建立起社区与居民之间的良好联结，一个重要原因在于：社区开始关注生活/服务，而不仅只关注行政了。社区层面主要通过服务与居民之间建立联结。而建立联结中的关键要素除了社区干部经常提到的党建引领、盘活市场资源外，笔者发现其中的文化因素也较为复杂，后者正是本章要讨论的议题。通过在地文化来建立社会性联结是被社区干部广泛使用的方法。这里的文化是可用、可消费和可传承的。[①] 即它是实用的，而不是生造出来的。在成都，"坝坝会"是调研中社区干部提及频次非常高的一个词语，它是一种在地文化，在社区治理中发挥着举足轻重的作用。

一　坝坝会与社区治理难题的解决

成都社区广泛使用的"坝坝会"在解决基层治理难题中发挥了重要作用，很多社区工作人员都提到了"坝坝会"。所谓"坝坝会"，就是当地的一种非正式的会议方式；它与成都茶馆文化可能有某种关联，事实上一些坝坝会就是在茶馆中召开的，带有很强的"休闲文化"底蕴，这种流传于

[①] 由簧门街社区访谈记录整理，2022年8月。

民间的传统议事方式，可以让参与者放松心情，在拉家常中就把事情给解决了。社区层面使用这种方式，就是要拉近与居民之间的距离，让社区的工作得到老百姓认可。对于社区中的老大难问题如停车难等，社区会组织居民以"坝坝会"的方式做广泛讨论，很多社区还在其中加入了罗伯特议事规则等专业方法，这样更容易达成共识。

> 为什么要用"坝坝会"这种方式？一定要引导居民有序协商，形成共识，然后开始实施。我们不是还有"罗伯特议事规则"吗？把它引入进来。我的一个理解就是要有序的，各自发表意见。我们现在的老百姓也很会讲，"要让我说话，要给我尊重"。没有关系，我们组织"坝坝会"，让居民们自己把停车方法提出来。在组织"坝坝会"时，前期还是要做工作，它是什么原因，有什么分歧？这些要心里有数……然后去把控、引导。我们就把现场组织好，他们总会想到达成共识的方法。"坝坝会"是社区院落自治的一个法宝。①

将在地文化融入社区治理，是基层工作人员掌握的一门重要的实践性知识，而且他们认为这种文化很好用。西南街社区在改造空间的过程中，也是通过"院落坝坝会"的形式完成的。该社区支部书记认为，这体现了民情民意：改不改、怎么改，群众说了算；变"要我改"为"我要改"，由"整治"向"自治"转变。该社区还有"坝坝法庭"，用于协调邻里纠纷。成都当地社区干部提到，"坝"就是一个共同空间，在这个空间里少数服从多数。可见，"坝坝会"是一种自下而上社会力量发挥作用的文化体现。很多老旧院落改造都采取了这种自下而上的方式，来激发居民的参与感。

成都社区不仅有"坝坝会"，也有休闲的"坝坝电影""坝坝舞""坝坝宴"，等等。"坝坝"一词在成都地方社会被广泛提及，但在笔者问及被访谈人这一概念具体所指时，他们常常有表达上的"困境"。通过对谈可

---

① 整理自玉林北社区的访谈记录。

以发现，被访谈人对于这个概念熟稔于心，但更多的人甚至难以就此讲述一个相对完整的故事，他们经常欲言又止，这恰恰说明这一概念蕴含了丰厚的地方性底蕴，它是沉淀在人们记忆深处的，同时又是"活"在当下的一种文化。非本地人难以体会其中的深层意义，属于费孝通提到的地方性的"意会"文化，[①] 是地方社会独具特色的在地性文化，具有整合社会力量的作用。

通过与当地人的多次交流，我们可以进一步理解"坝坝"的多层面意涵。他们提到，"'坝坝会'，应该就是我们川西独有的，川西坝子嘛"[②]。坝子就是一块平地，人们在这里进行一些公共活动。它很多时候指休闲场所，"有一个很大的坝子，大家平时都在里面玩"。社区层面把它当作一个公共空间，并运用这样的空间来商讨社区治理难题，"你可以理解为我们这个小区，用这样一个空间，来讨论和商量一个事情。请利益相关的居民来民主参与，把这个事情解决了"社区工作人员说，"一个正式的会议场所叫坝坝会也可以"[③]。

二 "大家在一起"的集体意识

"坝坝"在四川话中有着非常广泛的使用，它也能引起居民记忆中的过去，激发他们强烈的社区认同感。笔者发现，不仅成都社区治理中有"坝坝会"，一些娱乐的称呼也频繁使用"坝坝"一词，如"坝坝舞""坝坝电影""坝坝宴"，甚至一些餐馆的名字中也有"坝坝"一词。一些社区支部书记在讲述社区治理经验时，会不自觉提及这两个字，如大丰街道太平社区党委书记提到，"社区培育自组织，在文化这块有坝坝舞，社区给他们提供设备和衣服"；簧门街社区提及与华西医院的合作项目名字中也有"坝"字："华西坝健康直通车"。

[①] 费孝通：《试谈扩展社会学的传统界限》，《北京大学学报》（哲学社会科学版）2003年第3期。

[②] 事实上坝坝文化是我国西南地区的一种特有文化，"坝"在西南地区特指平地或平原。

[③] 由对玉林北、张河村等社区的访谈资料整理而来。

"坝"意味着一种熟人社会的文化底蕴。在张河村社区,当地人继续给我们讲了"坝坝会"、坝坝电影的事情,说明"坝坝文化"在当地居民心中扎根之深、情感之切。"坝坝会"、坝坝电影之所以能吸引当地人,就在于它能给人一种集体的感觉:"我们在场坝开个会、看个电影,群众都会来参加。有集体活动的时候,还是有很多人愿意参加。坝坝电影中红军电影比较多,最近还放了《长津湖》。"[1]

很多社区都放映"坝坝电影",例如九龙堤社区和张河村社区。张河村社区的人说,现在还会组织人们看电影,人少就在居委会楼下放映;人多就在大草坪上组织。可以说,"坝坝电影"在当下社会快速发展和现代化建设进程中,对于当地老百姓而言,起到一种共享乡愁、联络彼此感情的作用:"以前网络不发达,不是每家都有电视,村里组织看电影,那是一种美好的回忆。现在大家都看手机,很少交流,因此坝坝电影有一种找回以前的感觉。挺怀念以前的时候,一到晚上,很多小朋友在一起玩。"[2]

上述所谓的"乡愁"就是沉淀在人们记忆中的存在,有些看似已经减退甚至消逝,但很多还深藏于熟人文化之中。"坝坝会""坝坝电影"就是历史积淀下的熟人文化,即便在成都这样快速发展的大都市中,依然有很强的凝聚社会的作用。熟人文化是构建社会性联结中最值得珍视的资源。一些社区工作人员提到,熟人院落更容易构建社会性联结,在熟人院落,邻居之间能彼此互助,虽然现在的社区建设可以快速成立一个自治组织、建立一支队伍去服务居民,但发挥的作用也没有那么大,反而是邻里帮衬作用更大一些:"专门成立的组织去提供服务,有时是形式大于内容;如果彼此都不熟悉,说是提供服务,这种感觉很多时候不如熟人间的帮忙更亲近。"[3] 邻里关系依赖熟人文化,相比于人造的社会组织,是一种更稳固的社会性存在。

---

[1] 整理自张河村社区的访谈记录。
[2] 整理自张河村社区的访谈记录。
[3] 整理自新盛社区的访谈记录。

第三节 成都基层治理中的熟人文化

一 社区中的熟人文化

(一) 社区中的熟人文化

熟人之间的文化是社会黏合剂,也是基层社区治理的社会性基础。而这种熟人文化,不仅表现在前文中提及的"坝坝文化",还包括很多意会层面的细微文化因素。例如社区支部书记经常提及的设身处地、将心比心原则。他们在化解社区矛盾时,经常打情感牌;遇到难以解决的问题时,会提到"人心都是肉长的",人与人的交往和沟通得益于同理心,"这样你说的话才能让别人听进去"。①

据同德社区支部书记讲述,他们就是通过这种方法,培养了居民的社区感,即引导居民对社区的感同身受性。其中的一种做法是:让居民参与社区巡逻。让他们慢慢接触社区,这样明白社区(工作)的人就越来越多;居民理解社区工作后,也会更愿意参与其中。因为无法参与其中,就永远无法了解别人的痛苦,但让居民参与其中也有难度。例如,如何在广场舞中维持秩序,做到让居民既能娱乐又不扰民?这看似简单,实际上经常遭遇很多难题。一些居民打电话投诉噪声扰民,但参与广场舞的老人就是要运动,于是社区层面请那些难被说服的老人到其他矛盾现场去观察,让他们设身处地去感受投诉人的心理。在广场舞冲突的现场,有警察,也有城管,更有前来哭诉噪声扰乱了孩子学习的父母。跳广场舞的老人看到那些前来哭诉的人,深有感触。后来那些难管的队伍也就加强了自我约束,因为他们能感同身受了。社区支部书记总结道:"将心比心之后,秩序自然就好了。"

这种人与人之间的情感联结,在基层社区治理中发挥了很大作用。在治理实践中,工作人员每天面临很多琐碎细微的事情,事虽然小,但有人较真起来的话,也难以化解。这时与居民之间建立起情感联结显得尤为重

---

① 整理自同德社区的访谈记录。

要。社区工作人员提到，他们需要平时多与居民接触，联络彼此的感情，这是一个缓慢的过程，费时长、见效慢，但也非常必要。麓湖社区支部书记参加很多社区活动，就是为了和各支队伍保持熟络的关系，这样一来就要牺牲掉自己很多的休息时间。但这种时间和精力都不会白白付出，在突发紧急事件时，更容易动员起群众，提升社区治理效能。例如在疫情防控中可以在居民中迅速召集起更多的志愿者，以协同社区工作人员做好防控。同德社区还不定时地组织茶话会、"坝坝会"与居民联络感情，这种活动要有"经常性"，就在于只有经常性才能建立起彼此的感情，从而凝聚人心："举办这些活动就是与居民之间做软性的沟通，例如举办美食节来凝聚群众"[1]，从而建立与社区居民之间的经常性的联结。

熟人院落本身就蕴含很多意会层面的文化，这种"意会"文化来自人与人之间交往的亲近性，而非陌生人社会中的"警惕性"。新盛社区工作人员谈到，他更愿意在老旧院落"搞活动"，因为那里有人情味。虽然老旧院落吵架的情况也多一些，但沟通起来也更容易。这些居民都是拆迁后上楼的当地人，社区工作人员入户也不会有很大的障碍，但在物管院落，居民对于社区工作人员入户就有明显的生疏感，甚至很多人十分介意入户，有些社区工作人员还曾因为入户而被投诉。

这里提及的"意会"文化，在根本上是一种情理逻辑，甚至情大于理。如一些社区工作人员所说，社区没有执法能力；很多时候靠一张脸、一张嘴，打的是情感牌。有段时间新盛社区的物业和业委会关系闹得比较僵，业委会要求换物业，但社区层面的客观研判是不能换，换了以后矛盾会更多。于是社区打"人情牌"，终于让矛盾得以化解。

（二）人格化的文化

"让居民去劝说居民"这个方法在实地调研中被多个社区支部书记提及。我们发现，这具有极为丰富在地性和意会性。在居民院落治理中，社区干部会经常提到，"有些事情让居民去和居民说，比我们社区干部去说

---

[1] 整理自同德社区的访谈记录。

要好很多。"① 因为治理的理念/任务比较"硬",如"整治"就具有强加的意涵,但如果在其中加入居民去劝说居民的方法,就会软化这层硬壳,道理和理念也易于被居民接受。笔者还发现,发挥这种作用的居民通常是"居民骨干",这里面也有一种"意会"的文化在里面。显然,居民去和居民沟通,更容易拉近彼此的距离,进而传递理念,说服其他居民接受。

笔者认为,社区层面可用的文化不是摆在明面上让人看的,更不是生造出来的,而是日积月累"长"在居民心里的东西,这需要社区工作人员凭借自己的感悟能力,去观察、去借用。它至少有两个层面的意涵:一是在地化,这种在地化的文化成为社会治理的重要社会资源,是凝聚人心的力量,例如成都社区的"坝坝文化"。二是人格化,这意味着,这些文化是人在社会实践中使用的工具,而使用者的具体运用必然带有其人格化的特点。事实上,"设身处地""将心比心"就带有很强的人格化和个性化特点。社区干部的设身处地、将心比心,不同于"居民骨干"的设身处地、将心比心,后者在人际距离上离普通居民更近,甚至后者可以在居民中发挥更大的作用。

"居民骨干"中有很多人都颇具"能人"的特征。例如,育新社区中将电动车"粗暴"锁上的老党员,这种方式带有执行者的人格特征。而他们参与基层社区治理之所以更有力量,就在于这类居民自带"光环",具有威望高的特点。电动车停车、充电是令人头疼的问题。一些居民不愿意进车棚,也不愿改成智能充电。于是社区联合派出所进行劝导,但派出所也感到无能为力,因为老百姓就是不愿意。停车、充电加起来每个月要花费40元钱,老百姓不愿意出这个钱,就愿意停在楼道,而且部分人还从楼上甩下电线来充电(即所谓"飞线充电"),派出所一来就将电线扯回。常规管理难以奏效。

> 那个院委会十几个老人,大部分都是党员,执行力相当强,都一起干,居民在楼下(飞线)充电的就给抬到一个地方去;要是不愿意

---

① 整理自五星社区的访谈记录。

（停车棚）就给锁上。第二天早上用车子就得找人家，要是不听话就天天锁你的车。所以那个小区的治理，虽然形式上看是粗鲁了点，但这个飞线充电治理得好。确实为大家安全着想，也得到了大部分人的理解，肯定还是有一部分人不是很理解。老旧院落的这个问题在我们社区目前也是一个难点和痛点。①

九里堤社区的自来水改造等项目，也是依靠居民骨干促成的。这里的老旧小区改造和治理分为三个阶段，在前两个阶段完成了房屋维修基金、单项的自来水工程改造（一户一表改造）的工作。其中收取房屋维修基金和水表改造费在社区层面都是难以完成的，但依靠居民中的骨干就都完成了。而且有了这些前期改造，后期更新改造的阻力就会变小。社区支部书记将社区骨干参与社区治理工作称为居民自治，并认为，这对推进小区治理起了很大作用："如果不靠内部自治的力度，靠居委会，收取费用是收不起来的。"②"居民骨干"中的一些"能人"，不仅带有魅力型人格特征，而且也会提出很多实用有效的方法。

社区干部也将唤醒这些"能人"作为一项重要任务。如西南街社区支部书记所说，要叫醒居民，就要把"领头人"给叫醒。因为他们很有能力，一般退休前在单位也是领导层，社区试图将他们纳入社区治理的体系中来。为了发动居民骨干参与社区治理，使治理任务"柔性化"，社区工作人员使用了很多方法，在老旧院落成立院委会就是其中之一，目的是让"居民骨干"担任居民自治的领头人。例如西南街社区院委会自管小组的成立。自治组织选出来的骨干，都是经过投票选出来的，在居民中间有公信力，他们可以很好地协助社区工作人员完成治理任务，包括政策宣传、日常秩序维护，等等。

成都 2022 年推进"微网实格"工作，其中重要的一环就是利用"居民骨干"对所在社区的熟悉程度，完成社区的微网治理和服务工作。也就

---

① 整理自成都社区的访谈记录。
② 整理自九里堤社区的访谈记录。

是说,"微网实格"中的关键人物也是"居民骨干"。

"微网实格"就是要发动更多的"居民骨干",让他们成为楼栋组长。比如(新冠肺炎)疫情来的时候,我们要了解每个家庭到底居住了多少人,人员情况怎么样?其实最主要的是我们要基础清、基数清:到底这一个院落住了些什么人?有没有困难户?有没有重病人员?我们社区要掌握得清清楚楚的。我们就把每一个楼栋做成一个微网格,就用里面的人去了解这个情况。这需要我们的楼栋组长、党员、积极分子去发挥作用。[①]

二 家庭文化推进基层社区治理

家庭作为重要的文化载体,一直在中国社会中发挥着十分重要的作用,家文化也是在地文化的重要组成部分。在家庭传统文化中,一个不言自明的道理是:为了子孙后代,长辈可以倾尽所有,不论是年轻的父母,还是年老的祖辈。这种家庭文化中的意会成分,为中国人所熟知,在成都社区中也是如此。社区干部在治理过程中,会自觉使用这部分文化建构社区公共空间,助力于解决难题。例如同德社区在调解噪声扰民中,对于难以说服的老人,会提到他们应该为子孙后代着想,不要因为自己的不当行为而在派出所留有案底,从而影响子孙的前途。这一招成为最有效的方法。

很多社区支部书记借助家庭对社会生活的重要影响,来完成社区治理。一般认为,家庭是一个私人领域,但在社区治理中,家庭也具有了公共性。那么社区干部如何激发出家庭的公共性?这在实践中有丰富的案例。例如为激发年轻人参与社区,社区提出"大手拉小手"项目,先吸引儿童参与社区活动,进而增加家庭对社区的感知,提升年轻居民的社区参与度。现代家庭更加注重儿童教育,很多父母为了子女的教育,可以不计成本地付出自己的时间、金钱和精力。因此社区举办的儿童活动,总能吸引年轻居民参与。

---

① 整理自玉林北社区的访谈记录。

通过"抓孩子",让年轻家长成为社区志愿者是社区的一个很强烈的诉求。因为社区志愿者中多数都是退休的大爷大妈。"老年人有他们的局限性,有些小学都没毕业,写个项目书也写不出来。而年轻人有自己的想法,他们也能给社区提供其他资源。"① 此外,老年人的体力、身体状态也限制了他们参与社区治理。

当人们进入城市后,所形成的社会关系和农村不一样。在城市,人与人之间更多是基于性格和兴趣结合而成的朋辈群体,往往不太受限于地点。"不像在农村,你忙的时候我帮你,我忙的时候你帮我。"② 不过在城市里,通过动员儿童参与社区活动,也够构建起一种地点与人之间的关系,例如社区中的"宝妈"自组织就建立起一种新的人际联结,部分可以克服城市社区中陌生人之间社会联结弱化的局限性。

家文化在基层社区中被运用得十分广泛。一些社区支部书记还将其治理的社区比作"家园""大家庭",这都是对传统家文化的运用:"环境好了,大家都享受,有一种社区大家庭的感觉。"玉林北社区支部书记还提出,把社区治理的最小细胞——家庭给引导好非常重要。她指出,治理就是让老百姓心里有所改变,这需要在软件上进行改造。而家文化正是帮助建设这样"软件"的文化机制。例如玉林北社区推出的"家风银行"项目。

> 好的家庭是:"你当子女的,把父母孝敬好;你是中年人,把夫妻关系做好,家庭的子女的教育做好,这就是家教。"我们就把它分类、提炼,做成家风银行。用一个银行、一个箱子去储存,同时把存的东西宣扬出去。通过晒、讲、评活动,我们倡导大家晒家风、晒家庭故事、晒家庭的全家照,或者是讲故事。我们志愿者讲从古到今的家庭故事,包括曾国藩的、诸葛亮的,等等,把这些家风故事挖掘出来。我们还要评家风,每一个季度让老百姓来评价,把评出来的好家

---

① 整理自新盛社区的访谈记录。
② 整理自五星社区的访谈记录。

风,给它篆刻上去。打造家风巷子,把好的家风给它裱上去。大家看,这是张大妈家的家风,"难怪她孩子那么有修养,难怪她孩子那么有成就,是家庭教育好,是家风好",我们就是通过这样的活动,真的是用润物无声的方式。①

这种家文化的展示带有公共空间的意味,在动员儿童参与社区活动进而拉动年轻志愿者参与社区的过程中,是利用了家庭文化的一个核心机制——为了子孙后代的家文化,从而带出家庭的公共性来,让家庭成为社区建设和基层治理中的重要推动力量。玉林北社区收集好家风、晒好家风、评好家风的活动,是将家庭这一私人空间中的良好传统公开化、公共化,作为"社区的宝贵精神食粮",来影响和教育居民,其中也有笔者认为的最重要的家文化的最内核机制——"为了子孙后代"的意涵。动员居民积极参与美好家庭建设,也运用了"为了子孙后代"这一社会动力机制。在家风银行项目中,尽管有些是社区治理者为了一些宣传的目的而将个别家庭故事拔高,带有精英文化的意涵,例如曾国藩和诸葛亮的家庭故事。但即便如此,社区层面的家风建设都离不开最基本、最朴素的家庭文化:孝敬父母、构建和谐夫妻关系、教育好子女。尤其是最后一个意涵——教育好子女,在基层社区治理中极具生命力。简言之,这些正是动员居民广泛参与的社会性基础。

第四节　成都历史文化资源与拼接文化

无论是社区层面用于构筑公共空间的"坝坝会"和"坝坝电影",还是蕴含在家文化中的强大社会力,如祖辈和父辈多是为了子孙后代而生活,这些都是"活的"社区文化,即它们是可用的,是吴文藻所谓的还在发挥作用的社会文化。当然,在社区中还有一部分看起来不是那么活跃的文化。在成都的一些社区中,建设了类似"乡愁馆"的社区博物馆,用于

---

① 整理自玉林北社区的访谈记录。

展示社区历史。这可以看作是社区有意识发掘在地历史资源的行为，也可以看作社区干部用于培育居民社区感的行动。社区在努力打造与百姓生活较为贴近的历史文化场所，乡愁馆就是这类文化空间。在调研中，我们看到五星社区在挖掘社区文化和打造乡愁馆时，考虑到了社区居民的感受。因为当地的院落小区是村改居而来的，一些居民在沙龙会上提到，"我做梦，都是在原来的老房子里。"社区在考虑怎么增加居民的归属感时，增加了老物件收集的项目，把老物件收集到乡愁馆中。居民看到老物件后，就有一种感动。老年人会带着孙子来这里学习，因为孙子是"上楼"后出生的，但通过乡愁馆，孙辈也产生了社区历史感。人们在这里沉淀、集聚他们的回忆，也深受这些记忆文化的影响。该社区的一些居民沙龙会，也在乡愁馆召开。

值得指出的是，乡愁馆等文化建筑占据了一定地理空间，因此势必也要引入商业模式，才具有可持续性，尤其在城市社会中。五星社区的乡愁馆如此，簧门街的文化街打造也是如此，其中都有社区服务公司的介入。簧门街社区支部书记提到，社区层面做了很多场景，因为有社区服务公司存在，政府就可以少花钱做大事，做到社区的可持续发展。这种带有商业模式的在地文化经营，对于社区的原生性、在地性文化的影响，还有待深入研究。

我们还发现，外来文化与本土文化的拼接[1]在打造社区方面也发挥了较为重要的作用，而外来文化之所以能够拼接进来，也需要在地文化发挥配合和引导作用。例如，玉林北社区利用电影《前任3》曾在该社区取景的事实而打造"爱转角"文化街区，该电影中男女主角分手的镜头就是在这条街上拍摄的。那么，社区如何把这一悲剧建构成一个积极的社会治理故事？社区层面还是动用了家文化方面的知识。他们请来专业规划师，后续做了很多工作，为这条街赋予家文化的意涵，一方面将悲剧故事向积极

---

[1] 周怡在研究广场舞文化时，使用了拼贴（copy + made up）的概念，与本书提到的"拼接"类似。所谓拼贴，在广场舞案例中指人们的广场舞行为运用了传统文化和现代文化的拼贴，其背后是价值理念、身体体验和群体认同。参见周怡《"大家在一起"：上海广场舞群体的"亚文化"实践——表意、拼贴与同构》，《社会学研究》2018年第5期。

的方向转化;① 另一方面为家文化中的旧文化元素赋予新的文化形式。"爱转角"街巷在墙上镌刻了一些标语,例如"女人失恋后的第一阶段,坍塌;第二阶段,重生。男人失恋后的第一阶段,放生;第二阶段,回味"。笔者认为,可以视其为家文化的一种现代化表述方式,其中重点讲述了男女间的感情特点。社区党委书记提到,许多年轻人来这里打卡,一方面是一种"时尚"行为,另一方面还可以接受传统家文化教育,爱转角街区还设有"婚姻家庭心理体验中心"。

> 为什么建设"爱转角"呢?其实《前任3》电影是一个悲剧,最终两个人分开了。这也暴露了一个社会问题。成都离婚率非常高,达到了40%;一百对夫妇中估计有四十对离婚。家庭这一个小的系统如果出现问题,那么整个社会也会出现问题,子女的教育问题、养老问题,随之就来了。所以我们赋予"爱转角"更深层的教育意涵,我们希望年轻人来打卡,树立一个正确的恋爱观。②

这一方面体现了成都社区在文化上的包容,说明成都是一座被不断建构的城市;另一方面也说明在社区文化中,家是一种核心力量,得到社区干部的多方面发掘。当然,基层社区治理中的文化机制中,并不限于家文化,它有多层次、多方面的内容。拼接文化的形式、内容以及运作方式也尚待更深入地实地研究。

第五节 成都社区的志愿文化建设

成都市多年来推进社区文化建设,其中一个重要目的就是形成人人有责的文化,这是社区治理文化建设的内核,其中志愿文化建设的实质在于动员

---

① 我们发现,这种转化并不具有因果逻辑关系,而只是一个相关关系:只因《前任3》涉及的是婚恋主题,即便这是一个失败的故事,但在社会治理的话语下,也可以转化为一个引领价值观的有关婚恋教育的案例。
② 整理自玉林北社区的访谈记录。

居民参与社区治理。成都社会治理发展委员会的一个核心任务就是推进基层社区自治，成都民政局也将培育社区自组织作为重要内容；基层社区借助社会组织的力量将文艺类自组织转化为公益型自组织，培养社区志愿者。可以说，这种社会力量的培育主要是通过一种自上而下的力量来完成的。

> 我们要通过活动，通过一些活动的模式去引导他们，激发他们的潜能。现在按照上面的要求，给它成立一个支部。他们原来党员活动什么的，都没有一个标准的阵地，阵地没有，它怎么搞？组织不起来。我们正在酝酿、正在考虑，对党员的骨干，他愿意出来做事，也不能是年龄特别大，身体状况必须要比较好的，有公心的这部分，在我们党小组里面成立一个党支部，选出支部书记、支部委员。利用我们的社会组织设定的项目，对他们进行一个专业的辅导。比如说我们党建的一个课程，或者是走出去看一看别人的小区怎么建的？去学习一下经验。[1]

在社区眼里，开启的过程也是一种社区活动"专业化"的过程。这些开启的活动，事实上是包括核心任务在其中的，如解决社区独居老人的问题。对成都市社区建设工作十分熟悉的成都社会科学院的王健研究员指出，动员小区力量参与社区治理，可以解决很多所谓"最后一公里"的问题。譬如独居老人的问题。当然，这个力量的启动也是从发动社区的党员开始的。

> 对于小区的独居老人，我们每周两次或者三次由我们党员或者我们的小区轮岗，就是我们的安保人员主动上门去敲敲这个独居老人的家门，看看有没有什么需要帮忙。尤其是独居老人害怕在家生病没人管，现在（成都市）也在建立这个制度，就是根据我们的小区党员，还有志愿者、小区的保安来做这个事情。相当于也是促进大家的邻里

---

[1] 整理自映月花园社区的访谈记录。

互动吧。①

其中党建引领是一项核心力。据麓湖社区工作人员的总结，对于居民参与社区建设，重要的是思想引领。引领思想后，我能带动你了，我能把你聚到这儿听我讲课了，这个时候我才能给你传播我的理念。如果让大家都认为你的理念对的，都认为垃圾分类是对的，都认为当志愿者是对的，都认为孝老敬亲是对的，这个时候你不需要治理了，我们治理的理念就是从解决客观问题到一定思想的转变。那我们真要想解决人思想的问题，说白了就是人的工作了。你必须得研究人性的特点，马斯洛把人的需求分成了五个种类，我觉得分得很好，人有需求就能够动员，人没有需求你就没有办法动员他，所以说咱们最关键研究的是怎么把人的需求转化成我们的力量，这就是我们现代化治理理念思考的课题。②

基层社区干部在社会治理过程中，尤为强调寻找"好人"、培育"好人"的重要性。这里的"好人"，在社区中具体表现为志愿者。社区强调搭建制度的重要性，也就是说"好的制度，可以把'坏人'变'好人'"。他们积极通过制度建设去教育人，提高居民的素质，使之朝向好人的方向发展。安公社区通过设立"志愿积分卡"来撬动和培育人们"做好人"的意愿。

首先要建立机制激励撬动一下，让大家都来当志愿者。每个人都给发了一个志愿积分卡，你干一个小时就有三个积分在里面，就能当三块钱用。在超市便利店可以刷，跟钱是一模一样的。所以大量的人都愿意到社区来当志愿者，老头老太太每天捡瓶子，能卖多少钱？我们的阿姨们都那么节约，到这儿来当志愿者多带劲儿，还发衣服、衣着光鲜。人来了之后，就可以让他们从事各个岗位，所有的社区工

---

① 整理自映月花园社区的访谈记录。
② 整理自麓湖社区的访谈记录。

作，我们的需求都可以让志愿者去完成。比如说清洗喷泉。过去清洗一次喷泉要2500块钱，人工费很贵，现在志愿者清洗400块钱就够了，节约了很多钱，而且效果完全不一样。我们这些大妈们每天清洗喷泉很辛苦，她晚上跳广场舞的时候，如果发现有人往里丢东西，那她就跟你没完没了，因为那是她的劳动成果。所以一旦让人参与了这个社会共建，社会上每一个板块都跟她有关系。①

安公社区通过积分制度撬动了社区中的老年人的参与热情，重要的是建立了社区的有机联结，让社区的每个版块都跟个人有关系，让志愿者参与的热情变得可持续。

社区层面所采用的与居民的互动方式的文化机制更值得探讨。我们在对基层社区支部书记的访谈中，看到这些互动方式中充满了"习俗"的色彩，例如成都的在地文化"坝坝会"、中国老百姓所看重的"面子"，以及中国的家庭都可以在其中发挥重要作用，它们是社会有机性得以激发的内在原因。它也一直是社会学探索的主题——社会底蕴②，也就是围绕着社会中的人所形成的文化，包括人们的做事规则、文化心理、风俗习惯，等等。它们往往呈现出规则的样子，但并不是固定不变的，而是随着不同情境、事件乃至时代，不断发生调整。其中的关键因素还是做事情的人，基层政府在改善基层社会治理的过程中，也将寻找"好人"作为至为关键的任务，例如培育社区志愿者。因为社会的善治需要"好人"去推动；具体事情做得如何，关键还是要由人来评价。

第六节 成都社区文化建设的展望与建议

一 善用在地文化助推基层社会治理

在基层社区治理实践中，居民自治是指居民骨干在党建引领下参与社

---

① 整理自安公社区的访谈记录。
② 杨善华、孙飞宇：《"社会底蕴"：田野经验与思考》，《社会》2015年第1期。

区活动，协助社区干部做一些社会治理的工作，具有一定的"他治"性，但也不全然是"他治"，例如，居民骨干之所以能够带动/劝说其他居民，主要是遵循了社会自身的逻辑，而这种逻辑正是社区治理的社会性基础。据此，本章提出以下三个初步结论：

第一，党建引领之所以能够发挥效用，一个重要原因在于自上而下的动员和自下而上的呼应之间有一个连接点，这个"点"基于在地文化，这意味着当地社会中蕴含着一股可以被激发和引导的社会力，如成都社区治理实践中经常被提及的"坝坝"文化。这也是费孝通提到的地方社会的意会文化，它在社会治理中发挥了十分重要的作用。事实上，当地居民也很难给"坝坝"一个确切的定义，它是当地人际交流中一种不言而喻、意在言外的文化。这里面包含的一些意念，无法用语言和逻辑说清楚，是一种在本地人中影响广泛和深入，而外人感觉"微妙"的文化。只有本地人才能更透彻领悟这种意味，是他们人际交往中的重要状态，在地方社会具有决定性作用，这也是当地社区干部习惯使用"坝坝会"解决社区治理难题的原因。费孝通认为，意会文化是地方文化中最基本、最一致、最深刻和最核心的部分，它深刻地融入生活的细节中，看似琐碎，实则为一种活生生的、强大的文化力量，比那些貌似强大的势力要深入和有效得多。[①] 但这些往往是当地人视而不见、熟视无睹的部分，颇值得研究，目前社会学对此的研究还相对薄弱，本章就是迈向这一方向的努力和尝试。

第二，在地文化有多个层次，内涵十分丰富。本章涉及的"坝坝"文化，家文化中的"为了子孙后代"，以及"设身处地、将心比心"的人际交往规则等都属于在地文化。"坝坝"文化更具有地方性特征，深藏在当地人的集体记忆之中。而更具普遍意义的家文化以及一些人际交往规则，也成为当地文化的组成部分，这从社区干部多次使用这类文化规则来化解治理难题中就能看出来，只不过它们在中国的其他地方也具有同样的效力。

[①] 费孝通：《试谈扩展社会学的传统界限》，《北京大学学报》（哲学社会科学版）2003年第3期。

在这些文化中，人格化的文化颇值得重视，它在社区治理中发挥十分关键的作用。社区干部经常强调让"居民骨干"去劝说居民的方法十分重要，就在于这些"居民骨干"往往是能人，他们有服务的公心、有执行力，事实上他们所具有的人格魅力也是文化所赋予的。本章致力于社区中"活"的文化研究，并发现"活"的文化承载物至少有两个方面：有些是物，如乡愁纪念馆中的旧物；有些是人，如"居民骨干"，当然也包括一般居民，不过，从基层治理的角度，发挥作用更大的是这些被文化赋予光环的"能人"。

第三，在基层社区治理的文化机制中，还存在着"拼接文化"的成分。它必须以旧有的文化作为根基，如玉林北社区的"爱转角"街区打造利用了原有的家文化；它还更新了社区文化展演的形态，具有较强的文化创新意义，更新这部分正是吸引年轻人"打卡"（参与社区）的动力。当然，这一文化创新，也是一种顺势而为的行为。

在上述文化机制中，最深层、同时也最具普遍意义的是家文化，这从社区干部善用家庭的内生力量来动员年轻志愿者参与社区治理的案例中就可以看出来。这一家庭内生的力量，事实上是家文化中"为了子孙后代"的社会动力机制。虽然它来自私领域的家庭，但是可以生产公共性，成为基层社会公共秩序构建的社会性基础，[1] 是最值得珍视的社会性资源。

二 充分协调国家、社会、市场间的关系

有学者指出，社区层面的党建引领实践，是一个行政力量在基层社会逐渐加强的过程，也使得居民自治更多具有了他治的意味。那么，国家与社会之间是你进我退的关系吗？如果说党建引领代表的是一种国家力量，居民自治则意味着一种社会生态。本章基于成都社区治理实践的调查研究发现，二者之间并不必然是你进我退的关系，而是存在着一种互相建构、相互成全的关系。如果社区干部能顺应并善用在地文化，那么国家与社会

---

[1] 刘亚秋：《"家"何以成为基层社区治理的社会性基础》，《江苏社会科学》2022年第1期。

之间就是一种和谐的关系。一些学者在实地调查中也发现，存在"家国一体"的关系模式，即国家—社会相辅相成的关系，这构成国家与社会间关系的最重要内容。这在中国古典社会思想中也被多次强调，"天下之本在国，国之本在家，家之本在身"。在这里，国与家的根本利益是一致的，或者说两者没有根本的冲突。周飞舟认为，如果非要把国家和农民看成两个不同的利益主体，那么，这两个主体能够成功"对接"，正是中国家庭本位、伦理本位的社会文化起作用的结果。①

项飙的"附近"表达的则是一种强社会的诉求和关怀，从而与国家和市场都拉开了距离。毋庸置疑，这是一个保护社会的概念。他指出，国家、资本和科技正在将地方社区变成行政单位、消费场所和数据来源，而这些正在解构"附近"。笔者认为，即便作为保护社会层面的"附近"概念，其中也必然有国家、社会和市场三方面力量的互动，而将附近与国家、市场拉开距离，在分析层面是可行的，也是必要的，但在实践层面，即便要保养/建设一个具有强社会性的附近，也离不开国家和市场力量与之的配合，只是在构建各方关系时需要注意各自的分寸，尤其对于国家和市场这两方来说更该如此，原因有二：

第一，国家—社会之间也存有一种张力关系，在实践中有你进我退的失败教训，在基层社区治理中也是如此。项飙提出"附近"的"最初500米"，就是试图与社区建设提出的"最后500米"做一个对比。前者是一种社会生态的呈现；后者则是一种自上而下的设计，参与者包括国家和市场。在当下的社区建设中，往往是国家和市场强势介入，当然，政府监管可以提升居民的安全感，市场提供的消费也能提高居民生活上前所未有的便利性。但如项飙所说，这些高效率往往意味着最少的人际互动，同时还将居民变成了监管和电商系统的目标。人们也会因之日渐失去"附近"的意识，从而变成单向度的人。② 这些计划性的行动与在地文化的保养之间

---

① 周飞舟：《从脱贫攻坚到乡村振兴：迈向"家国一体"的国家与农民关系》，《社会学研究》2021年第6期。

② 如果人际关系变成一种负担，那么对于社会性本身就是一种直接的伤害。参见项飙、张子约《作为视域的"附近"》，《清华社会学评论》2022年第1期。

存在一种相背离的力量,最终对在地文化产生一种解构作用。[1] 例如,明亮等在考察"坝坝"电影时,发现人们的参与度并不如以往那么高,他们认为主要在于"坝坝"电影采取的自上而下方式,导致在放映内容上对百姓的吸引力在下降。[2]

值得注意的是,在基层社区治理实践中,"附近"层面的文化生态频繁被社区干部使用,它是一种"烟火气",本书从中发现某种意会文化及其作用,这是成长自民间社会的东西。基层社会治理实践不能仅从使用/消费的角度看待在地文化,还需要在保养上下功夫,重视社会发育应该是社会治理的题中之义。在社区治理实践中,妥善处理国家和社会的关系十分必要。人们所期望的城市街边,既要整洁优美,也要充满生活气息,这两方面的需求都应该得到满足。如此的城市治理才可能更包容开放,同时也更有活力、更具创新性。[3]

第二,在基层治理中,经济因素不容忽视,但也不能过度强调,经济力量中也有侵蚀社会的因素。要激发居民更广泛深入参与社区事务,不能单靠在地文化,还必然有经济因素的介入。很多时候,激发市场力量也就是在激发社会活力,很多社区干部看到了经济因素在激活社会力量方面的作用。但是,过度的经济开发也会解组社会力量,人类的过度理性计算能力肢解了传统的共同体,在现代社会,随着物流业的快速发展,住宅小区逐步成为消费的主要场所。[4] 社区经济发展,应该以不损害社会性为前提。但在当代社会的高速发展中,存在过于重视自上而下的(来自国家和市场方面的)设计,致使地方性社会力量日渐萎缩的情况。社区干部在基层治理中,往往更重视经济因素对于解决现实问题的作用,即便他们中很多人意识到在地文化对于治理的"润滑"作用,但保护在地文化在社区发展实践中难以成为被首先考虑的因素。这一点需要引起警醒,建议社会治理的

---

[1] 项飙、张子约:《作为视域的"附近"》,《清华社会学评论》2022年第1期。
[2] 明亮、王苹:《农村公共文化服务体系效能调查研究——基于对成都市1587名农村居民的问卷调查》,《中华文化论坛》2019年第4期。
[3] 王天夫:《空间、地点与城市社会学》,《武汉大学学报》(哲学社会科学版)2021年第2期。
[4] 项飙、张子约:《作为视域的"附近"》,《清华社会学评论》2022年第1期。

各方力量能更珍视社会性资源,即善用和培育它,而不是伤害它。这些社会性基础才是社会政治经济发展的沃土。[①]

在完成基层治理任务中,国家、社会、市场三方力量的合作是必要的,但这也是一个实践问题,在不同地方有不同的处理办法。在国家、市场和社会三者力量相互配合的视角下,笔者认为,应该提倡一种人文主义的社会治理方法。即在社会治理中更加强调人文关怀,重视人们生活中能提供意义感的元素。这些意义感呈现在一些"文化碎片"之中,在宏大话语下它往往缺乏伟岸的身影,但可以帮助人们重拾记忆中模糊的触感、景象和声音,进而对人的身心进行更细致入微的抚爱,提升人们的幸福感和生命力。[②] 在人文主义治理理念中,尤其需要"活"的文化思想,即文化是活的,就如同实践是活的一样,实施治理者一方面需要密切关注变化的情境局势,另一方面也要考虑到人的灵活性、适应性等问题。文化,归根结底,是用来为人提供服务的工具。

---

① [法]马塞尔·莫斯:《礼物:古式社会中交换的形式与理由》,汲喆译,商务印书馆2016年版。
② 段义孚、宋秀葵、陈金凤:《地方感:人的意义何在?》,《鄱阳湖学刊》2017年第4期。

第九章 党建引领小区物业管理机制创新

明 亮 武泽中[*]

党的十九届四中全会强调要坚持和完善共建共治共享的社会治理制度，"建设人人有责、人人尽责、人人享有的社会治理共同体"[①]，确定了构建基层社会治理新格局战略目标和加快推进市域社会治理现代化的行动要求。市域社会治理概念的提出是我国社会治理制度不断完善的产物，以便在市域范围内统筹资源、更好地解决矛盾问题，提升基层社会治理效能。社区是基层社会治理的基本单位，居民小区是城市社区的重要组成部分。解决好各类居民住宅小区的服务管理问题历来是基层工作的重点，而物业管理是维系每个住宅小区运转的基础保障。

第一节 问题缘起

物业管理指物业管理经营者接受物业所有人和使用者的委托，按照国家法律法规、管理标准以及委托的合同行使管理权，对已投入使用的各类物业实施企业化、社会化、专业化、规范化的管理，为物业的所有者和使用者提供高效优质的服务，创造安全方便的居住环境，提高物业的使用价

---

[*] 明亮，重庆云阳人，成都市社会科学院同城化研究所所长、研究员、博士，主要研究方向为基层社会治理、农村土地制度改革等；武泽中，北京丰台人，现为中国社会科学院中国式现代化研究院博士研究生，研究方向为城市社会学、基层社会治理等。

[①] 《中国共产党第十九届中央委员会第四次全体会议文件汇编》，人民出版社2019年版，第49页。

值和经济价值。

由于物业管理在大多情况下都是物管方面向分散的业主（居民）提供的，业主需要形成组织来与物管方交涉。业主自主组织业委会的形成过程又会受到社区居委会的关注、影响；业主本质上也是社区居民，受到居委会的照看。所以，物业管理所牵涉的不仅是小区业主的物权，还包括业主自治相关的领域，以及与之相关的、基层社会治理的政府主体。

回顾物业管理模式的相关研究，厘清物业管理与社区治理之间的关系，就是在探究物业管理问题核心之所在。

一 研究背景

在我国，物业管理最早由香港地区引入。改革开放后，中国的社会转型使得城市社区建设和房地产业都得到了显著发展，城市化程度快速提高，我国的物业管理始于20世纪80年代的深圳，随着高楼大厦拔地而起，有了真正意义上的业主。但当时深圳没有房管所和居委会等政府管理组织，所以物业公司成立之后就承担了治理小区内业主的职责，承担了政府的职能。[1] 在产生之初，基层治理力量的缺席，导致了物业公司在"管理"和"服务"之间难以平衡，出现了许多与业主与居委会等其他基层治理组织的矛盾。1993年，我国第一家地方物业管理协会在深圳市成立了，随后在广州、海南、上海、青岛和常州等地也相继成立了省市级的物业管理行会。2001年10月中国物业管理协会成立，2003年我国的第一部《物业管理条例》颁布，明确了物业管理行业组织的法律地位。

与之对应的，是社区基层治理体系得到了新的发展，形成了以居委会为核心的基层民主自治制度。但随后社区居委会当中党组织的加入和政府力量的延伸使得居委会实际上成了基层政府派出的、具有自治性质的机构。[2] 2003年的《物业管理条例》，对业主、业主大会、业主委员会以及物业管理公司的权利义务进行了规定，提倡业主通过公开、公平、公正的

---

[1] 翁国强：《论物业管理公司的角色定位》，《现代物业》2003年第8期。
[2] 刘娅：《居委会自治性质的重新探讨——居民委员会与业主委员会的自治性比较》，《中国行政管理》2005年第5期。

市场竞争机制选择物业服务企业，对小区进行管理。2003年11月，国家发改委和建设部联合下发了新的《物业服务收费管理办法》，明确提出"业主与物业管理企业可以采取包干制或者酬金制等形式约定物业服务费用"，首次在政府法规中明确提出物业服务收费形式。自此，在国家层面上建立起了直接涉及小区治理的法律制度，奠定了我国物业管理主要模式（包干制或酬金制）选择的基础，对规范物业管理、维护业主和物业管理企业的合法权益、保障和促进小区生活环境改善、促进小区善治提供了制度依据。2007年《物权法》出台，它更从人大立法高度确立了业主组织——业主大会和业主委员会的法律地位。到了2020年5月28日，十三届全国人大三次会议表决通过了《中华人民共和国民法典》，自2021年1月1日起施行，原物权法同时废止。在民法典第二编第六章中又对业主大会的设立和业委会的职责进行了明确的规范，进一步完善了对业主物权的保障措施。我国于2007、2016、2018年又分别对《物业管理条例》进行了修订。从《物业管理条例》内容的修订和发展来看，国家对小区治理的总体支持方向是推进物业管理社会化和专业化的发展，将权责下放，重点在街道和乡镇党委政府的指导下，推进业主、业主委员会自治和物业服务企业的参与，增强和提升物业服务管理能力。

但是，当前物业管理制度不健全、权责不清晰、运行机制不畅，物业管理主体能力存在差异。这导致很多小区出现了物业管理问题频发、矛盾纠纷突出的态势，对提升居民生活品质和基层治理能力带来较大挑战。

二 文献回顾

在基层治理体系当中，物业管理公司并不是以促进小区居民自治和完善基层治理体系为目标的。物业管理公司提供服务管理的范围有着明确的边界，即按照物业服务合同和房地产管理部门的标准要求对相关物业小区履行管理职能。物业管理公司对小区业主征收物业费，并提供有偿服务。并且，作为经营性主体，物业管理企业是以效益最大化为目标的。而作为小区业主和居民，则希望以较小的成本换取优质的服务。对于住宅小区物业管理而言，又具有明显的公共产品属性，公共区域管理要求服务管理主体的经营活动彰显公益属性,而相关文件法规对这方面的规定却不健全,这就为物业管理公司和业主的矛盾冲突埋下伏笔。而小区业主的身份与社区居民的身份重合,意味着物业管理企业与基层治理体系产生交集与互动。在社会学视域下对物业管理的研究,常常会牵涉到多类主体,包括业委会、居委会、街道办等。

学界研究大多将焦点集中于业主的维权行动,包括维权的动力机制、维权方式等。如张磊通过对北京市小区维权案例的研究,发现,业主组织起来,击败房地产商利益集团,取得维权胜利的中、微观动员机制由五个因素构成,即维权骨干和积极分子的领导、业委会的建立、业委会的有效动员、适当的策略、业主丰富的资源。① 从维权方式来看,陈鹏通过对多地小区维权研究,将业主维权方式区分为上访维权、诉讼维权和立法维权三种基本类型。他认为,上访通常是业主维权的必要前奏,也为业主采取诉讼方式维权提供了必要缓冲;诉讼维权在培育和增强业主的法治观念和法律信仰的同时,也会为立法维权提供有益的问题线索和司法案例;而立法维权在改善和提高业主所栖身的外部制度环境的同时,也会为上访维权和诉讼维权的进行提供更加坚实的法理基础和支撑。②

而面对物管公司和业主之间的矛盾和问题,学者们也积极探索解决之道。张磊提出,要使健康有序的物业秩序成为可能,需要完善、修正房地产开发和物业管理领域的法律、法规、规范、改善物业运作的宏观政治社会环境和制度环境。去除房地产商利益集团发生作用的土壤,需要国家站到一个公正的立场上去协调和仲裁物业纠纷,解决物业领域中存在的问题。③ 刘子曦提出,解决业主维权难问题,可以从三个方面探索,一是成立业委会协会,改变业主面对物业公司甚至是基层乱作为的弱势地位;二是建立业主代表大会制度,突破业主大会开不起来、低效及业委会缺乏监

---

① 张磊、刘丽敏:《物业运作:从国家中分离出来的新公共空间 国家权力过度化与社会权利不足之间的张力》,《社会》2005 年第 1 期。

② 陈鹏:《当代中国城市业主的法权抗争——关于业主维权活动的一个分析框架》,《社会学研究》2010 年第 1 期。

③ 张磊:《业主维权运动:产生原因及动员机制——对北京市几个小区个案的考查》,《社会学研究》2005 年第 6 期。

督的困局;三是参选社区居委会,改变居委委员往往由街道指派,人员来自本小区或本社区之外,难以真正了解当地小区业主的权益诉求,支持业主维权的局面。应从组织、制度和身份三个维度向单一小区外扩展,强化自组织、完善自组织的运转制度、推动"民事权"向"政治权"的生长。[1] 盛智明认为,提高商品房小区治理有效性,需加强基层党组织、政府对居民参与小区治理意识、参与预期引导;加快相关法治建设、依法开展居民自治;完善治理体系、创新治理机制;创新治理方式方法;畅通商品房小区自主治理的实现路径。

第二节 物业管理模式

一 开发商自管/物业公司管理模式

(一) 开发商自管/物业公司管理模式

20世纪80年代,深圳首先确立了"谁开发谁管理""谁受益谁出钱""有偿服务"的物业管理原则,为开发商自管模式提供了政策支持,这实质上是房屋管理体制去行政化的过程。开发商自管模式的出现,主要源于我国所选择的房地产开发模式。物业管理模式的演变发展初期,物业管理市场还未形成,开发商作为商品房开发的唯一主体承担起了物业管理责任。开发商通常派出管理部门或申请成立物业管理公司对项目进行管理,以满足住宅项目日常管理的需要。开发商自管模式具有一定的合理性和方便性,但是,由于各方主体之间的权责关系难以明确,该模式也存在明显的弊端,当各方利益出现冲突或需要协调时,业主权益很难得到保障。[2]

在物业管理相关的细则法规尚未出台的情况之下,开发商自管的物业管理模式很好地填补了物业管理的空缺,对于保证新型房地产业平稳发展起着重要作用。但开发商自管形式在客观上剥夺了业主的自主性和选择权,也使得开发商这一主体深刻嵌入到物业管理模式当中。在这种物业管

---

[1] 刘子曦:《激励与扩展:B市业主维权运动中的法律与社会关系》,《社会学研究》2010年第5期。

[2] 丛福军:《浅析开发商"自建自管"弊端》,《中国物业管理》2007年第4期。

理模式之下，开发商的物业管理部门或物业管理公司能全面深入管理小区基础设施，在物业管理人员尽职的情况之下，可以对小区进行有效的管理，有助于整合开发商资源，投入小区物业管理和维护。反之，小区业主则很难有效反抗小区物业，在专制化管理的背景之下，开发商自管模式会严重破坏小区业主参与的积极性，甚至造成业主大会、业主委员会的名不副实乃至难以成立。

鉴于建管分离的政策要求，开发商需要通过前期物业管理招标，选聘具有独立法人资格的物业管理企业为小区业主提供服务。这种模式限制了开发商对于物业管理的负面影响，明确了物业企业的主导管理地位，但是业主组织的缺位问题依然没有得到解决。在这种模式下，物业企业成立时间较短、背景各异，一些企业服务水平低下、运作规范性不足，仅仅将业主作为管理对象来对待，导致出现了大量的物业管理纠纷。物业公司对小区物业和业主的"管理"多于"服务"。由于开发商与物业管理环节的脱节，也就使得物业管理公司获得了在小区内行使决策的能力，业主维权无门的现象时有发生。

（二）业主—物业公司合作管理模式

目前业主—物业公司合作的物管模式主要有三种：包干制、酬金制、信托制。

1. 包干制物业

包干制是指业主大会（业主委员会）选聘物业管理企业，合同约定业主支付固定的费用，但不参与具体的物业管理活动以及资金的使用，费用的盈余或亏损均由企业自行承担的物业管理模式。与物业公司管理模式不同，包干制中的决策权由业主大会（业主委员会）和物业服务企业共同行使，业主可以通过业主大会（业主委员会）来行使所有权人的基本权利，即通过招投标自主选聘物业服务企业、拟定公平合理的物业服务委托合同、依据满意度调查结果决定物业企业的去留等。

随着业主群体自治能力的不断提高，业主大会（业主委员会）可以在物业管理活动中发挥越来越重要的作用，除了可以承担一般性的沟通功能之外，还可以根据小区的具体情况拟定个性化的合同条款，要求物业服务企业提供定制化的服务。同时，这种模式不要求业主委员会深度参与物业管理活动，日常管理事务可以全部委托给物业企业。由于业主大会（业主委员会）拥有解聘物业企业的权利，物业企业会主动接受业委会的监督与评估，业主与物业企业之间的监督制衡机制初步形成。包干制具有较强的适应性，目前在已成立业委会的小区得到普遍应用。

2. 酬金制物业

随着业主对财务透明度的要求不断提高，酬金制应运而生。所谓酬金制就是指业主们所缴纳的物业费除支付给企业的酬金外，其余应全部用于物业服务支出，业主委员会对物业管理资金拥有决策权和管理权的物业管理模式。其核心要点包括：业主组织的有效运作、共有资金账户的设立和监管、合同约定酬金标准、账目公开与资金审计等。这种模式明确界定了物业管理各方主体的权利，将物业管理的决策权完全交还给业主大会（业主委员会），彻底改变了物业企业在公共事务管理中的主导地位。在上海、深圳等经济发达城市，酬金制正逐渐被业主组织和物业企业所认可，除既有小区外，一些新建项目的前期物业管理也开始采用酬金制模式。

目前，我国对于酬金制还没有制定统一的实施要求，各地在实践中不断积极探索，逐渐形成了酬金制模式运作的基本体系。虽然不同小区的酬金制实施的细节不同，但其核心都是业主组织对于公共管理事务和共有资金具有知情权和决策权。

酬金制在我国推行面临的首要问题仍然是业主组织的建设问题。实施酬金制不仅需要一个有效运作的业主委员会，还需要业主委员会成员具备一定的专业能力，无论是管理预算的审定还是日常纠纷的处理，都需要业委会成员具备工程、财务、商务、法律、社会活动等方面的专业技能。因此，就我国城市小区的物业管理现状来看，实施酬金制的小区比例仍然偏低。酬金制在短期内难以成为主流的物业管理模式。

3. 信托制物业

物业管理信托建立在《中华人民共和国物权法》及《中华人民共和国信托法》的法律架构基础之上，也是一种业主和物业公司合作管理的物业管理模式。依照法律，在信托关系中，除了由委托人和受托人之外，还增加了受益人这个信托关系的第三方。而受益人既是有关费用的归集义务人,又能行使委托人的权利,使得受托方更加注重受益人的权利义务安排。在物业管理信托契约当中,委托人是业主大会,受托人为物业服务管理企业(甚至可以是有资质和有良好信誉的职业经理人),受益人为每一位业主。受益人有权分配信托利益、享有对受托人管理、服务的建议权、监督权和表决权。信托契约在物业费的筹集和支付、服务酬金的支取、公共收益分配及会计和审计等方面,也都作了详细的规划和确定。

信托契约规定物业费收支单独设立账目,独立核算,随时接受任何业主对账目的查阅、抄录和复制,并每月向业委会及业主公示上月财务报告。该契约的核心,是将建议权、知情权和监督权还给了每一位业主而不是仅仅交给业委会。

物业服务信托制是在近年国内部分城市探索的一种相对包干制、酬金制而言,较新的物业服务模式。信托制物业管理就是建立在信托式财产管理基础上的物业管理,信托制将矛盾的指标隔离,产生新的商业模型:企业可以获得市场公允的酬金,而酬金之外的资金全部用于服务业主,业主们可以享受利益最大化,实现双赢。[①] 信托制可以从制度上将物管和业主双方从利益冲突的买卖关系转为互相依存的信义代理关系,解决一个老大难的问题,即:如何能让出钱的业主们认可物业服务人在小区的管理服务的确"质价相符"。[②] 但,也有人反对信托制,认为信托制或许可以解决前期物业管理的制度困境,并在一定程度上改变小区治理主体之间的关系,增加业主管理、监督物业公司的自主性。但在业主大会设立后,信托制相比业主主导的酬金制,并不具备显著的制度优势,甚至,可能会架空业主委员会。[③]

(三) 业主自管模式

业主作为物业的所有权人,可以自主选择物业管理的方式,既可以聘

[①] 陈剑军:《走向共同体治理(一)——通过信托制将小区物业管理纳入社会治理》,《住宅与房地产》2020年第1期。

[②] 舒可心:《从冲突走向善治——信托制物业服务的运行逻辑及其实践》,《住宅与房地产》2021年第10期。

[③] 陈凤山:《"双重悖谬"及其解决方案的优先策略——兼谈我为什么对"信托制物业管理"持批评态度》,《住宅与房地产》2019年第10期。

请专业物业管理机构，也可以自行承担具体的管理责任。从表面看，业主自管模式有悖于物业管理专业化、市场化的趋势，但对于部分小区来说，确实是一种最为可行的选择。从总体来看，我国目前实行业主自管的小区占比还非常低，管理实践中也面临很多风险和问题，但业主自管已经成为物业管理模式演化的一种趋势。

业主自管模式存在以下三种类型。一是业主直接承担管理事务。在一些规模较小、管理事务简单的小区，业主委员会直接聘请小区业主从事物业管理服务，实现完全意义上的业主自管。二是业主委员会直接聘任物业服务人员，设置物业服务中心。绝大部分业主自管小区属于这种类型，物业服务中心的运作类似于公司，一些小区还聘请职业经理人担任物业经理，所有人员由业委会直接聘任和管理。三是"公司制"业主自管模式。业主们作为股东共同成立自管物业有限公司，以公司形式对小区物业进行管理。所谓自管其实是一种去企业化的过程，即不再需要外部的物业企业提供服务。

（四）行政代管模式

行政代管模式是指由街道向社区拨付物业管理经费，并考核社区物业服务工作，社区居委会充当街道下属的小"物业公司"，向暂不具备市场化物业管理条件的住宅小区提供低偿的、"准"物业服务的物管单元，其实质是物业管理权在街道、社区。此类物管单元主要出现在老旧单位住宅小区或者拆迁安置和集中安置小区。

第三节 成都市物业管理改革实践探索

成都市聚焦社区治理难点堵点，积极回应市民关切，着力构建党建引领、协同联动的小区治理格局，理顺物业管理体制机制，推进物业管理改革。首先，构建党建引领小区治理的组织架构。在符合条件的小区建立党组织，指导规范成立业委会或居民议事会，推动小区党组织书记或成员通过法定程序担任业委会主任或成员，符合条件的社区"两委"成员通过法定程序担任业委会主任或成员。通过发展党员、引导物业服务企业招聘党员员工、选派党建指导员等方式，加强物业党建。其次，完善党建引领小区治理的制度机制。把党组织的领导全面植入小区业主管理规约、业主大会（业委会）议事规则，明确小区党组织职能定位和在议事、执行、监督各环节的权责和工作方式，进一步完善党组织对业委会、物业服务企业的监督、评议、管理体系，确保小区党组织发挥领导作用组织化、制度化、具体化。最后，创新居民群众参与小区治理的方法载体。在党组织主导下，引导业委会、物业服务企业组织居民有序开展小区自治，开展丰富多彩的党群活动，组织居民自主领办针对小区的公共建设、公益项目等，充分激发调动居民参与小区自治的主动性、创造性。

2021年，中共成都市委城乡社区发展治理委员会深入开展居民小区（院落）党建"四有一化"建设，加强小区治理组织体系建设，小区自治组织建设工作覆盖率达100%。深化信托制物业服务管理模式试点，研究制订信托物业服务管理标准，成立成都社区信义治理学院，在200多个小区开展"信托制"物业服务试点，60余个小区成功导入"信托制"物业服务，导入的小区物业管理缴费率直线上升、物业管理纠纷量直线下降，吸引北京、海口、西安、长沙等10多个城市考察学习，省深改办、中国社区杂志等专题刊载。按照"先自治后整治"原则，分类实施老旧小区改造提升313个，完成既有住宅自主增设电梯800台。全面开展小区（院落）生活垃圾分类工作，覆盖居民小区1.82万个，覆盖率超90%。成都市在物业管理模式探索过程当中，坚持以党建引领为核心，推动社区基层治理能力和业主自治水平提升，促进物业管理能力适应具体小区的环境。主要的措施大致可分为党建引领物管模式转型、党建引领增设统筹或自治组织、党建引领下寻求物管公司助力三类。

一　党建引领物管模式转型

案例1　"居民自管"的物管单元转型为党建引领下"市场主导"的信托制物管单元

玉园小区，位于成都市武侯区玉林街道玉林北路社区玉林五巷2号，建于1986年，共有5栋楼房，每栋有2个单元。小区住户88户，共351

人，其中常住人口207人，流动人口144人。小区设1个党小组，有党员6名，年龄从35岁到80岁不等。

随着时代变迁，小区老住户逐渐搬离，新住户、出租户增多，玉园从熟人小区演变为陌生院落，而院落管理仍然沿袭原有的居民自治小组自管模式，由自治小组成员自行决定院内公共收益的分配。近年执行《社区院落自治管理配套制度》不到位，加之信息公开不足，导致自治小组内部分歧较多、业主对小区管理不满，拖欠物管费的现象时有发生。虽然2018年社区组织业主选举出新一届的小区自治管理小组，但由于新成立的自管小组成员缺乏管理经验，仅凭一腔热情开展工作，业主的认可度较低，自管小组处于分崩离析的边缘，小区面临失管风险。

鉴于小区自管濒临失败的境况，2019年5月，玉林北路社区党委主动请缨试点"信托制"物业服务模式，制定了利用"信托制"化解小区管理纠纷的工作计划，采纳项目专家建议，引导小区放弃自管模式，采取规范化物业管理模式来保障业主合法权益。社区党委组织小区党员业主进行交流，深入沟通，征求意见，统一思想，通过党员业主发动小区意见领袖；同时社区组织召开自管小组座谈会，邀请项目专家多次向小组成员讲解"信托制"的特点和优势，自管小组最终达成共识，启动小区业主大会的成立流程，在选举业委会的同时一并表决信托物业合同。与此同时，社区利用业主下班时间深入院落召开业主沟通会，面对面向业主们进行"信托制"物业宣传，收集居民需求问卷，一对一答疑解惑。

2019年6月10日，武侯区玉林街道办事处依法依规组织业主成立业主大会筹备组，负责业主大会设立的筹备工作。6月27日，小区业主大会筹备组召开第一次会议，讨论首次业主大会召开的相关事项，确定业主委员会选举和提交业主大会表决的"信托制"物业服务模式方案等事宜。7月3日，筹备组面向社会公开招募信托物业受托人。7月25日，业主委员会5人候选名单公布。7月31日，3家物业企业在社区通过公开路演的方式竞聘，四川蓝光嘉宝服务集团股份有限公司中选。8月13日，玉园小区业主大会投票表决程序正式启动，业主对包括《管理规约》《业主大会议事规则》《业主委员会工作规则》《玉园小区物业管理权信托合同》在内的各项文件进行投票表决。8月20日，小区进行公开计票统计，最终分别以70.45%的人数赞成票和69%的面积赞成票得以双过半通过。9月5日，玉园小区首届业主大会在玉林街道办事处成功备案，其后物业企业在完成小区资产盘点后正式进场开始服务，至此玉园小区成为成都市乃至四川省首批成功推行"信托制"物业的小区。物业纠纷信访投诉从2018年的6件下降为2019年的0件。物业费收缴率提升到70%，业主满意度大幅提高。

玉园小区是"自管式"物管单元转型为党建引领下"纯商业"信托制物管单元的典型案例。玉园小区转型成功与基层党组织充分发挥引领带动作用和党员先锋模范作用密不可分，"党建+"确保了"信托制"在小区导入的每个关键节点都能按工作方案系统性推进，同时也确保了相关信息的充分公开，获得了业主的极大认可，是"信托制"能够顺利植入小区的重要原因。

案例2 "行政代管"的物管单元转型为党建引领下"居民自管"的物管单元

府河小区，位于成都市锦江区锦华路街道柳江社区科创路2号，由政府投资修建，属农转非安置小区，有房屋11栋，41个单元，561套，住户502户，共1500余人，租户占比40%—50%。小区2002年安置入住，从2002年至2012年，小区维护维修费用均由政府买单，未向小区居民收取物管费用。2012年至2018年，小区逐渐有了"造血"功能，可以自行负担一些小的维护维修项目，但总体仍是收不抵支，在这种情况下，小区的大项维护维修，如防水、下水设施改造及一些民生急盼项目的实施就仍由政府承担。2019年以来，小区"造血"功能明显增强，小区居民的物业管理服务需求已能用小区比较富足的自有资金解决。可见，府河小区是"官办式"物管单元过渡到"半官办式"物管单元，再过渡为有能力的"自管式"物管单元的典型案例。

府河小区建成年代较久，绿化和配套设施日益磨损，普遍存在屋面墙面破损、渗水、翻浆、路面破损、绿化养护不足、下水道堵塞等问题。但是，府河小区是不收取物业费用、没有专业物业服务的自管院落，小区公共收益匮乏，小区常态管理、维修维护难度很大。

　　针对府河小区的特点，锦华街道、柳江社区在府河小区治理中充分发挥了"党政主导"作用。一方面，柳江社区在成都市老旧院落"先自治，再整治"的政策大背景下，加强了对府河小区院落自治的推进，推动小区建立起院落事务运行机制：小区党支部统揽领导小区全面工作，组织院落会议，领导管理服务办公室做好日常事务；由院落支委、党小组长、居民小组长、楼栋长、居民代表、部分住户代表组成的院落会议对院落事务进行民主决策；院落管理服务办公室负责落实院落会议的决定，负责小区日常事务。其中，楼栋长是楼栋的负责人，负责该楼栋诉求收集并协助小区管理办对该栋楼进行日常管理。另一方面，柳江社区积极引导府河小区争取文明院落打造（项目涉及路缘石更换、铺柏油路面、绿化提升、建文化墙、休闲桌椅改造等）、资金支持和自来水一户一表改造工程的实施。2012年至2013年共进行了两次文明院落打造，社区在这一过程中广泛征集居民意见，注重发挥群众参与和监督作用，充分调动了小区居民群众的参与热情。此外，从2009年起，自村级公共服务和社会管理专项资金拨付以来，柳江社区对府河小区进行了多项内部改造，项目涉及补绿植绿、多功能活动室打造、道路维修、制作科普画廊、广告字、公示栏等，不断提升小区居住环境。

　　近年来，为切实提高府河小区自身"造血"能力，增强自治"底气"，柳江社区党委在充分调研的基础上，引导小区从提升改造门禁系统和完善监控设备等方面入手，由院落党支部牵头、管理办实施，对小区门禁系统进行提升改造，限制外来车辆进入，更换调试小区监控，确保11栋楼监控全覆盖，既规范了小区车辆停放，也通过停车收费增加了小区自有收入。在社区的扶持下，府河小区院落党支部开始发挥"党建引领"的重要作用。院落党支部针对小区内消防通道狭窄、存在安全隐患的问题，多次牵头组织党员及居民小组长、楼栋代表、居民代表召开院落会议，共商共治，在广泛征求居民意见的基础上，小区管理办公室组织实施了小区内消防通道的拓宽工程。在工程建设中，党员群众筹工筹劳，自己策划施工方案、自己编写警示标语，积极参与施工改造，充分彰显了党员的先锋模范力量。

2021年，府河小区被纳入锦江区老旧院落改造，由政府投资实施院落硬件改造。为此项工作有序推进，柳江社区充分发挥党建引领作用，先后组织召开了院落联合党支部会议、院落宣传动员大会、院落支委扩大会议暨老旧院落改造推进会议等，并于4月8日至4月11日，由院落党支部牵头召集志愿者征询了住户书面意见，签订《锦江区老旧院落改造同意书》450户，人数占比89.64%（其中49户无法联系）；收集《锦江区老旧院落改造征询建议书》450份，改造项目意愿梳理汇总共计15条；431户住户同意府河小区院落管理办公室使用院落自有资金按照每平方米5元的标准交存房屋专项维修资金，管理办于7月初足额存入建行维修资金专户，金额共计194024.5元。

府河小区是"党政主导"物管单元转型为党建引领下"居民自治"物管单元的典型案例。府河小区转型成功与基层党组织，特别是社区党组织积极培育发展小区院落党组织、挖掘楼栋积极分子密不可分。在社区党组织的指导下，在小区院落党支部的引领下，府河小区以阳光透明的院务公开、财务公开及党员冲锋在前、办实事、干实事的精神赢得了居民群众的高度赞誉和信任。以2021年柳江社区府河小区居民代表推选为例，代表推选共计收回选票567张，推荐990人次，其中管理办成员（共3人，其中2人为党员）及楼栋代表（共11人，其中党员占多数）共计获得推荐843人次，占比85.16%。

案例3 "市场主导"包干制物管单元转型为党建引领下"市场主导"的信托制物管单元

风华苑小区，位于成都市武侯区火车南站街道桐梓林社区新光路7号，修建于2001年，共建有7栋多层建筑和5栋高层建筑以及相应附属建筑，共28个单元，439户居民，29户商户。小区党支部于2019年11月成立，现有党员11人。

长期以来，小区"两多""两低""两差"问题突出，"两多"即物业纠纷较多，业主投诉较多，"两低"即物业费缴纳率低、物业服务满意度低，"两差"即小区绿化较差、环境较差。截至2019年上半年，小区先后成立了五届业委会，更换了五家物业公司，但物业管理服务仍不稳定，小区情况每况愈下。小区环境卫生脏乱差，大件垃圾长期堆积；小区绿化缺乏维护，影响建筑物采光；健身设施老化严重；地下管网漏水严重，经常爆管，拖欠自来水公司水费高达60余万元；同时，水泵及控制系统无法有效使用，消防存在重大安全隐患；治安状况不良，监控设备设施不足，年均发生偷盗案件4—5起。

针对风华苑小区的问题，2019年年初，桐梓林社区党委把风华苑小区的治理列入重点工作任务，积极引入"信托制"物业管理模式，努力探索风华苑小区新的治理路径。2019年6月，桐梓林社区两委在接受武侯社区基金会组织的"信托制"物业服务模式通识培训后，主动邀请物业企业负责人实地走访小区，会同小区业委会围绕"信托制"物业模式进行研讨，初步达成共识。7月，小区物业服务企业合同到期，不愿继续服务，风华苑小区开始启动公开招投标程序选聘新物业，并按包干制的模式引入成都智乐物业进入小区开展服务。8月1日，智乐物业正式入场，开展小区垃圾清运、处理漏水、管网维护、消防设施设备恢复、公共设施维修，增设监控、电梯及停车场改造等一系列物业服务优化活动，并在此过程中不断向业主普及"信托制"的优势。11月2日，业委会组织召开临时业主大会，就包干制转"信托制"进行业主投票，收回同意票240张，占比为52.98%，对应专有建筑面积为35905.93平方米，占比56.88%，达到"双过半"，完成"信托制"导入。

风华苑小区党建引领下的"信托制"物业管理模式主要体现在三个方面。一是注重宣传动员，充分发挥党组织的群众工作法。在桐梓林社区党委的推动下，"信托制"物业模式的宣传动员工作在风华苑小区以多种形式展开。借助业主微信群、小区宣传栏及电话、网络咨询问答等方式，业主们对"信托制"物业的意义和作用的认识逐步加深。二是将党建引领具象化为工作中的"四个一"。以努力打造"幸福、和谐、宜居"的美好小区为"一个奋斗目标"。以服务尽心、业主舒心为"一个服务宗旨"。以推动建立小区物业服务全公开、全透明为"一个基本原则"。以实现共有物业的保值、增值为"一个价值取向"。三是将党建引领"信托制"小区治理落实在"五项举措"中。在党组织领导下，新进的成都智乐物业主动放弃包干制，向"信托制"物业进行积极转型，采取服务为先、以品质取信的理念，重建小区内各方信任关系，赢得了业主的信任。智乐物业着力推进小区绿化改造，土地裸露、绿化率低的现象大幅减少；着力推进小区卫生整治，全面清理大件垃圾、新建垃圾房；着力推进智慧小区打造，对门禁和停车场道闸进行智能化改造；着力推进平安小区建设，增设数套监控设施、两套微型消防站等；着力推进小区氛围建设，积极搭建物业与业主、业主之间的互动平台，促进小区形成"幸福、和谐、宜居"的氛围。

风华苑小区是"市场主导"包干制物管单元转型为党建引领下"市场主导"信托制物管单元的典型。成功转型的风华苑小区，物业纠纷减少了80%以上，业主投诉减少了90%，物业费收缴率由原来的不足60%提高到现在的90%以上，物业服务满意率大幅度提升，达到90%。

二 党建引领增设统筹或自治组织

"物业管理委员会"概念最初被提出来是作为业主自治组织的替代。以北京为例，1995年北京市政府颁布了《北京市居住小区物业管理办法》，其中就提到成立物业管理委员会——作为代表本物业区域内全体产权人和使用人的合法权益，负责对区域内的物业实施管理的企业。管委会职责包括：选聘或解聘物业管理企业；与物业管理企业签订物业管理合同；审议物业管理企业提出的物业管理服务收费标准、年度计划、预算和决算；听取产权人、使用人的意见和建议，监督物业管理企业的管理服务活动；审议批准物业管理企业制定的物业管理规章制度；组织召开产权人大会或产权人代表大会；协助物业管理企业开展各项工作。[1]

而在现在的语境中，物业管理委员会是作为现行业主自治制度的补充。同样在北京，物业管理委员会是按照建筑物区分所有权规定，在不具备成立业主大会条件或者成立不了业主委员会等情形下成立的。由街道办事处、乡镇人民政府负责组建，居民委员会、村民委员会、业主、物业使用人代表等七人以上单数组成，其中业主代表不少于物业管理委员会委员人数的50%。其中以来自居民委员会的成员作为物业管理委员会的领导。

---

[1] 一兵：《居住小区物业管理委员会是怎么回事》，《北京房地产》1998年第7期。

物业管理委员会的组建将弥补业主组织的缺失，形成对业主委员会的有效补位。同时，物业管理委员会组建后，将在推动成立业主委员会、组织共同决定方面发挥重要作用。

在成都，物业管理委员会成为应对物管不管事、业委会不作为、业主损害小区公共利益的解决方案。首个挂牌成立的社区环境和物业管理委员会是在社区党委的领导下组织建立，由居民代表推荐产生。环境和物业管理委员会将监督业委会履行职责、业主和物业服务机构依法履约，物管、业委会、业主都将成为其监督对象。环境和物业管理委员会要求建立巡查、会议、培训、考核、调处、奖惩6项制度或机制，期间发现在业委会不作为、业主损害小区公共利益、物业服务企业管理不到位等问题，都将成为环境和物业管理委员会约谈监督整改的对象。

自2009年以来，九里堤北路社区在辖区的15个非物管院落和15个物管院落中，循序渐进地在各小区推进了议事会制度，调动了居民参与小区治理和民主管理的积极性，使居民的民主权利得到了极大的尊重，把小区管理的权利交给居民，实现小区事务小区自管，民主协商决定小区事务，小区矛盾纠纷自我化解，让居民自我教育、自我监督、自我管理、自我净化、自我提升，实现还权于民，有力地推进了社区的和谐建设，探索出了党建引领下居民自治和物权治理双线融合的院落治理模式。

小区管理小组和家属委员会独立开展小区管理与服务工作，紧紧依靠小区居民议事会的全体成员，广泛征求居民意见，通过议事会讨论形成一致意见后再广泛征求各单元意见，最大限度地听取居民意见建议来解决小区实际问题。2015年以来，九里堤北路社区在有条件的老旧院落通过小区议事会推动了小区业主大会的成立、选举产生了小区业主委员会。以小区建设的方式建立老旧小区的房屋维修基金，并制定了小区房屋维修基金的管理使用续筹办法，保障了老旧小区的长效管理运行。近5年来，13个老旧小区实现了管理正常化、经费自给并略有节余，政府和社区不再对小区实施投入，可以依靠小区自身力量解决好小区的问题。非物管老旧小区的治理模式，现在正在社区其他小区进行"复制粘贴"，并且有着显著成效。

九里堤北路社区在具备条件的12个物业管理小区中分步骤推进了小区

居民议事会的建设工作。议事会的建立，改变了小区业委会"单打独斗"的局面，起到了对业委会的工作实行支持、监督、促进的作用，改善了小区业委会服务不完善、不到位的情况。业委会的重大事项，先在议事会上进行讨论，形成一致意见后，再决定是否召开业主大会。如要召开业主大会的，通过单元议事会代表去发放和回收业主大会表决票，十分快捷方便。同时对物业管理公司的服务工作形成监督，有关小区卫生、治安秩序方面的问题，及时讨论形成通报，促进物业公司改进工作。在业委会任期届满换届时，议事会动员符合条件的业主参与小区业委会的换届选举工作，使业委会的换届选举变得十分顺利，也使居民对物业服务的满意度和业委会的满意度得到了提升。

通过小区议事会的建设，社区内各小区形成了议事会、业委会管理小组、物业公司相互配合、相互监督、相互支持、共同推进小区事务的和谐局面，解决了老旧小区的长效管理机制问题。在物管小区解决了房屋顶棚维修问题和业委会建设问题，促进了社区的整体和谐，社区矛盾纠纷调解率下降95%以上，2020年上半年仅有1起邻里纠纷案件发生。

三 党建引领下寻求物管公司助力

除了从制度转型和组织增设层面提升小区物管水平，小区物管公司本身的选择和参与也能显著满足业主和社区治理需求。

成都市五星社区面对老旧小区改造的难题，通过选择能够完成改造任务的物管公司来达成目标。老旧小区中，存在着基础设施老化，停车位不足，居民物业费收缴难等问题，导致大多物管公司不愿入驻管理。而在缺乏管理的情况下，小区内部环境进一步恶化，形成了恶性循环。五星社区下一小区就存在着这一系列问题，为了改善小区环境，社区决定引入具备老旧院落改造能力的物管公司入驻。小区居委会与该公司签订合约，在限定期限内检视改造成果。该物管公司先进行了居民的调研，调查小区居民关心的问题和改造期望，随后开始进驻，并推进院落改造。在前期阶段，为了解决企业进入如何活下去的问题，社区基金成为保证其基本运营的基础。在社区两委的引领和推动下，该公司首要的目标就是开展居民引导。

老旧院落属于熟人社会，居民之间关系较为密切，于是社区和物业公司动员居民骨干，发动片区长、居民小组长、楼栋长作为劝导力量，保障改造进程的顺利进行。物业公司的改造方案旨在推进小区环境改造的同时，形成围绕小区打造的服务体系。小区内部停车难，使得车主在道路上停车影响交通秩序。物业公司链接小区附近停车场，提供面向小区的车位，并整治小区内部车位，统筹剩余空间划出新车位，内部车位不面向社会车辆。小区内还存在垃圾乱堆乱放的问题，物业员工和居民骨干劝导居民停止堆放，并系统清理消防通道。针对乱拉乱接电线的问题，物业公司一边自己清理，一边联络运营商，梳理线路，并规划专门的充电区。除了提供配套保洁、保安和绿化，还发展多种经营业态，提供入户维修和便民性服务，设立小区水站和小区菜篮。当前，物业公司对小区的改造仍在进行中，目前已经获得了居民的普遍好评。

成都市育新社区有27个院落，其中19个是物管小区，在物管小区开展核酸检测和文明城市创建的过程中，通过物管人员的参与，提高了办事效率和完成情况。社区的工作人员较少，在出现物资和维持秩序人员不够的情况时，都是由物业公司提供桌、椅、风扇，并进行协调组织。在整个过程当中，他们还通过物业群、小喇叭在院落群转告消息，物业公司管家也参与到其中。社区发展微网实格，由物业经理担任的微网格长，每个楼栋的管家就作为微网格员。网格员或者社区需要传递信息，首先是调动物业经理，然后是微网格员来发动居民，基本可以在三十分钟左右，将把各种信息及时传递给居民，让居民参与其中。

第四节　成都市物业管理的成效与不足

一　成都市物业管理成效

要发挥物业管理的能力与优势，物业管理模式与社区状况匹配是基础。面对情况迥异的社区治理组织、社区居民和社区环境，调整物业管理的模式和手段。通过党建引领，基层政府和社区两委发挥核心作用，调动社区资源整合和社区居民活力。在清楚辖区居民需求的基础上，协调物业管理公司与居民关系。党组织和党员跨越多主体，形成促进交流沟通的动能。

环境与物业管理委员会和居民议事会都作为社区治理体系中的新主体，参与到小区的物业管理中来。通过增加新的统筹组织，补充并完善了原有的体系和制度，加强了对物业管理公司的监督，增强了业主的自治和组织能力，因地制宜地发展其符合小区需求和状态的治理体系。增设新的统筹组织有两点好处。一方面，社区两委在推进组织形成的过程中起到重要的引领和促进作用，形成党建引领抓手；另一方面，新组织的形成和基层实践参与，能够避免社区两委和基层政府直接出现在小区物业管理领域中，有利于划清权责界限，激发业主自治潜力。

物业管理本身脱离不开市场化的操作和运营，即便在业主自管或者行政代管的模式下，也需要专业的物业管理人员保障小区卫生和安全。但是物业公司因其营利特性，常常难以顾及小区居民的实际需求和社区治理的整体思路。因此，在社区基层党组织和自治组织的引领下，物管公司的选择和物管人员的参与，不仅能够促进小区物业管理水平提升，还能提高社区治理能力。

成都市基层社区两委因地制宜、因时制宜，通过采取党建引领物管模式转型、党建引领增设统筹或自治组织、党建引领下寻求物管公司助力的办法，推进物业管理能力提升和基层治理改革，取得了极大的成效。

二 成都市物业管理的不足

（一）物业服务难以满足居民实际需求

一是小区内政府公共服务缺失。在小区管理社会化过程中未能建立政府管理应责机制，任由物业管理企业"控制"各个小区，把最贴近人民群众生活的社会最基本单元——住宅小区，完全交给了企业。同时，小区围墙混淆了物业市场化服务和政府公共服务的边界，物业公司承担了大量应由政府提供的公共管理与服务内容。二是物业管理服务水平质量不高。由于物业服务企业行业进入门槛低，企业良莠不齐。部分物业服务企业服务质量不高，公共收益公开程度不高，新旧物业服务企业交接不畅，物业公司以获取高额利润为目的,将核算/预算方式"黑箱化"。物业企业往往出于成本利润考虑,对小区共有部位、共有设施设备等疏于维护,能拖就拖、能省就省、能凑合就凑合,物管的服务缺乏量化标准,服务质量和服务态度较差,处理问题和解决矛盾的方式方法简单生硬,难以服众,很难满足居民的实际需求。

(二) 基层业主自治制度建设滞后

随着制度的不断完善和政府的大力推动,住宅小区物业管理和业主大会、业主委员会的建设取得了一定的效果。但总体来看,因物业管理而产生的矛盾有呈现多元化、集中化爆发的倾向。之所以会出现目前的困局,与相关制度建设滞后有关。一是按照国家相关法律法规精神,是否管理物业、如何管理物业应完全取决于业主,业主是物业管理的主体,是物业管理的主导者和消费者,并通过业主大会行使物业管理权。但是开发商控制前期物业选择权和后期物业更换难的制度设计,使得物业公司越俎代庖成为物业管理主导者,业主没有对物业管理的决策权和选择权,导致物业管理矛盾冲突纠纷不断。二是业主大会制度作为区分建筑物所有权形态下的不动产物权管理的核心制度充分体现了法律对不动产所有权人的物权的尊重。业主依托自治权利组织——业主大会,采用民主协商、利益平衡、少数服从多数原则和方式行使共有权和共同管理权。业主大会作为权力机构制定议事规则和管理规约形成约束全体业主的行为准则,按照议事规则的约定采用业主大会会议选举产生业主委员会作为业主大会的执行机构,执行业主大会的决定、接受业主大会的监督并对业主大会负责。这个制度的体系理论上应该是科学的、系统的。但是,这个制度在实际运行中由于多种因素导致运行不畅、矛盾纠纷繁多,业主大会形同虚设,业主合法权益得不到维护,进而影响到社会和谐稳定。

(三) 物业治理体制机制不完善

一是物业治理体系构建不完备。物业管理是一项综合系统工程,涉及城市管理、基层治理等多个单位,与居民生活密切相关。在对物业管理活动的监督管理过程中,无法及时有效统筹协调发改、公安、民政、司法、财政、自然资源(规划)、环保、卫生、市场监管、质监、城管等有关部门力量，各职能部门职责界定还相对模糊，综合监管的合力未形成。各种矛盾相互交织，仅靠住建部门协调解决，易造成物业纠纷投诉率高、调解成功率低的结果。同时，街道、社区物业管理机构不健全，人员配置未到位，基层组织积极性未得到充分发挥，"点"和"面"未形成对物业管理的监管合力。

二是基层组织统筹物业管理工作机制不完善、管理职责不明确。属地街道和社区管理缺少有效抓手，街道和社区对物业管理活动的指导和监管弱化，在业委会选举过程中，街道、社区实质性参与不够。区（市）县政府、基层政府（街道办、派出所、社区）通过物业管理保一方平安的应责机制和监督考核机制亟待加强，对物业管理的责任和考核标准需进一步明确，应责能力还需进一步提高。

第五节 结论与建议

成都市坚持党建引领，探索"党建+社区、小区、物业融合"、共建共治共享的小区物业管理模式，构建党建引领、政府监管、业委会自治、物业服务管理公司市场化运作、小区居民发挥主人翁作用、社会组织充分参与的现代小区物业治理格局，对于弥补当前小区物业管理短板，解决政府兜底的无物业小区存在的"政府失灵"和市场化物业管理小区存在的"市场失灵"有着积极意义。各社区基于自身特色，探索完善物业改革举措，有效提升了物业服务水平和居民满意度。

一 强化政治引领，完善党建引领小区治理组织架构

将党建作为引领小区治理的核心力量，通过基层党建赋能小区，把党的组织机构嵌入小区治理运行体系，完善小区治理组织架构与职能分工，发挥党组织在小区治理中的核心引领作用。

一是建强小区党组织。在街道党工委和社区党组织的指导下，建立小区功能性党支部，设立楼幢党小组，发挥党组织在小区治理中的核心引领作用。对小区居民中的在职、退休和流动党员开展全面登记，将符合条件

的小区党员和流动党员纳入小区支部管理，引导党员积极参与小区治理和物业管理。优先推选群众信得过的党员担任小区党支部书记、副书记及委员、党小组长，赋予小区党支部领导小区治理的职能，形成"小区党支部——楼栋（院落、单元）党小组——党员中心户"的组织架构，通过领导和引导小区业委会、业主监督委员会及老人协会等群众自组织，推动小区共建共治共享。

二是推进物管行业党建。采取单建、联建、区域建等多种方式，推进物业服务企业党的组织、力量和工作覆盖。对暂不具备条件的，要通过选派党建工作指导员等方式开展党的工作。明确物业企业党组织责任清单、任务清单，主动融入属地街道社区治理网格党建范畴，积极探索物业项目建立党组织的创新实践，深入推进党建引领物业管理服务工作。

三是搭建党建共建平台。由街道社区党委牵头，加强嵌入式党建工作，推动居委会、业委会、物业服务企业三方联动机制建设，搭建街道社区党员干部、业委会成员党员、物业服务企业党员、小区支部党员代表"四位一体"的党建共建平台。建立健全社区党组织和社区居民委员会、物业服务企业党员交叉任职机制。邀请熟悉物业管理法律法规的社区党员干部兼任物业项目服务督导员，定期开展物业服务监督检查工作，监督物业服务企业依法开展信息公示公开情况。推荐物业服务企业负责人或管理层（党员）兼任社区两委委员，协助街道党工委和社区党组织牵头建立多方联席会议制度，就涉及物业管理服务的重大事项、重要问题、重点工作组织召开联席会议，协商解决物业管理服务难题。

二 夯实自治基础，健全多元参与的小区治理机制

构建包括居委会、物业服务公司、业委会、业主等多元治理主体与力量共同参与、分工明确、良性互动的小区多元化治理体系，推动小区秩序良好运转。

一是充分发挥社区居委会的主导作用。社区居委会享有小区服务管理的合法权威和制度资源，应充分履行其服务管理职能，动员社会力量，支持和培育其他治理主体参与小区治理。特别是在小区投入使用初期，应协

助小区成立业主自治组织，搭建小区公共治理平台，形成由社区居委会、小区居民、产权单位、物业单位等各方代表组成的协商共治小组，定期对小区问题进行讨论商议。在业主与物业服务企业发生不可调和冲突情况下，社区居委会还应发挥服务兜底作用，以维持小区有序运转。

二是明确物业管理公司的角色定位。物业服务公司首先要明确"服务者"的角色定位，在保证企业合理利润的基础上，为小区居民提供满意的服务是物业公司经营的宗旨，牢固树立业主为本的服务思想，力争服务质量不断提升。物业服务企业要积极与社区联动，参与社区治理，为社区公共治理提供空间场地、人员管护、后勤保障等服务，与社区形成良好的互动配合机制。

三是促进业主委员会职能归位。业主委员会应充分发挥其作为社区、物业服务公司、业主之间纽带和润滑剂作用，业主委员会成员应以公益志愿者的角色定位和心理认同开展业委会工作。进一步健全业主委员会选举机制，在加深业主之间交流沟通的前提下，充分展示候选人的身份背景、参选目的，选举出真正代表业主利益、保护业主权益的热心业主。建立有效的业主委员会监督机制，依法成立监事会，聘请相关专业人员对业主委员会的组织运行和财务状况等进行监督检查。

四是培育小区业主公共参与意识。利用小区各类资源，顺应业主生活需求，广泛开展公共活动、增进邻里和睦。健全小区事务民主决策制度，小区内部重大事务由业主委员会组织业主集体商议决定，增强业主的"主人翁"意识。畅通小区业主信息交流渠道，通过线上线下方式搜集业主诉求，及时解决业主困难，增强业主参与小区治理的积极性。

三 筑牢法治保障，确保物业管理和维权合法有序

进一步理顺物业管理体制机制，贯彻落实《四川省物业管理条例》，完善物业管理配套制度体系，为建设有序的物业管理秩序提供制度保障。

一是理顺业主、业主大会与业主委员会之间的关系。支持业主按规定申请设立业主大会，物业管理区域所在地基层政府和行政主管部门应组织业主成立业主大会筹备组，并筹备召开业主大会。业主大会应认真履行制

定管理规约和选举业主委员会等法定职责。业委会作为业主大会的执行机构，代表业主与物业服务公司签订服务合同，监督物业服务企业履行合同，定期公开管理规约、共有物业经营收益、经费开支、业委会决定等法定公开事项，反映业主意见建议，维护业主共同利益。业主委员会严格实行任期制，不具备履职能力、侵占业主利益、谋取私利和违反其他规定的业委会成员应自行终止或被罢免其职务。严厉打击把持业主大会和业主委员会的非法行为，提高业主大会和业主委员会履职能力，维护业主合法权益。

　　二是规范物业服务企业行为。建设单位应按规定向物业服务企业移交新建住宅小区物业管理区域的共有设施设备，并严格按照规定选聘物业服务企业提供前期物业服务。业主大会成立后，业主委员会可根据全体业主意愿重新选聘物业服务企业并签订新的物业服务合同。物业服务合同应包含法律法规规定的内容，并对双方的权责利进行约定。物业服务事项应包括建筑物共有部位、共用设施设备、绿化环境卫生的管理维护，秩序维护、安全管理和档案管理等，物业服务企业应根据法律法规要求高标准提供物业服务，保障业主和物业使用人权益。物业服务收费标准应由双方约定，并保持相对稳定。物业服务费用标准调整应由服务企业与业主委员会协商，并经业主大会同意。业主大会和业主委员会完成物业服务企业更换程序后，前期物业服务企业不得拒绝终止服务合同。因合同期满未续约、依法依规解除合同、丧失从事物业服务活动资格的须按规定退出物业服务，并完成账目、档案、经费和用房等规定的相关移交事宜。

　　三是物业纠纷的处理。政府业务主管部门应加强对建设单位和物业服务企业的监管，对违法违规行为进行严肃处理。业主、业主委员会和物业服务企业等主体间因物业管理发生纠纷时可申请街道和乡镇调解委员会进行调解。业主、物业使用人和物业服务企业按法律法规管理、使用和维护物业，不得出现违规行为，不得损害公共利益和他人合法权益。完善的法律法规是物业管理各方的行为准则，物业纠纷应尽量由业主、业主委员会和物业服务企业协商解决，协商无果可请基层党组织乃至基层政府和行业主管部门调解，无法调解的纠纷则可通过法律诉讼渠道解决。

四 推动德治先导，奠定小区物业管理的公益特质

住宅小区的物业管理秩序不仅需要刚性法规约束，还离不开传统礼俗维系和道德教化的潜移默化，应充分利用传统礼俗和道德教化来引导各类主体的行为，构建小区治理共同体，实现社区有温度居民有认同。

一是打造住宅小区治理共同体。在同一个物业管理单元内，业主间存在共同的物业利益，需要构建和谐的邻里关系将利益共同体转化为生活共同体和治理共同体。发挥小区具有公益心的积极分子作用，挖掘和培育社区意见领袖，引导支持他们加入或发起成立业主委员会，用社区意见领袖的公益心和道德感召力唤起业主的公共意识，赋予业主委员会部分民事主体资格，更好地服务于小区公共利益。支持业主委员会挖掘整理小区内部资源，代表业主共同利益与物业服务企业进行沟通协商，向社区自治组织、党组织和政府主管部门反馈业主诉求，整合住宅小区物业治理所需的公共资源，构建住宅小区治理共同体。

二是提升物业服务企业专业素养。促进物业服务企业和从业人员职能归位，从物业管家的角度重新界定行业服务标准，加强物业服务行业从业人员的职业道德和业务能力建设，用真诚和精湛的服务获取业主信赖。支持开展信托制和酬金制等物业服务模式试点探索，在完善住宅小区物业治理机制的基础上，促进物业企业服务报酬公开透明化，同时与小区物业公共收益分开，实现物业服务企业提供等价服务，其余收益归全体业主的治理目标。推动实行包干制物业管理体制的小区改进管理方式，扩大公共事务公开范围和公示频率，提高物业服务企业在协助社区自治组织完成上级下沉事务方面的效率，以及小区公共事务服务管理能力。

三是发挥社区党组织和政府职能部门作用。基层党组织和政府职能部门要高度重视当前住宅小区物业管理存在的问题及潜在的社会风险，从为人民服务的高度出发，将解决物业纠纷和构建住宅小区新型物业服务体系提上议事日程。用心尽力解决包括物业纠纷等群众日常生活中的急难愁盼问题，以德治方式方法获取小区居民信任和拥护，夯实党在基层的执政基础。加强对物业服务企业的监督管理，引导物业服务企业规范运营，打击物业服务领域的非法行为，特别是要旗帜鲜明地反对建筑单位和物业公司的单方面涨价行为，支持业主委员会和社区自组织在维护小区业主权益和公共利益中发挥正向作用，鼓励业主依法维权。形成在基层党组织领导下，受政府职能部门监管，业主和物业服务企业良性互动的住宅小区物业管理格局。

五 加大智治支撑，全面提升小区物业管理效率

智慧治理是现代治理的基本内涵，也是实现精细化治理和提升治理水平的重要路径，物业管理须顺势而为，运用现代信息技术手段，提升管理效率。

一是加快建设智慧小区。住宅小区建筑单位和物业服务企业要加大对智能智慧技术的运用，围绕全龄友好社区建设目标，推动老旧建筑物的智能化改造，用技术手段提升物业管理效率。鼓励市场服务主体、社会力量参与智慧小区建设，将产品和服务延伸到小区乃至居民家中，满足居民对美好生活的向往。

二是畅通信息传递渠道。支持物业服务企业和业主委员会利用微博、微信等网络平台定时发布信息，促进住宅小区物业服务和涉及公共利益的信息公开。鼓励注册住宅小区公众号、业主微信群和QQ群，方便物业服务企业、社区自治组织搜集业主意见建议和诉求，并及时作出回馈反应。

三是提升职能部门的应急能力。社区党组织和政府职能部门要利用现代信息技术和大数据分析研判社会稳定辖区各物业管理小区的社情民意，并做出社会稳定风险预警，及时发现分析和解决问题，提高住宅小区的"韧性"。

参考文献

(一) 中文著作

《习近平关于社会主义经济建设论述摘编》，中央文献出版社 2017 年版。

《习近平关于网络强国论述摘编》，中央文献出版社 2021 年版。

《习近平经济思想学习纲要》，人民出版社、学习出版社 2022 年版。

《习近平生态文明思想学习纲要》，学习出版社、人民出版社 2022 年版。

《习近平著作选读》(第二卷)，人民出版社 2023 年版。

习近平:《论把握新发展阶段、贯彻新发展理念、构建新发展格局》，中央文献出版社 2021 年版。

《党的十九大报告辅导读本》，人民出版社 2017 年版。

《关于加强和改进城市基层党的建设工作的意见》，人民出版社 2019 年版。

《中共中央关于加强党的建设几个重大问题的决定》，人民出版社 1994 年版。

《中共中央关于加强和改进新形势下党的建设若干重大问题的决定》，人民出版社 2009 年版。

《中国共产党第二十次全国代表大会文件汇编》，人民出版社 2022 年版。

《中华人民共和国国民经济和社会发展第十四个五年规划和 2035 年远景目标纲要》，人民出版社 2021 年版。

包亚明主编:《现代性与空间的生产》，上海教育出版社 2003 年版。

黄宗智:《国家与社会的二元合一:中国历史回顾与前瞻》，广西师范大学出版社 2022 年版。

赖雨阳:《社区工作与社会福利社区化》，洪叶文化事业有限公司 2002

年版。

刘少杰主编：《西方空间社会学理论评析》，中国人民大学出版社 2020 年版。

明亮、王健、胡燕等：《中国基层社会治理研究——以成都市城乡社区发展治理为例》，社会科学文献出版 2021 年版。

孙学玉：《垂直权力分合：省直管县体制研究》，人民出版社 2013 年版。

汪碧刚主编：《共建共治共享——2017 中国智慧社区发展报告》，中国社会出版社 2018 年版。

王健：《社会服务社会化体系建设研究》，四川出版集团巴蜀书社 2008 年版。

吴文藻：《论社会学中国化》，商务印书馆 2010 年版。

吴晓林：《理解中国社区治理：国家、社会与家庭的关联》，中国社会科学出版社 2020 年版。

张荣臣主编：《新编党支部工作问答》，人民出版社 2004 年版。

赵炜、李春玲、吴潇：《成都城市社区更新理论与实践》，中国城市出版社 2020 年版。

郑杭生主编，韩克庆著：《转型期中国社会福利研究》，中国人民大学出版社 2011 年版。

（二）中文译著

[法] 亨利·列斐伏尔：《都市革命》，刘怀玉、张笑夷、郑劲超译，首都师范大学出版社 2018 年版。

[法] 亨利·列斐伏尔：《空间与政治》，李春译，上海人民出版社 2015 年版。

[法] 马塞尔·莫斯：《礼物：古式社会中交换的形式与理由》，汲喆译，商务印书馆 2016 年版。

[加] 丹尼尔·亚伦·西尔、[美] 特里·尼科尔斯·克拉克：《场景：空间品质如何塑造社会生活》，祁述裕、吴军等译，社会科学文献出版社 2019 年版。

［美］Michael T. Hannan、John Freeman：《组织生态学》，彭璧玉、李熙译，科学出版社 2014 年版。

［英］彼得·桑德斯：《社会理论和城市问题》，郭秋来译，江苏凤凰教育出版社 2018 年版，第二版序言。

［英］艾伦·哈丁、泰尔加·布劳克兰德：《城市理论：对 21 世纪权力、城市和城市主义的批判性介绍》，王岩译，社会科学文献出版社 2016 年版。

（三）期刊

《高举中国特色社会主义伟大旗帜　为全面建设社会主义现代化国家而团结奋斗——在中国共产党第二十次全国代表大会上的报告》，《人民日报》2022 年 10 月 26 日第 1 版。

蔡静诚、熊琳：《"营造"社会治理共同体——空间视角下的社区营造研究》，《社会主义研究》2020 年第 4 期。

曹海军：《党建引领下的社区治理和服务创新》，《政治学研究》2018 年第 1 期。

陈凤山：《"双重悖谬"及其解决方案的优先策略——兼谈我为什么对"信托制物业管理"持批评态度》，《住宅与房地产》2019 年第 10 期。

陈剑军：《走向共同体治理（一）——通过信托制将小区物业管理纳入社会治理》，《住宅与房地产》2020 年第 1 期。

陈鹏：《当代中国城市业主的法权抗争——关于业主维权活动的一个分析框架》，《社会学研究》2010 年第 1 期。

陈晓彤、何逊、成露依等：《高密度城市儿童游憩空间规划建设策略》，《规划师》2022 年第 6 期。

陈毅、阚淑锦：《党建引领社区治理：三种类型的分析及其优化——基于上海市的调查》，《探索》2019 年第 6 期。

陈友华：《社区治理中的党建引领》，《唯实》2019 年第 2 期。

丛福军：《浅析开发商"自建自管"弊端》，《中国物业管理》2007 年第 4 期。

段义孚、宋秀葵、陈金凤：《地方感：人的意义何在?》，《鄱阳湖学刊》2017 年第 4 期。

房荣敏、尉胜伟：《由开发商自行管理的合理性》，《住宅与房地产》2006 年第 11 期。

费孝通：《试谈扩展社会学的传统界限》，《北京大学学报》（哲学社会科学版）2003 年第 3 期。

龚维斌：《城市化：空间变化与社会重构》，《湖南社会科学》2012 年第 4 期。

郭彩琴、张瑾：《"党建引领"型城市社区志愿服务创新探索：理念、逻辑与路径》，《苏州大学学报》（哲学社会科学版）2019 年第 3 期。

韩克庆：《中国社会保障学科建设：发展现状、核心问题与制度应对》，《社会科学》2021 年第 10 期。

韩央迪：《英美社区服务的发展模式及对我国的启示》，《理论与改革》2010 年第 3 期。

何淼、张鸿雁：《城市社会空间分化如何可能——西方城市社会学空间理论的中国意义》，《探索与争鸣》2011 年第 8 期。

胡元坤：《党建引领城乡社区发展治理的成都实践》，《国家治理》2019 年第 15 期。

黄冬娅、杜楠楠：《平台企业政府事务部门专门化与政企关系发展——基于国家制度环境的分析》，《社会学研究》2022 年第 6 期。

黄晓星：《"上下分合轨迹"：社区空间的生产——关于南苑肿瘤医院的抗争故事》，《社会学研究》2012 年第 1 期。

黄晓星：《市民社会的"间隙生产"——南苑"社区代理权"系列诉讼的拓展分析》，《开放时代》2012 年第 5 期。

姜晓萍：《国家治理现代化进程中的社会治理体制创新》，《中国行政管理》2014 年第 2 期。

姜晓萍、田昭：《授权赋能：党建引领城市社区治理的新样本》，《中共中央党校（国家行政学院）学报》2019 年第 5 期。

焦长权：《从乡土中国到城乡中国：上半程与下半程》，《中国农业大学学报》（社会科学版）2022年第2期。

金桥：《社区党建中的新型组织策略》，《社会主义研究》2007年第2期。

李威利：《从基层重塑政党：改革开放以来城市基层党建形态的发展》，《社会主义研究》2019年第5期。

李威利、马梦岑：《党建赋能的城市社区发展治理：成都经验》，《华东理工大学学报》（社会科学版）2020年第5期。

李迎生：《对中国城市社区服务发展方向的思考》，《河北学刊》2009年第1期。

李永胜、张玉容：《基层党建在城市社区治理中的作用、问题及创新研究》，《西北大学学报》（哲学社会科学版）2020年第5期。

李友梅：《社区治理：公民社会的微观基础》，《社会》2007年第2期。

林聚任：《论空间的社会性——一个理论议题的探讨》，《开放时代》2015年第6期。

林尚立：《合理的定位：社区党建中的理论问题》，《探索与争鸣》2000年第11期。

刘红岩：《国内外社会参与程度与参与形式研究述评》，《中国行政管理》2012年第7期。

刘少杰：《以实践为基础的当代空间社会学》，《社会科学辑刊》2019年第1期。

刘守英、王一鸽：《从乡土中国到城乡中国——中国转型的乡村变迁视角》，《管理世界》2018年第10期。

刘小钧、张艳国：《城市社区建设与治理"党建+"实现路径研究——以江西省南昌市社区为例》，《江西师范大学学报》（哲学社会科学版）2020年第1期。

刘亚秋：《"家"何以成为基层社区治理的社会性基础》，《江苏社会科学》2022年第1期。

刘亚秋：《社会学的社区研究传统及其当代学术价值——以吴文藻社区研究理论为中心的考察》，《江汉学术》2022年第3期。

刘亚秋：《特大城市基层社区治理与重建社会性联结——基于成都市社区

调查资料的分析》,《社会科学辑刊》2021 年第 5 期。

刘娅:《居委会自治性质的重新探讨——居民委员会与业主委员会的自治性比较》,《中国行政管理》2005 年第 5 期。

刘悦来、尹科娈、孙哲等:《共治的景观——上海社区花园公共空间更新与社会治理融合实验》,《建筑学报》2022 年第 3 期。

刘志鹏:《城市社区自治立法：域外比较与借鉴》,《国家行政学院学报》2012 年第 3 期。

刘中起、杨秀菊:《从空间到行动：社区营造的多维政策机制研究——基于上海的一项个案研究》,《华东理工大学学报》(社会科学版) 2017 年第 6 期。

刘子曦:《激励与扩展：B 市业主维权运动中的法律与社会关系》,《社会学研究》2010 年第 5 期。

陆兵哲、刘能:《青年流浪歌手与城市空间再生产》,《青年研究》2021 年第 4 期。

毛泽东:《湖南农民运动考察报告》,《广西党史》2006 年第 1 期。

明亮、王苹:《农村公共文化服务体系效能调查研究——基于对成都市 1587 名农村居民的问卷调查》,《中华文化论坛》2019 年第 4 期。

潘博:《党建引领城市基层社会治理的运作逻辑与实践路径研究》,吉林大学,博士学位论文,2020 年。

潘泽泉、刘丽娟:《空间生产与重构：城市现代性与中国城市转型发展》,《学术研究》2019 年第 2 期。

彭小兵、李文静:《赋权：党建引领与社会工作互嵌的社区治理探索——基于重庆市 T 社区的实践》,《社会工作》2020 年第 2 期。

沈关宝、邱梦华:《转型期中国城市居住空间的分异与极化——以广州为例》,《上海大学学报》(社会科学版) 2008 年第 2 期。

沈瑶、刘晓艳、刘赛:《基于儿童友好城市理论的公共空间规划策略——以长沙与岳阳的民意调查与案例研究为例》,《城市规划》2018 年第 11 期。

沈跃春:《以社区党建创新为引领　推进社区治理现代化》,《唯实》2014

年第 10 期。

盛智明：《制度如何传递？——以 A 市业主自治的"体制化"现象为例》，《社会学研究》2019 年第 6 期。

舒可心：《从冲突走向善治——信托制物业服务的运行逻辑及其实践》，《住宅与房地产》2021 年第 10 期。

唐为、王媛：《行政区划调整与人口城市化：来自撤县设区的经验证据》，《经济研究》2015 年第 9 期。

田毅鹏：《治理视域下城市社区抗击疫情体系构建》，《社会科学辑刊》2020 年第 1 期。

王晨冉、徐韬：《儿童友好城市建设在健康领域实践进展与启示》，《中国公共卫生》2022 年第 1 期。

王东杰、谢川豫：《多重嵌入：党建引领城市社区治理的实践机制——以 A 省 T 社区为例》，《天津行政学院学报》2020 年第 6 期。

王浦劬、汤彬：《基层党组织治理权威塑造机制研究——基于 T 市 B 区社区党组织治理经验的分析》，《管理世界》2020 年第 6 期。

王思斌：《我国城市社区福利服务的弱可获得性及其发展》，《吉林大学社会科学学报》2009 年第 1 期。

王天夫：《空间、地点与城市社会学》，《武汉大学学报》（哲学社会科学版）2021 年第 2 期。

王印红、朱玉洁：《基层社会治理创新：从社区"原两委"到小区"新两委"》，《经济社会体制比较》2022 年第 2 期。

文军：《空间正义：城市空间分配与再生产的要义——"小区拆墙政策"的空间社会学》，《武汉大学学报》（人文科学版）2016 年第 3 期。

翁国强：《论物业管理公司的角色定位》，《现代物业》2003 年第 8 期。

吴晓林：《城中之城：超大社区的空间生产与治理风险》，《中国行政管理》2018 年第 9 期。

吴晓林、李一：《空间黏合：城市生活空间改造中基层治理共同体的形成机理》，《广西师范大学学报》（哲学社会科学版）2022 年第 4 期。

吴晓林、谢伊云：《国家主导下的社会创制：城市基层治理转型的"凭借机制"——以成都市武侯区社区治理改革为例》,《中国行政管理》2020年第5期。

伍玉振:《新时代党建引领城市社区治理的内在逻辑与路径优化》,《中共福建省委党校(福建行政学院)学报》2020年第5期。

项飙、张子约:《作为视域的"附近"》,《清华社会学评论》2022年第1期。

谢培丽:《成都市构建城市大党建工作格局的实践与启示》,《中共成都市委党校学报》2019年第6期。

徐富海:《从汤恩比馆到赫尔大厦——社区睦邻运动发展过程及启示》,《中国民政》2016年第14期。

杨辰、辛蕾、兰蓓等:《超大城市治理的"社区"路径——〈成都市城乡社区发展规划(2018—2035年)〉的编制与思考》,《城市规划学刊》2020年第1期。

一兵:《居住小区物业管理委员会是怎么回事》,《北京房地产》1998年第7期。

营立成:《迈向什么样的空间社会学——空间作为社会学对象的四种路径与反思》,《中国社会科学评价》2019年第1期。

营立成:《作为社会学视角的空间:空间解释的面向与限度》,《社会学评论》2017年第6期。

张鸿雁:《城市空间的社会与"城市文化资本"论——城市公共空间市民属性研究》,《城市问题》2005年第5期。

张俊:《都市生活与城市空间关系的研究》,《同济大学学报》(社会科学版)2009年第4期。

张磊:《业主维权运动:产生原因及动员机制——对北京市几个小区个案的考查》,《社会学研究》2005年第6期。

张磊、刘丽敏:《物业运作:从国家中分离出来的新公共空间 国家权力过度化与社会权力不足之间的张力》,《社会》2005年第1期。

张秀兰、徐月宾:《我国社会福利社会化的目标及途径探讨》,《江苏社会科学》2006年第2期。

张翼：《从"小康社会"到"全面建设社会主义现代化国家"》,《国际社会科学杂志》（中文版）2022年第1期。

张翼：《全面建成小康社会视野下的社区转型与社区治理效能改进》,《社会学研究》2020年第6期。

张翼：《社会新常态：后工业化社会与中产化社会的来临》,《江苏社会科学》2016年第1期。

张翼：《社会转型与社会治理格局的创新》,《中国社会科学评价》2019年第1期。

张占斌：《新型城镇化的战略意义和改革难题》,《国家行政学院学报》2013年第1期。

郑杭生、黄家亮：《当前我国社会管理和社区治理的新趋势》,《甘肃社会科学》2012年第6期。

周飞舟：《从脱贫攻坚到乡村振兴：迈向"家国一体"的国家与农民关系》,《社会学研究》2021年第6期。

周飞舟、王绍琛：《农民上楼与资本下乡：城镇化的社会学研究》,《中国社会科学》2015年第1期。

周飞舟、吴柳财、左雯敏等：《从工业城镇化、土地城镇化到人口城镇化：中国特色城镇化道路的社会学考察》,《社会发展研究》2018年第1期。

周一星、胡大鹏：《市带县体制对辖县经济影响的问卷调查分析》,《经济地理》1992年第1期。

周怡：《"大家在一起"：上海广场舞群体的"亚文化"实践——表意、拼贴与同构》,《社会学研究》2018年第5期。

朱健刚、赵杰翔：《影像与城市边缘群体社会空间的生产——从视觉人类学的视角看城市社区中的参与式影像实践》,《民族艺术》2018年第3期。

（四）外文文献

Bennet R. J., *Territory and Administration in Europe*, London：Pinter, 1989.

Bowles S. & Gintis H., "Social Capital and Community Governance", *The Eco-*

nomic Journal, Vol. 483, No. 16, 2002.

Corry D., *Joining-up Local Democracy: Governance Systems for New Localism*, London: New Local Government Network, 2004.

Dwyer P., *Dealing with Welfare Conditionality: Implementation and Effects*, Chicago: Policy Press, 2019.

Emerson K. et al., "An Integrative Framework for Collaborative Governance", *Public Administration Research and Theory*, Vol. 1, No. 22, 2012.

Lyson T. A. et al., "Scale of Agricultural Production, Civic Engagement, and Community Welfare", *Social Forces*, Vol. 1, No. 80, 2001.

Mooney G. & Neal S., *Community, Welfare, Crime and Society*, Open University Press, 2009.

Moore H. & Mayo E., *The Mutual State: How Local Communities Can Run Public Services*, London: New Economics Foundation, 2001.

Ostrom E., *Covering the Commons: The Evolution of Institute for Collective Action*, Cambridge: Cambridge University Press, 1990.

Ostrom V. et al., *Local government in the United States*, San Francisco, CA: Institute for Contemporary Studies, 1988.

O'Leary R. et al., "Introduction to the Symposium on Collaborative Public Management", *Public Administration Review*, Vol. 1, 2009.

Rasche A., "Collaborative Governance 2.0", *Corporate Governance*, Vol. 10, No. 4, 2010.

Sofia Cele, Danielle Ekman Ladru, "Participation, Consultation, Confusion: Professionals' Understandings of Children's Participation in Physical Planning", *Children's Geographies*, Vol. 13, 2015.

Somerville P., "Community Governance and Democracy", *Policy & Politics*, Vol. 1, No. 33, 2005.

Somerville P. et al., *An Assessment of the Right to Manage*, London: The Stationery Office, 1998.

Steiner J. F., "Community Organization: A Study of Its Rise and Recent Tendencies", *Social Forces*, Vol. 1, No. 1, 1922.

Sullivan H., "Maximising the Contribution of Neighbourhoods—the Role of Community Governance", *Public Policy and Administration*, Vol. 2, No. 16, 2001.